들뢰즈와

칸   트

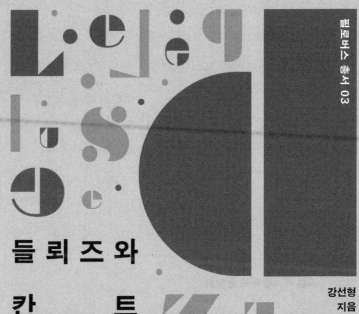

플로마스 총서 03

들 뢰 즈 와
칸   트

강선형
지음

차 이 와
이 념 의
철 학

에디스코

차
례

일러두기

1. 이 책에서는 칸트의 삼비판서를 인용하는 경우 아래의 번역서를 따르되, 필요에 따라 번역어를 수정할 때에는 최초 인용 시 괄호 안에 원어를 병기한다. 『순수이성비판』은 약호를 KrV로 표기하고 초판과 재판의 쪽수를 A와 B 뒤에 표시한다. 『실천이성비판』은 약호를 KpV로 표기하고, 『판단력비판』은 약호를 KU로 표기한다. 삼비판서 외 칸트 저작은 각주를 통해 서지 사항을 밝힌다.

KrV 『순수이성비판』, 백종현 옮김, 아카넷, 2006.
KpV 『실천이성비판』, 백종현 옮김, 아카넷, 2009.
KU   『판단력비판』, 백종현 옮김, 아카넷, 2009.

2. 이 책에서 주로 인용되는 들뢰즈의 저작은 아래의 약호를 따르며, 원서와 국내 번역서의 순으로 페이지를 병기한다. 이 외 저작은 각주를 통해 서지 사항을 밝힌다.

NP   *Nietzsche et la philosophie*, Paris: P.U.F., 1962; 『니체와 철학』, 이경신 옮김, 민음사, 2001.

PCK *La philosophie critique de Kant*, Paris: P.U.F., 1963; 『칸트의 비판철학』, 서동욱 옮김, 민음사, 2006.

PS   *Proust et les signes*, Paris: P.U.F., 1964; 『프루스트와 기호들』, 서동욱 · 이충민 옮김, 민음사, 2004.

B   *Le Bergsonisme*, Pais: P.U.F., 1966; 『베르그송주의』, 김재인 옮김, 문학과지성사, 1996.

PSM *Présentation de Sacher-Masoch. Le froid et le cruel*, Paris: Éd. de Minuit, 1967; 『매저키즘』, 이강훈 옮김, 인간사랑, 2007.

DR   *Différence et Répétition*, Paris: P.U.F., 1968; 『차이와 반복』, 김상환 옮김, 민음사, 2004.

LS   *Logique du sens*, Paris: Éd. de Minuit, 1969; 『의미의 논리』, 이정우 옮김, 한길사, 1999.

AO *L'Anti-OEdipe: Capitalisme et schizophrénie*, Paris: Éd. de Minuit, 1972; 『안티 오이디푸스』, 김재인 옮김, 민음사, 2014.

K *Kafka: Pour une littérature mineure*, Paris: Éd. de Minuit, 1975; 『카프카: 소수적인 문학을 위하여』, 이진경 옮김, 동문선, 2001.

FB *Francis bacon: Logique de la sensation*, Paris: Éd. de la Différence, 1984; 『감각의 논리』, 하태환 옮김, 민음사, 2008.

Pli *Le pli: Leibniz et le baroque*, Paris: Éd. de Minuit, 1988; 『주름, 라이프니츠와 바로크』, 이찬웅 옮김, 문학과지성사, 2004.

P *Pourparlers 1972-1990*, Paris: Éd. de Minuit, 1990; 『대담 1972-1990』, 김종호 옮김, 솔, 1993.

QP *Qu'est ce que la philosophie?*, Paris: Éd. de Minuit, 1991; 『철학이란 무엇인가』, 이정임·윤정임 옮김, 현대미학사, 1995.

CC *Critique et clinique*, Paris: Éd. de Minuit, 1993; 『비평과 진단』, 김현수 옮김, 인간사랑, 2000.

MD "La méthode de dramatisation", *L'île déserte et autres textes: Textes et entretiens 1953-1974*, édition préparée par David Lapoujade, Paris: Éd. de Minuit, 2002; 「드라마화의 방법」, 『들뢰즈가 만든 철학사』, 박정태 옮김, 이학사, 2007.

IGEK "L'idée de genèse dans l'esthétique de Kant", *L'île déserte et autres textes: Textes et entretiens 1953-1974*, édition préparée par David Lapoujade, Paris: Éd. de Minuit, 2002; 「칸트 미학에서의 발생의 이념」, 『들뢰즈가 만든 철학사』, 박정태 옮김, 이학사, 2007.

3. 이 책의 인용문에서 인용자의 부연 설명이 필요한 경우 [ ] 안에 첨가한다.

철학의 초상화

철학이라는 연습

들뢰즈는 사후 공개를 원칙으로 진행된 클레르 파르네Claire Parnet와의 대담 〈질 들뢰즈의 A to Z L'abécédaire de Gilles Deleuze〉에서 철학이라는 건 사람들이 흔히 생각하는 추상적이고 전문적인 지식이 아니라 음악과 미술 같은 것이라고 말한 바 있다. 그러한 답을 촉발한 파르네의 질문은 '철학의 역사'에 관한 것이었다. 들뢰즈는 1953년 출간된 흄에 관한 연구서 『경험주의와 주체성』이후 니체, 칸트, 베르그손, 스피노자 등에 대해 연구해 왔기 때문에 파르네는 그의 철학사에 대한 관심을 물었던 것이다. 들뢰즈는 이에 대해 자신은 추상적인 개념에 대한 추상적인 생각을 구성하는 것일 뿐인 일종의 철학의 '풍경화'에 관심을 가진 것이 아니라, '초상화'에 관심을 가졌다고 답한다. 그리고 철학의 초상화를 그리는 일은 인상만을 담아내는 것이 아니어서 화가가 자신의 색채를 얻게 되는 지난한 과정처럼 느리고 오래 걸리는 일이었다.

그래서 들뢰즈는 어떤 철학자가 어느 날 갑자기 철학을 시작할 수 있다고 생각한다면, 그것은 소설가가 자신의 고유한 창조성을 위해 도스토옙스키 소설을 읽지 않는다는 것과 같다고 말하기도 한다.

> 어떤 철학자들이 '자, 나는 이제 철학의 세계로 들어갈 거야. 철학을 할 거야, 나의 철학을 할 거야, 그래, 나는 나의 철학이 있어!'라고 말한다면 정말 충격적일 거야. 그런 건 모두 말도 안 되는 소리야. [……] 그건 마치 소설가가 우리에게 이렇게 말하는 것과 같을걸, '아, 저요, 저는 소설을 쓰지만, 아시잖아요, 내 영감이 흔들리지 않게 하기 위해서 저는 절대 읽지 않아요. 도스토옙스키, 그런 거, 저는 안 읽어요.' 젊은 작가들이 이런 무서운 얘기를 하는 것을 들었다네…….[1]

이는 연습과 노력이 필요하지 않다는 것과 같다. 철학이든 예술이든 삶이든 우리는 무언가에 도달하기 전에 끊임없는 연습을 해야만 한다. 시간을 들이지 않는다면 우리는 무엇도 시작할 수 없다. 들뢰즈에게 철학의 역사는 그런 것이다.

들뢰즈의 칸트 연구는 바로 그러한 철학의 초상화를 그리는 작업

---

1   G. Deleuze&C. Parnet, *L'abécédaire de Gilles Deleuze*, 1996; 〈질 들뢰즈의 A to Z〉, 대윤미디어, 2014.

이었다. 시간을 들여 철학에 도달하는 작업 말이다. 그렇다고 해서 들뢰즈가 칸트를 자신의 고유한 철학에 도달하기 위해 지나치는 건 널목에 불과하다고 생각했던 것은 아니다. 들뢰즈는 칸트의 글에서 '문제'들을 발견하고, 늘 그 문제들과 함께 나아가기 때문이다.

그렇다면 문제란 무엇인가? 들뢰즈의 '문제제기적 이념'을 다루고 나면 보다 더 잘 이해할 수 있게 되겠지만, 간단히 미리 말해보자면 우리는 모든 철학서에서 철학자가 던지는 문제들을 본다고 할 수 있다. 만일 우리가 철학자들이 던지고 있는 문제들을 보지 못한다면 그것은 문제가 없기 때문이 아니라 그것을 추상적으로 이해하고 있기 때문이다. 또는 철학자들의 문제를 보지 못하는 것은 철학자들이 문제를 감추어 놓았기 때문이 아니라, 우리가 찾으려고 노력하지 않기 때문이다. 들뢰즈에게 철학사가 추상적인 '풍경화'가 아니듯, 모든 철학 역시 추상적인 개념들의 나열이 아니다. 그래서 철학자들의 글에 감추어져 있는 문제를 찾을 때에야 철학은 구체적인 것이 된다.

추상적이지 않다고 추상적으로 말하고 있다고 느껴진다면, 들뢰즈의 구체적인 예시를 볼 필요가 있다. 그는 플라톤의 이데아라는 다른 어떤 개념보다도 추상적으로 느껴지는 개념 역시 구체적인 문제들을 품고 있다는 점을 강조한다. 그렇다면 플라톤의 문제는 무엇이었는가? 그가 살던 아테네라는 민주주의적 도시에는 항상 경쟁자들이 있었다. 군주에 의해 직책과 요구의 수용이 결정되는 사회에서는 옳고 그름의 경쟁이라는 것이 존재하지 않는다. 옳고 그름은 군주가 결정하고, 그에 부합하는지 아닌지에 따라 직책이나 서열이 결정될 뿐이다. 그러니까 플라톤이 물었던 '정의란 무엇인가?' 같은 질문은 필요하지 않다. 그러나 민주주의적 도시에서는 늘 경쟁자들이 있다. 옳고 그름에 대해서 다른 의견을 가진 자들이 그것을 바탕으로 끊임없이 이러저러한 합당한 요구들을 하고, 플라톤은 그 경쟁자들 가운데 진정으로 합당한 요구를 하는 자가 누구인가를 가려낼 수 있어야 했던 것이다. 이데아는 그것을 하게 해주는 개념이었다. 비록 플라톤이 민주주의에 반대했다 하더라도, 그의 문제는 민주주의적인 것이었다. 들뢰즈는 이렇게 플라톤의 개념이 결코 추상적인 적이 없었음을 발견해 낸다.

칸트의 초상화

들뢰즈가 연구한 모든 철학자들 역시 플라톤처럼 구체적인 문제를 그 개념 안에 품고 있는 철학자들이었다. 들뢰즈에게 철학은 언제나 개념의 창조를 통해 구체적인 질문들을 던지는 것이지, 고전적인 진리 개념처럼 참이나 진실을 발견해 내는 것이 아니었다. 그래서 그는 철학적 개념은 하늘의 별처럼 그 자리에 있고 우리가 발견하면 되는 것이 아니라 창조되는 것이라고 말했다.

> 나에게 확실한 건 철학자란, 곰곰이 생각하는 사람이 아니야. 궁리하는 사람이 아니고 창조를 해내는 사람이야. 간단히 말해, 철학자는 아주 특별한 종류의 것을 만드는 사람이야. 그들은 개념을 창조해 낸다네. 철학적 개념, 그건 하늘에 떠 있는 별과 같은 게 아니야. 곰곰이 생각해서 기억해 내면 되는 그 자리에 있는 존재들이 아니지. 우리는 그것을 만들어 내야fabriquer

해. 정말 많은 질문을 던질 수 있지.[2]

우리가 기대하는 것처럼 진실을 찾아낸다는 것은 사실 아무것도 의미하지 않는다. 진실을 찾아내기만 하면 그 확고부동한 토대 위에 모든 것을 세울 수 있으리라 기대하지만, 실은 절망적이게도 거기엔 아무런 의미가 없다는 것이다. 오히려 우리가 철학함을 통해 찾을 수 있는 것이 의미이다. 무슨 차이인가? 어떻게 그런가? 이는 만일 철학의 목표가 정말로 진실을 찾고 거짓을 가려내는 것이라면, 그것은 언제나 답이 정해져 있는 질문을 던지는 것에 불과한 것이 되리라는 것을 뜻한다. 마르크스가 말한 것처럼 '인간은 오직 자신이 해결할 수 있는 과제들만을 제기하는' 것이다. 들뢰즈는 위대한 철학자와 나쁜 철학자를 구분할 수 있다면, 미리 주어진 답이 있는 문제가 아니라 의미 있는 문제를 제기하고, 우리로 하여금 이러한 문제를 이해하고 해결하기 위한 방안으로 다가갈 수 있게 하는 철학적 개념을 제시하는 철학자와, 이미 만들어진 것에 대해서만 생각하는 철학자일 것이라고 말한다. 이미 만들어진 것에 대해서만 사유하는 철학자는 그저 의견을 말하는 사람일 뿐이다.

그렇다면 이미 답이 정해져 있는 질문과 답이 정해져 있지 않은 문제는 어떻게 구분할 수 있을 것인가? 들뢰즈는 '신은 존재하는가'라는 질문이 문제가 될 수 있는지 묻는다. 문제는 '신은 존재하는가'가 아니라, '왜 이러한 질문을 하는가'이고, '당신은 신을 믿는가 또는 믿지 않는가'가 아니라, '사람들은 왜 그러한 질문을 하는가'이다. 왜냐

2　　G. Deleuze&C. Parnet, *L'abécédaire de Gilles Deleuze*.

하면 '신은 존재하는가'라는 질문에는 있을 법한 대답들이 전제되어 있기 때문이다. 거기에는 언제나 도덕적 전제들이 있고, 그에 따라서 질문과 답이 이루어질 뿐이다. 예컨대 파스칼의 질문은 '신은 존재하는가'라는 형태를 띠고 있지만, 사실 '당신은 신을 믿는가'를 묻는 것이며, 그것은 신을 믿는 것과 믿지 않는 것 중 '더 나은 삶의 방법은 무엇인가'라는 질문을 숨기고 있다. 그러한 질문 자체에는 도덕적 전제가 있고, 그것이 결국 '신은 존재하는가'를 답이 정해져 있는 질문으로 만드는 것이다. 들뢰즈가 개념을 만들어 내는 것이 철학이라고 말하는 이유는 그러한 답이 정해진 질문을 하는 것이 철학이 아니기 때문이다. 철학은 이미 정해진 답을 위해서가 아니라 답이 정해지지 않은 문제를 제기하기 위해 개념을 창조한다. 이미 만들어진 개념에 대해서만 생각한다면, 그로부터는 어떤 새로운 문제제기도 이루어질 수 없는 것이다.

들뢰즈에게 칸트는 바로 이러한 의미에서 한 사람의 위대한 철학자이다. 칸트는 그 이전까지는 철학에서 그렇게까지 밀어붙여진 적이 없는 것들을 끝까지 밀어붙이고, 그로부터 '개념의 경이로운 전복'을 이뤄냈기 때문이다. 칸트의 '이성의 법정'은 더 이상 신이 필요하지 않은 심판의 체계를 창조했다. 이를 통해 그는 신이 없이도 인간의 능력들, 지성의 능력, 상상력, 그리고 지식, 도덕 같은 것들이 이성의 법정에 서서 심판을 받을 수 있음을 보여주었던 것이다. 그리고 칸트는 생의 거의 마지막 시기에 능력들의 역할에 대해 사유하는 '법정의 갱신'에 관한 책을 썼다. 바로 『판단력비판』이다.

　　그는 능력들이 서로 무질서한 관계를 맺고 있으며, 서로 부딪히고 충돌하지만 또한 측정할 수 없어서 법정에서 가릴 수 없는 경쟁이 일어난다고 생각했다네. 그리고 그는 그것이 불일치, 즉 일치되지 않는 화합을 한다는 이론과 개념을 세우지.[3]

들뢰즈는 이렇게 말하면서 칸트의 개념들로부터 현대철학이 흘러나왔다고 덧붙인다. 그 자신의 철학 역시 '칸트 연습'으로부터 흘러나왔을 것이다. 비록 그에게 때로는 칸트가 적처럼 등장하기도 하지만 말이다.

칸트에 관한 나의 책, 그것은 다르지. 나는 그 책을 좋아하네. 나는 어떤 적에 대해 쓰듯이, 그가 어떻게 움직이는지, 이성의 법정, 능력들의 제한된 사용, 우리에게 입법자로서의 지위를 부여하는 만큼 위선적인 것이 되는 복종과 같은 그의 요소들이 무엇인지 보여주려고 했네.(P, 14~15/29)

들뢰즈는 『칸트의 비판철학』에 대하여 이렇게 회고하기도 한다. 그러나 앞서도 이야기한 바 있듯이 그의 칸트 연습은 결코 건널목에 불과한 게 아니다. 들뢰즈는 『칸트의 비판철학』 외에도 직접적으로는 「칸트 미학에서의 발생의 이념」과 「칸트 철학을 간추린 네 개의 시구」라는 두 편의 논문, 그리고 네 번의 강의를 남겼지만, 우리는 『차이와 반복』부터 『철학이란 무엇인가』까지 들뢰즈 철학 전체에서 칸트가 제시한 문제와 개념들을 발견할 수 있다. 앞으로 우리가 확인

3   G. Deleuze&C. Parnet, *L'abécédaire de Gilles Deleuze.*

하게 될 칸트적 문제와 개념들을 먼저 열거해 보자면, 그는 『차이와
반복』에서 차이différence를 칸트적 이념Idee과 동일시하고, 이념으로
서의 차이가 현실화되는 크기로서 강도적 크기quantité intensive를 칸
트의 '지각의 예취들'로부터 취하며, 반복répétition을 표현하는 '시간
의 텅 빈 형식' 역시 칸트의 감성 형식으로서의 시간 개념으로부터 읽
어낸다.

개념의 변신

　　　　　칸트의 개념들은 들뢰즈 철학의 주요 개념들
과 밀접하게 연결되어 있지만, 당연하게도 들뢰즈의 철학 안에서 있
는 그대로의 모습을 유지하고 있지는 않다. 그는 칸트적 문제와 개
념들과 함께 나아가지만, 칸트의 개념들을 변신métamorphose시킨다.
들뢰즈는 이를 '그 시대로부터 빠져나오기 위한 방법'이라고 말한
다.(P, 15/29) 칸트 철학을 시대적 착오에 빠진 철학으로 비판하는 일
이나 칸트를 그 시대적 한계 속에서 그럴듯하게 만드는 일은 중요하
지 않다. 예컨대 플라톤이 제시한 개념에 약간의 변형을 가하여 오늘
날에도 유용하게 만드는 것과 같은 것은 그가 생각한 철학과는 다른
것이다. 앞서 보았듯이 그에게 철학은 오늘날 발생하는 문제들에 대
응하는 새로운 개념들을 만드는 것이기 때문이다.

　　　　오늘날 우리가 여전히 플라톤주의자, 데카르트주의자, 칸트주
　　　　의자로 남을 수 있다면, 그것은 그들의 개념들이 우리들의 문

제들 안에서 다시 활성화될 수 있으며, 창조해야 할 개념들에 영감을 불러일으켜 줄 수 있다고 생각할 권리가 우리에게 있기 때문이다.(QP, 32/45)

그는 파르네와의 대담에서 '위대한 철학자처럼 철학을 한다는 것' 은 그의 신봉자가 된다는 것을 의미하지 않는다고 말한다.

위대한 철학자처럼 철학을 한다는 것은, 그의 과업을 끌어와 그가 만든 개념과 연관된 것을 만들고, 그가 제기한 문제들과 연관되었거나 혹은 더욱 발전된 문제들을 제기하는 것이지.[4]

이것이 들뢰즈가 칸트와 함께 새로운 문제제기로 나아가는 방식이 다. 들뢰즈는 언제나 들뢰즈주의자로 남아 있을 것이지만, 칸트와 함 께 그렇게 된다. 이러한 관점에서 볼 때 들뢰즈가 칸트의 철학을 오 독했다거나 자신의 철학에 칸트를 끼워 맞추었다고 말하는 것은 그 에게는 의미 없는 비판일 것이다.

그래서 이 책은 들뢰즈가 칸트의 개념들을 어떠한 방식으로 변신 시키고 있는지 다룬다. 『순수이성비판』, 『실천이성비판』, 그리고 『판 단력비판』의 순서를 따르면서, 단지 변신을 끝마친 칸트의 모습을 그려 보이는 것이 아니라 칸트철학의 부분 부분이 변신해 가는 과정 전체를 통해 들뢰즈와 함께 숨 쉬는 칸트를 그려 보이는 것이다. 그 렇게 할 때 칸트를 새롭게 읽는 들뢰즈의 방법이 부분적인 이해만을

---

4   G. Deleuze&C. Parnet, *L'abécédaire de Gilles Deleuze*.

                                               들뢰즈와 칸트

가지고 있다거나 뭉뚱그린 이해 때문에 성긴 그물로 칸트를 얽어매 놓았다는 비판으로부터 자유로워질 수 있을 것이다.

　마지막으로 이 책은 2019년 서강대학교 철학과에 제출한 박사학 위논문을 바탕으로 다시 쓴 것이다. 칸트의 삼비판서에 대한 접근성을 위해 삼비판서 설명을 맨 앞에 배치하여 수정하고 보충했다. 그러나 이것이 더욱 장벽이 되는 독자들이 있다면, 삼비판서를 다루는 세 장을 뛰어넘고 들뢰즈부터 보아도 충분하다. 들뢰즈를 통해 칸트를 배우면서 칸트를 존경하게 되는 일은 바로 필자가 겪었던 일이다. 이 렇게 여러 수정을 거쳤음에도 들뢰즈와 칸트에 접근하기 위한 친절한 첫걸음이 되지 못했다면, 그것은 성공적이든 아니든 전적으로 엄밀성을 추구했던 지난 과거의 필자 탓이다. 그러나 철학이 연습이라면 이 책은 한 박사의 온전한 연습의 과정이 담겨 있다. 그것은 지난하고 어려우면서도 매번 새롭게 태어나는 사유와의 마주침들로 인해 흥미진진하고 설레는 과정이었다.

　그 유명한 칸트의 산책이 얼마나 정확했는가는 우리에게 아무것도 말해주지 않는다고 들뢰즈는 말한다. 중요한 것은 매일 그가 산책을 하는 동안 무슨 일이 일어났는지, 그 습관 속에서 그가 무엇을 보고, 무엇을 숙고하였는지일 것이다. 철학은 시간을 들이는 일이다. 그러므로 철학자의 습관은 숙고의 시간들일 것이다. 그래서 들뢰즈가 시간을 들여 초상화를 그리며 무엇을 숙고했는지 살펴보는 일은 필자에게도 즐거운 숙고의 시간들이었다. 그런 이유로 부족하고 성긴 글임에도 익명의 독자들의 즐거움을 기대하며 내어놓는다.

　그리고 이렇게 출판을 할 수 있도록 도움을 주신 필로버스의 권순

모, 김정인 선생님, 에디스코의 최윤영, 박혜선 선생님께 감사드린다. 네 선생님의 독려가 없었다면 처음부터 불가능한 일이었음을 절실히 깨닫는다. 또한 학위논문의 페이지로는 다 드러나지 않을 가르침을 주신 서동욱 지도 교수님께 다시 한 번 감사의 인사를 드린다. 들뢰즈와 칸트, 그리고 삶의 시간들을 채운 모든 철학들은 전부 지도 교수님이 나누어 주신 것이다. 마지막으로 삶의 모든 것들을 가능하게 해주신 부모님과 가족들에게 이 책을 바친다.

1장

『순수이성비판』의 체계

사실과 권리

칸트의『순수이성비판』은 시간과 공간, 그리고 범주들이라는 선험적인a priori 표상들을 다루고, 선험적 인식의 가능성을 탐구하는 책이다. 대상들 자체가 아니라 대상들에 대한 우리의 인식방식을 다루기 때문에, 칸트는 이를 경험에 독립적이라는 의미에서 '선험적'이라고 불렀다. 그런데 이러한 선험적인 표상들을 다루는 데 있어서 더 중요한 구분은 '형이상학'과 '초월철학Transzendental-Philosophie'의 구분이다.[5] 경험 독립적이라고 해서 칸트가 경험에 직접적으로 주어지지 않는 것들을 사유하고자 하는 것이 아니기 때문이다. 오히려 그 반대이다. 칸트의 초월철학은 우리의 능력들이 경험의 한계를 넘어 월권적으로 사용되는 일을 비판하는 철학이다.

형이상학과 초월철학의 차이는 그것들이 선험적 표상들을 사실의 문제quid facti로 다루는지, 권리의 문제quid juris로 다루는지에 달려 있다. 칸트는 사실과 권리의 문제를 다음과 같이 구분한다.

> 권한과 월권을 논할 때 법이론가들은 권리적인 문제와 사실 관련 문제를 구별하고, 이 양자에 대한 증명을 요구하면서, 권한 내지는 정당한 권리를 밝혀내야 하는 전자의 증명을 연역이라 일컫는다.(KrV, A84/B116)

하나의 개념이 그 개념의 대상에 대해 가지는 권한을 증명하지 않고 그것이 고유한 의미를 가지고 있다고 여기는 것은 단지 상상적인 의미를 부여하는 것에 불과하다. 그럼에도 불구하고 관용적으로 통용된다는 점에서 그것이 권리를 가지고 있다고 여기는 것은 개념에 대한 월권적인 사용이다. 칸트는 이러한 '사실의 문제'와 연역되어야만 하는 '권리의 문제'를 형이상학과 초월철학 사이에서 발견한다. 형이상학이 '우리가 선험적 표상들을 가졌다'는 것을 주어진 사실로서 다루는 것이라면, 초월철학은 선험적 개념들, 즉 공간, 시간, 그리고 개념이 주어진 것들에 대해 가지는 권한과 권리를 해명하고 연역해야 하는 문제로서 다룬다. 그래서 들뢰즈는 다음과 같이 설명한다.

---

5 이 책에서는 'a priori'를 '선험적', 'transzendental(독일어)/transcendantal(프랑스어)'을 '초월적'으로 옮겼다. 'transcendantal'과 구분해야 하는 'transzendent(독일어)/transcendant(프랑스어)'는 '초재적'으로 옮기고, 칸트적 의미에서 사용될 때는 '초험적'과 '초재적'을 병기했다. 칸트에서의 초험의 의미와 들뢰즈에서의 초재의 의미 비교는 13장 참조.

들뢰즈와 칸트

우리가 사실상 선험적 표상représentation을 가지고 있다는 것을 확인하는 것만으로는 충분하지 않다. 우리는 이러한 표상들이 경험으로부터 나온 것이 아님에도 왜, 그리고 어떻게 경험에 필연적으로 적용되는지 또한 설명해야만 한다.(PCK, 21~22/36)

칸트가 선험적 표상들 가운데 시간과 공간을 다루는 부분은 '초월적 감성학'이라고 불린다. 여기서 칸트는 감성이라는 표상들을 받아들이는 우리 능력의 형식이 '시간'과 '공간'이라고 말한다. 시간과 공간은 그 자체로 경험적인 것이 아니라 감각 일반을 그 질료로서 가지는 형식인 것이다. 그러므로 이는 '초월적 감성학'이라는 말에서 알 수 있는 것처럼 감성과 감성 형식을 탐구하는 초월철학이다. 경험 독립적인 것을 사실의 문제가 아니라 권리의 문제로 다루고 있기 때문이다.

칸트는 '초월적 감성학'에 뒤이은 '초월적 논리학'에서 또 다른 선험적 표상인 범주들을 다룬다. 범주는 감성에 주어진 표상들을 통해 하나의 대상을 인식하는 능력인 지성의 형식이다. 그래서 칸트는 감성에 의해 대상이 우리에게 주어지고 지성에 의해 사고된다고 말한다. 감성의 형식이나 지성의 형식이나 모두 우리가 경험에 앞서 독립적으로 가지고 있는 것이다.

범주들은 총 12개로 이루어져 있다. 구분하자면 양의 범주들(단일성, 다수성, 전체성), 질의 범주들(실재성, 부정성, 제한성), 관계의 범주들(속성과 자존성, 원인성과 의존성, 상호성), 양태의 범주들(가능성-불가능성, 현존성-비존재성, 필연성-우연성)이다. 여기서 다 다룰 수는 없지만, 칸트는 범주들에 대해서도 '형이상학적 연역'에 뒤이어 '초월적 연역'을 기술하면서 단지 선험적 표상이 우리에게 있다는 것에 머물지 않고, 그것을 연역해 낸다. 그가 '형이상학적 연역'이라고 부른 것은 '순수 지성 개념들의 발견'이다. 일반논리학에서 제시하는 12개의 판단표(전칭판단, 특칭판단, 단칭판단, 긍정판단, 부정판단, 무한판단, 정언판단, 가언판단, 선언판단, 개연판단, 실연판단, 필연판단)로부터 그만큼의 선험적인 범주들을 발견해 내는 것이 형이상학적 연역에서 다루어지고, 이 12개의 범주들이 어떻게 선험적 표상들로서 가능한지가 초월적 연역에서 다루어지는 것이다.(KrV, B95-106)

시간과 공간이라는 선험적 표상들과 달리 범주들은 대상에 직접적으로 관계 맺지 않는다. 다시 말하면, 대상들은 그것들의 선험적 조건으로서의 범주 없이도 주어질 수 있는 것이다. 그렇다면 범주가 필연적으로 선험적인 표상이 되려면 그것이 그러한 권위를 가질 수밖에 없음을 연역해 내야 한다. 그것이 '초월적 연역'에서 다루어지는 것이다. 그래서 초월적 연역은 '나는 생각한다'라는 것이 나의 모든 표상에 동반될 수밖에 없다는 것을 증명해 내는 과정으로 나아간다. 감성에 주어진 것들은 시간과 공간의 형식에 따라 내가 생각한다는 것에 앞서 주어질 수 있는 표상이지만, 내가 생각한다는 것과 필연적인 관계를 맺을 수밖에 없다. '나는 생각한다'의 초월적 통일이 없이는 어떤 것도 '나'의 표상이 될 수 없기 때문이다. 우리는 차후에 이 문제를 보다 더 자세히 다루게 될 것이다. 지금은 사실과 권리의 문제를 구분하며 칸트의 『순수이성비판』의 구조를 그려 보이는 것으로 충분하다.

요컨대 우리에게 선험적인 범주들이 있다는 것만으로는 충분하지 않고 우리의 경험이 우리의 선험적 범주에 필연적으로 종속되어야만 한다는 것을 보여주어야 하고, 이것이 칸트가 '초월적'이라고 부르는 해명과 연역의 의의이다. 가령 칸트는 순수 지성 개념들의 연역에 대해 설명하면서 한 개념이 '경험과 그 경험에 대한 반성을 통해 획득되는 방식'을 사실의 문제로, '선험적 개념이 대상과 관계 맺는 방식'을 권리의 문제로 구분한다.(KrV, A85/B117) 전자는 한 개념이 생겨난 사실을 지시하는 경험적인 연역의 문제이고, 후자는 대상에 대한 선험적 개념의 권한과 권리를 언역해 내는 초월적 연역의 문제이다.

『순수이성비판』이라는 법정

칸트 철학을 이해하는 데 있어서 사실과 권리의 문제를 구분하는 것은 우리가 앞서 말한 칸트철학이라는 법정과 관련되어 있기 때문에 중요하다. 칸트는 표상들을 받아들이는 능력인 감성과, 그 감성에 주어진 표상들을 사고하는 능력인 지성이 왜, 그리고 어떻게 경험에 필연적으로 적용되는지 보임으로써 월권적이지 않다는 것을 연역해 냈다. 그러나 문제는 '이성'이다. 이성이라는 능력은 그 자신의 탐구의 목적이 자기의 인식의 확대에 있기 때문이다. 이성은 그 자신의 목적을 위해 착오에 빠질 위험을 감수하면서까지 감성 세계를 넘어가고자 한다.

> 모든 가능한 경험들의 영역을 벗어나서, 경험 중에서는 도대체
> 가 그에 상응하는 대상이 주어질 수 없는 개념들에 의거해 우
> 리의 판단의 범위를 경험의 모든 한계들 너머에까지 확장하려

는 모습을 가지고 있다.(KrV, B6)

칸트에 따르면 이는 이성의 피할 수 없는 '운명'이다.(KrV, AⅦ) 이성은 자연적 본성으로부터 경험의 한계를 넘어가는 문제들을 그 자신의 과제로 마주하게 되는 것이다. 칸트는 전통적인 특수 형이상학의 과제들, 즉 경험적 인식으로는 해결되지 않는 신, 자유, 영혼의 불사성과 같은 과제들이 바로 이성의 본성으로부터 주어지는 것이라고 본다. 따라서 그것들은 반드시 이성의 본성에 대한 탐구를 기반으로 이루어져야 한다. 그러한 탐구가 기반이 되지 않는다면 형이상학의 문제들은 결코 경험에 의해 반박될 수 없는 만큼 증명될 수도 없기 때문에 허구적인 것으로 남아 있을 수밖에 없다. 그러므로 진정한 학문으로서의 형이상학이 가능하기 위해서는 이성의 능력에 그 능력의 대상들에 대한 판단이 맡겨져도 되는 것인지 순수 이성의 원천과 한계를 평가하는 예비학이 필요하다.

칸트의 초월철학이 바로 그러한 학문이다. 칸트는 자신의 초월철학에 대해 다음과 같이 정의한다.

> 나는 대상들이 아니라 대상들에 대한 우리의 인식방식을 이것이 선험적a priori으로 가능하다고 하는 한에서 일반적으로 다루는 모든 인식을 초월적transzendental이라 부른다. 그러한 개념들의 체계는 초월-철학이라 일컬어질 것이다.(KrV, B25)

칸트의 초월철학은 대상의 존재를 증명하는 학문이 아니라 그에 대한 우리의 선험적 인식의 가능성을 증명하는 학문이다. 이러한 예비적 학문으로서의 초월철학의 기반 위에서만 형이상학은 가능해질 수 있다. 이것이 칸트가 이성을 법정에 세우면서 그에 정당한 권한을 부여하고 동시에 월권적 사용을 밝혀내는 판결이다.

이성의 권리

그런데 칸트는 초월철학이 단지 이성이 경험의 한계를 넘을 수 없다는 것만을 가르쳐 준다면 그것이 소극적인 효용만을 가질 것이라고 말한다.(KrV, BXXIV~XXV) 그리고 그것은 경험론이 주장하는 것처럼 경험적 한계를 모든 것에 대한 한계로 확장시키는 일일 것이다. 그는 순수 이성에 절대적으로 필연적인 실천적 사용이 있다는 점에서 그것의 적극적 효용이 있다고 강조한다. 순수 이성이 경험으로부터 독립적으로 사용될 수 있다는 점에서, 즉 순수 이성의 제한받지 않는 사용이 있다는 점에서 그것은 적극적인 효용일 수 있는 것이다.[6] 그래서 칸트는 『순수이성비판』에서는 인식될 수 없는 것으로 이야기되는 자유에 대하여 『실천이성비판』에서 그것의 실천적 실재성을 증명하며, 신과 영혼의 불사성에 대해서도 그것이 필연

---

6   칸트는 『판단력비판』을 시작하면서 『순수이성비판』에서 이성의 가능성과 한계를 드러내는 것은 지성의 가능성과 한계 또한 드러내는 것이었음을 말한다. "그것은, 한편으로는, 마치 지성이(지성은 자기가 인식할 수 있는 모든 사물들의 가능성의 조건들을 선험적으로 제시할 수 있기 때문에) 그로 인해 모든 사물들 일반의 가능성 또한 이 한계에 가두어 놓은 것 같은, 지성의 우려스러운 월권을 억제하고, 다른 한편으로는 지성이 비록 결코 완벽성에 이를 수 없다 해도, 자연을 고찰함에 있어 지성 자신을 완벽성의 원리에 따르도록 이끌고, 그를 통해 모든 인식의 궁극의도를 촉진시키기 위한 것이다."(KU, BIV~V)

적으로 요청된다고 역설한다. 그러나 『순수이성비판』에서는 이성 사용의 한계가 중점적으로 다루어진다.

칸트는 우리가 앞서 본 것처럼 공간과 시간이라는 감성 형식에 따라 우리에게 대상이 주어질 때 생기는 것을 직관Anschauung이라고 부른다. 그리고 지성이 감성에 주어진 것들을 사유할 때 생겨나는 것이 개념Begriff이다. 대상으로부터 표상들을 얻는 수용적인 능력인 감성의 매개 없이 대상들은 우리에게 주어질 수 없다. 지성이 개념들을 가지고 대상에 대해 사고할 수 있는 것은 감성이 직관을 제공하기 때문이다. 반대로 우리는 지성의 규정 없이 직관의 무규정적인 대상만 가지고서는 대상에 대한 인식을 얻을 수 없다. 이것이 칸트의 유명한 말, "내용 없는 사상들은 공허하고, 개념들 없는 직관들은 맹목적이다"라는 말의 의미이다.(KrV, A51/B75) 이렇게 칸트가 대상과 개념의 관계를 감성이 매개하는 것이라고 말할 때, 우리는 오직 직관만이 대상과 직접적으로 관계 맺으며, 개념은 직관 또는 또 다른 개념과만 관계 맺을 수 있다는 것을 알 수 있다.

> 전자[직관]는 직접적으로 대상과 관계 맺으며, 개별적이다. 후자[개념]는 간접적으로, 곧 다수의 사물들에 공통일 수 있는 징표를 매개로 해서 대상과 관계 맺는다.(KrV, A320/B377)

개념은 대상이 아니라 그 대상에 대한 표상과만 관계를 맺는 것이다.

왜 우리는 이것을 다시 한 번 언급하는가? 이성은 바로 이러한 지성에 관여하기 때문이다. 대상과 직접적인 관계를 맺는 직관이 아니라 간접적인 관계만을 맺는 지성의 판단들과만 관계하는 것이다. 칸트는 지성의 판단과 이성의 추리가 관계 맺는 방식을 '가이우스는 죽는다'라는 예로 설명한다. '가이우스는 죽는다'라는 명제는 지성만 가지고서도 얻어낼 수 있는 판단이지만, 우리는 '사람'이라는 개념을 통해 가이우스에게 '죽는다'는 속성을 부여할 수도 있다. 이것은 '모든 사람은 죽는다'라는 대전제에서 '죽는다'라는 술어를 '가이우스'에 제한시키는 일이다. 우리에게 익숙한 삼단논법이다.

모든 사람은 죽는다.
가이우스는 사람이다.
가이우스는 죽는다.

칸트는 바로 이러한 '모든'이라는 전 외연에 상응하는 것이 조건들 전체라는 초월적 이성 개념이라고 말한다.(KrV, A322/B379) 경험 가능한 대상들에만 적용되는 조건적인 지성의 인식이 주어지면, 이성은 조건들의 전 계열이 있다고 가정함으로써 조건의 조건을 할 수 있는 데까지 찾는다. 그리고 이 조건들 전체는 그 자체로 무조건적이므로 초월적 이성 개념들은 무조건적인 것을 표상한다고 말해야 한다. 그러므로 우리는 이성이 지성의 인식들을 통일시키는 무조건적인 것을 찾고 그 아래 조건적인 개념을 포섭시키는 일을 한다는 것을 알 수 있다. '가이우스'라는 대상에 대한 지성의 인식은 그러한 이성과의 관계 맺음에 따라 규정된다. 지성의 개념은 직관처럼 대상과 직접적으로 관계 맺지는 않지만 간접적인 관계를 맺고 있기 때문에, 가능한 경험에 대해서만 사용되도록 제한되어 있다. 그렇지 않다면 앞서 말한 것처럼 우리는 텅 빈 개념만을 가지고 있게 될 것이다. 반면 이념은 언제나 경험 가능성을 넘어선다. 이성은 지성처럼 감성과 직접적으로 관계 맺는 것이 아니라 조건적인 지성 개념을 무조건적인 것으로 나아가게 함으로써만 판단에 관여하기 때문이다.

문제성 있는 이념

이성의 개념인 이념이 가진 문제는 바로 이것이다. 경험의 가능성을 넘어서는 이념은 경험 안에서는 그와 일치하는 대상을 찾을 수 없다는 것이다. 이념은 조건들의 전체성을 표상하는 것이므로, 그러한 무조건적인 것은 경험 안에 주어질 수 없는 것이다. 그래서 칸트는 "나는 '이념'이라는 말로 그것에 합치하는 아무런 대상도 감관에 주어질 수 없는 필연적인 이성 개념을 뜻한다"라고 말한다.(KrV, A327/B383) 따라서 이념이 현실적인 사물들의 개념으로 취해지면 그것은 초험적/초재적transzendent일 수밖에 없다.

칸트는 지성 개념이 오직 가능한 경험 중에 지시될 수 있어야 하는 것과 달리, 이념의 대상은 가능한 경험 중에 지시될 수 없기 때문에, 그것을 지시할 수 있는 것은 '문제성 있는problematisch 개념'뿐이라고 말한다.

> '이념에 대응하는 객관에 관한 아무런 지식도—그에 관한 문제성 있는 개념이라면 모를까—우리는 가질 수 없다'고 말했다면, 오해받을 위험이 덜하게 더 잘 말한 것이겠다.(KrV, A339/

칸트에서 이념은 항상 문제적이다. 그리고 우리는 곧 들뢰즈에게서 이 문제적인 이념이 '차이'가 되면서 서론에서 언급한 '문제제기적problématique 이념'으로서 중요성을 가지게 된다는 것을 확인할 것이다.

칸트가 선험적인 범수늘을 발견해 내기 위해 도입하는 12개의 판단표 가운데 하나가 이 문제성 있는 이념을 설명해 준다. 'A는 B일 수 있다'는 개연적problematisch 판단은 양태의 범주들 가운데 가능성에 해당하는 것인데, 문제성 있는 개념으로서의 이념은 바로 그것이 개연적일 뿐임을 뜻한다. 이성의 개념인 이념은 객관적 실재성을 가지는 현실적인 것으로도 객관적 필연성을 가지는 것으로도 고려되지 않는, 순전히 가능성만을 가진 임의적인 것이다.

> 한 개념이 모순을 함유하지 않고, 주어진 개념들의 한계를 정
> 해 주는 것으로서 다른 인식들과 연관을 가지면서도, 그 개념
> 의 객관적 실재성이 결코 인식될 수 없는 그런 개념을 나는 문
> 제성 있는 개념이라고 부른다.(KrV, A254/B310)

그러나 이러한 문제성 있는 이념 또는 개연적일 뿐인 이념은 바로 그 때문에 포기되어야 하는 것은 아니다. 감성과 지성이 이 문제성 있는 이념과의 관계 아래에서 자신들을 제한하기 때문이다. 경험 가능성을 넘어서는 이념은 바로 이러한 방식으로 감성과 지성의 개념들과 관계 맺는다. "그것은 단적으로 그리고 그 자체로 현실적인 어

떤 것으로 받아들여지지는 않고 [……] 오로지 문제성 있게 기초에 놓인다."(KrV, A681/B709) 이것이 문제성 있는 개념으로서 이념의 의미이다.

이념의 규제적 사용

이렇게 칸트는 능력들에 그 자신들의 범위와 한계를 마련하는 일들을 해나간다. 능력들은 제한적으로 사용됨으로써만 합법적이다. 이성은 오직 지성의 개념들에 통일성을 부여할 때에만 내재적이며 합법적인 사용을 갖는다. 지성은 가능한 경험의 경계 안에 머물기 때문에 그것과 관계를 맺는 이성이 간접적으로만 지성의 판단에 관여한다면, 그것은 초험적/초재적인 사용이 아니라 내재적인 사용이라고 이야기될 수 있는 것이다. 이러한 사용 내에서 이성 개념으로서 이념은 변증성을 가지지 않는다. 다시 말해 순수 이성의 이념은 그 자체로는 변증적이지 않다. 오직 그것의 오용만이 변증성을 낳는 것이다. 칸트는 우리 이성의 자연적 본성으로부터 이념들이 과제로서 주어지는 것이기 때문에 그것 자체에는 오류가 있을 수 없다고 강조한다.

> 이념들은 우리 이성의 자연본성에 의해 우리에게 부과되는 것
> 이고, 우리 사변의 모든 권리들과 권리 주장들에 대한 이 최고
> 법정이 그 자신 근원적인 착각과 환영들을 지닌다는 것은 있을
> 수 없는 일이기 때문이다.(KrV, A669/B697)

이념의 변증성은 대상과 직접적으로 관계 맺지 않는 순수 이성의 이념을 대상에 대한 구성적인konstitutiv 원리가 될 수 있는 것처럼 생각하는 데에서 생겨난다.

칸트는 대상을 구성하는 원리가 아니라 체계적인 통일성의 측면에서 지성과만 관계 맺는 이념의 원리를 규제적regulativ 원리라고 부른다. 이성을 규제적으로가 아니라 구성적으로 사용할 때 발생하는 잘못은 두 가지로 제시된다. 나태한 이성ignava ratio과 전도된 이성perversa ratio이다. 두 가지 모두는 이성이 자신의 업무를 완성한 것처럼 여기거나 더 이상 탐구될 수 없는 것으로 여김으로써 이성 활동을 멈추어 버리는 잘못에 마주하게 된다. 가령 영혼의 불사성이라는 이념이 구성적 원리로서 영혼의 현상들을 설명하는 데 사용되면, 그것은 결국 불변적으로 존속하는 인격적 통일성을 직접 지각할 수 있다고 믿어버리게 되는 것을 의미하기 때문에, 우리의 내적 현상들의 원인을 물리적인 근거에 의해 설명하는 모든 자연연구를 회피하게 되어버린다. 이는 이성이 나태함에 빠지게 되는 것이다. 또한 신이라는 이념을 먼저 규정해 놓고, 그러한 이념으로부터 자연에 인과성을 부여한다면 자연에 대한 물리적 탐구는 더 이상 앞으로 나아갈 수 없다.[7] 칸트에 있어서 그것은 "원래 증명되었어야 할 것을 전제하고 있는" 일이다.(KrV, A693/B721) 이것이 전도된 이성이 빠지는 잘못이다. 그러므로 칸트에서 이념은 오직 문제성 있는 개념으로 남아 있어야만 하고 그렇게 받아들여져야 한다. 이것이 칸트가 이념의 비합법적 사용의 문제점으로 언급하는 바이다.

---

7   이는 '데우스 엑스 마키나' 같은 것이다. 프리드리히 카울바흐, 『칸트 비판철학의 형성과정과 체계』, 백종현 옮김, 서광사, 1992, 181쪽.

마치 ~처럼

이렇게 이념은 오직 규제적 원리로서만 경험을 필연적으로 우리의 선험적 표상들에 종속시키는 원리로서 초월적 의미를 가지게 된다. 그래서 이념은 문제성 있는 것이면서도 '초월적 이념'이라고 불릴 수 있는 것이다. 칸트는 이러한 초월적 이념의 규제적 원리를 '마치 ~처럼'으로 표현한다. 가령 신 이념은 '마치' 세계의 사물들이 그로부터 현존을 갖는 것'처럼' 고찰되게 함으로써 경험인식을 확장한다. 이 세계를 체계적이고 통일적인 원리를 가진 것으로 여기는 일은 우리의 경험 안에서는 불가능한 인식인데, 그러한 원리의 원인으로서 신 이념이 그러한 체계적 통일적 원리를 사유할 수 있도록 해주는 것이다. 이는 신이라는 이념이 자연을 직접적으로 규정할 수 있는 원리라고 여기는 것과는 다르다. '마치 ~처럼'이라는 것은 경험이 줄 수 있는 대상들 너머까지 확장하는 구성적인 원리가 아니라 경험인식을 자기 자신의 한계 내에서 개척되고 교정되게 하는 규제적인 원리이다.

> 그것은 대상이 어떤 성질을 가지고 있는가를 보여주는 것이 아
> 니라, 우리가 그것의 인도 아래 경험 일반의 대상들의 성질과
> 연결을 어떻게 찾아야만 하는가를 보여준다.(KrV, A671/B699)

더 좋은 예는 자유의 이념이다. 칸트는 자유를 실천적 의미에서 다음과 같이 정의한다.

들뢰즈와 칸트

> 실천적 의미에서의 자유란 감성의 충동에 의한 강제로부터의
> 의사의 독립을 말한다.(KrV, A533~534/B561~562)

시간상의 필연적인 법칙들에 따라 규정된 원인성으로부터 독립되어 있는 것이 자유이며, 따라서 자유는 오직 자기 자신이 자기에 대한 원인이 되는 것을 의미한다. 자유 이념이 '마치' 그 자신이 자신의 자발적인 행위의 원인이 될 수 있는 것'처럼' 생각하게 함으로써, 우리는 기계적인 인과성으로부터 독립된 원인성을 사유할 수 있다. 칸트는 『실천이성비판』에서 자유의 문제를 다루면서 군주의 위협에 두려움을 느끼고 어쩔 수 없이 위증을 하는 사례를 제시한다. 그는 위증을 하면서 두려움 때문에 저항할 수 없었다고 말할 수 있지만 그러한 위증 이전에 '무엇을 해야 한다'라는 당위에 대해 알고 있다는 사실을 지적한다. 칸트는 당위에 대해 다음과 같이 정의한다.

> 당위란 무릇 그것의 근거가 다름 아니라 순전한 개념인 그런
> 가능한 행위작용을 표현한다.(KrV, A547~548/B575~576)

즉, 칸트에 따르면 우리에게는 두려움이라는 감성적 자극 이전에 당위에 대한 앎이 있는 것이다.

칸트는 『순수이성비판』에서도 거짓말에 대한 예시를 든다. 사람들은 어떤 사람의 거짓말에 대해 책임을 묻기 위해 그 거짓말의 원천을 묻는데, 그것을 '나쁜 교육, 불량한 교제, 수치에 대해 무감각한 사악한 천성'에서 찾기도 하고, '경솔과 무분별'에서 찾기도 한다는 것이다.(KrV, A554/B582) 그러나 사람들은 이러한 것들에 따라 그의 행

위 작용이 규정받았다고 믿음에도 불구하고 그러한 것들은 전적으로 제쳐놓을 수 있고, 그런 경험적 조건으로부터 그의 이성이 자유로웠다고 판정하며, 그의 자유로운 행위에 따른 책임을 묻는다. 이것이 가능한 것은 감성으로부터 독립적인 예지적 원인이 상정되어 있기 때문이다. 그러나 이는 '마치' 자유라는 원인으로부터 시작된 것'처럼' 생각될 수 있는 것일 뿐이다. 우리는 자유의 현실성에 대해서도 자유의 현실적 가능성에 대해서도 증명해 낼 수 없다. 그러한 것은 이성의 권리를 넘어서는 일이기 때문이다.

이러한 방식으로 칸트는 이념들이 '마치 ~처럼'이라는 방식으로 규제적으로 사용될 때 합법적일 수 있음을 보여준다. 이념의 실재성 자체는 그것을 부정하는 것만큼 긍정하는 것도 불가능하다. 칸트는 "그것을 반대할 아무런 적극적 장애가 없다는 것만으로는 무엇을 받아들이기에 충분하지 않다"라고 말한다.(KrV, A673/B701) 그러나 위와 같은 방식으로 문제성 있는 이념은 현상과 유비적인 관계를 맺을 수 있다. 이 때문에 들뢰즈는 『칸트의 비판철학』에서 다음과 같이 말한다.

> 상징 이론은 오직 『판단력비판』에만 나타날 뿐이다. 그러나
> 『순수이성비판』의 「초월적 변증학 부록」에서 기술되는 '유비'
> 는 상징 이론의 최초의 밑그림이다.(PCK, 32/50)

칸트는 『판단력비판』 §59에서 지성이 파악하는 개념에 대응하는 직관이 주어지는 도식화와 상징화를 구분한다. 이후 자세히 살펴보겠지만 도식화란 지성의 개념을 감성 중에 현시하는 상상력의 작용

이다. 도식이 개념을 직접적으로 현시한다면 상징은 어떤 직관도 대응할 수 없는 개념을 직관과의 유비에 의해 간접적으로 현시하는 것이다. 그러한 유비가 가능한 이유는 그것이 '도식의 유사물'을 주기 때문이다.

> 비록 모든 지성 개념들의 일관적인 체계적 통일을 위한 도식이 식관에서 발견될 수 없다 히디리도, 그러한 도식의 유사물은 주어질 수 있고 주어져야만 하는데, 한 원리에서의 지성인식의 분할과 통합의 최대치라는 이념이 바로 그것이다.(KrV, A665/ B693)

이념은 지성 사용의 일관적 통일성을 선험적으로 확립하는 것이며, 따라서 도식의 유사물로서 간접적으로는 경험의 대상에 타당할 수 있다는 것이다.[8]

예를 들어 칸트는 "신에 대한 우리의 모든 인식은 한낱 상징적이다"라고 말한다.(KU, B257) 그리고 그는 신에 대해 도식화할 수 있다고 여기게 되면 신을 의인화하여 생각하는 것과 다름없고, 반대로 신에 대해 모든 직관적인 것을 배제하게 되면 이신론에 빠지게 된다는 점을 지적한다. 이신론은 신 이념의 실천적 실재성에 대해서 아무것

---

8 이 '최대치'라는 유사-도식은 이념의 다양한 의미 모두에서 유효하다. 강영안은 1) 형이상학의 세 가지 초월적 이념(자아·우주·신의 이념), 2) 학문의 이념, 3) 이성의 이념으로서 자연에 대한 학적 탐구의 세 가지 초월적 원리들(동질성의 원리, 특수화의 원리, 연속성의 원리)로 이념들을 구분하고 이 모두에서 지성 사용의 최대치라는 유사-도식이 유효함을 보인다. 강영안, 『칸트의 형이상학과 표상적 사유』, 서강대학교출판부, 2009, 228-234쪽 참조.

도 알려줄 수 없기 때문에, 신을 의인화하는 것만큼이나 문제이다. 이렇게 신을 의인화하는 방식이 아니라 신 이념을 문제성 있는 개념으로 받아들이고 그것을 규제적으로만 사용할 때 그것의 역할은 긍정될 수 있다. 앞서 이야기한 것처럼 신 이념은 유비적인 방식으로 이 세계를 체계적이고 통일적인 원리를 가진 것으로 여기게 해준다는 점에서 합법적 사용을 갖는 것이다. 그래서 칸트는 다음과 같이 말한다.

> 우리가 단지 규제적 원리로서의 이 전제에 머무른다면, 착오조
> 차도 우리에게 해를 끼칠 수 없다.(KrV, A687/B715)

이렇게 『순수이성비판』에서 칸트는 이념이 나아갈 수 있는 한계를 지정함으로써, 이념을 월권으로부터 구출해 낸다. 그리고 『실천이성비판』에서는 이러한 신과 영혼의 불사성이라는 이념이 필연적으로 요청된다고 역설하며, 자유의 이념에 대해서는 그것의 실천적 실재성을 증명한다. 어떻게 객관적 실재성을 가질 수 없는 문제성 있는 이념이 실천적 실재성을 가지게 되는가? 칸트와 함께 또 한 번 나아가보자.

2장

『실천이성비판』의 체계

자유의 실재성

칸트는 『순수이성비판』에서 이념들을 어디까지나 '문제성 있는' 것으로서 남겨두었다. 이념의 대상은 미규정적인 것으로 남아 있기 때문에 그것을 규제적 원리로서가 아니라 구성적 원리로서 받아들이는 것은 이성을 월권적으로 사용하는 것이다. 앞서 강조했었던 바를 다시 언급하자면, 이성의 오류는 그 자체에 있는 것이 아니라 그것의 월권적인 사용에 있다. 『실천이성비판』에서 이념은 실재성을 가지게 되는데, 이는 『순수이성비판』을 뒤집는 것이 아니라, 그것이 오직 실천적 실재성만을 가진다고 말하는 것이다. 어떻게 그러한가?

『실천이성비판』에서 칸트가 이념의 실천적 실재성을 주장할 때 가장 근본적인 지위에 두는 것은 자유이다. 자유로부터 다른 모든 이념들의 실재성이 증명될 수 있기 때문이다.

> 실천이성은 이제 독자적으로, 다시 말해 사변이성과 협의함이 없이, 인과성 범주의 초감성적 대상, 곧 자유에다 실재성을 부여한다.(KpV, A9)

실천이성은 더 이상 『순수이성비판』에서 이야기되었던 것처럼 한계를 가지지 않고 실재성을 얻는다. 어떻게 그럴 수 있는가? 우리에게 '문제성 있는' 자유의 이념이 실재성을 가진다는 것을 확인시켜 주는 것은 도덕법칙이다.

> 우리에게 직접적으로 [……] 의식되는 것은 도덕법칙이다. 도덕법칙은 우리에게 맨 처음에 주어지는 것이다.(KpV, A53)

우리에게 직접적으로 의식되는 도덕법칙은 그 자신을 정당화해 주는 아무런 근거를 필요로 하지 않는다. 자유의 현실성은 바로 이러한 도덕법칙이 자신들을 구속하는 것으로 인식하는 존재자들을 통해 증명된다. 도덕법칙을 생각할 수 있다면 자유가 있다는 것 또한 인식할 수 있기 때문이다. 자유라는 것은 우리가 가진 경향성으로부터 벗어나 행위할 수 있는 절대적 자발성을 말하는 것이기 때문에, 우리가 그러한 경향성에서 벗어나 도덕법칙의 구속을 받을 수 있다면, 그것은 우리가 자유로운 존재자라는 것을 인식할 수 있도록 해준다는 것을 의미한다.

또한 우리가 우리의 경향성으로부터 벗어날 수 있는 자유를 우리 안에 가지지 않는다면 도덕법칙은 존재할 수도 없다. 그러므로 칸트가 자유를 도덕법칙의 조건이라고 말하면서 도덕법칙 아래에서만 자유를 인식할 수 있다고 말하는 것은 순환적인 설명이 아니다. 칸트는 '자유가 도덕법칙의 존재근거이며, 도덕법칙은 자유의 인식근거라는 것'을 말하고 있는 것이다.(KpV, A6) 그렇다면 우리는 도덕법칙을 인식할 수 있기만 하면 자유에 대해서도 실재한다고 말할 수 있으며, 자유가 실재하기 때문에 도덕법칙도 존재할 수 있다는 것을 알 수 있다. 칸트는 우리가 도덕법칙을 인식할 수 있다는 것을 아주 간단한 경험을 통해 입증한다.

> 그에게, 그의 군주가 그를 지체 없이 사형에 처하겠다고 위협하면서, 그 군주가 기꺼이 그럴듯한 거짓 구실을 대 파멸시키고 싶어 하는 한 정직한 사람에 대하여 위증할 것을 부당하게 요구할 때, 목숨에 대한 그의 사랑이 제아무리 크다 하더라도, 그때 과연 그가 그런 사랑을 능히 극복할 수 있다고 생각하는지 어떤지를 물어보라. 그가 그런 일을 할지 못할지를 어쩌면 그는 감히 확정하지는 않을 것이다. 그러나 그런 일이 그에게 가능하다는 것을 그는 주저 없이 인정할 것임에 틀림없다. 그래서 그는, 무엇을 해야 한다고 의식하기 때문에 자기는 무엇을 할 수 있다고 판단하며, 도덕법칙이 아니었더라면 그에게 알려지지 않은 채로 있었을 자유를 자신 안에서 인식한다.(KpV, A54)

우리는 두려움에 못 이겨 위증을 하면서 우리의 경향성에 저항할 수 없었다고 말할 수 있지만, 그 이전에 이미 '무엇을 해야 한다'라는 것을 의식하고 있으며, 이는 우리가 도덕법칙을 인식할 수 있다는 것을 의미하고, 그로부터 우리 안에 자유가 있음을 알 수 있다. 그래서 칸트는 도덕법칙이 자유로부터 추론적으로 도출되는 것이 아니라 도덕법칙에 대한 인식이 우리 이성의 '사실'이라고 말한다.(KpV, A56)

> 도덕법칙은 흡사, 우리가 선험적으로 의식하고, 그리고 명증적으로 확실한, 순수 이성의 사실처럼 주어져 있다. 설령 우리가 경험에서 그것이 정확하게 준수되는 실례를 찾아내지 못한다고 하더라도 말이다. 그러므로 도덕법칙의 객관적 실재성은 어떠한 연역에 의해서도 [⋯⋯] 증명될 수가 없으며, 그럼에도 그 자체로 확고하다.(KpV, A81~82)

도덕법칙은 자신을 정당화해 주는 근거를 찾을 수 없지만 그것을 필요로 하지도 않는데, 왜냐하면 오직 도덕법칙을 자신에게 명령하는 것으로서 인식하는 자유로운 존재자들을 통해서만 증명될 수 있기 때문이다. 그리고 이는 그러한 존재자들이 자유롭다는 것을 '인식'할 수 있도록 해주는 근거가 된다. 칸트는 이러한 방식으로 자유라는 초월적 이념의 실재성을 증명한다. 자유는 감성적 직관에 주어질 수는 없는 것이므로 이것의 이론적 실재성을 규정할 수는 없지만 그것이 '실천적 실재성'을 가질 수 없다고 말할 수는 없는 것이다. 도덕법칙은 그 자신의 존재근거로서 자유의 실천적 실재성을 규정한다. 그리고 이 자유로부터 다른 모든 초월적 이념들의 실재성 역시 따라

들뢰즈와 칸트

나온다.

자유의 인식근거인 도덕법칙

도덕법칙으로부터 직접적으로 규정되는 자유의 이념과 달리 신과 영혼의 불사성이라는 이념은 '요청'되는 이념들이다. 칸트의 요청 개념 역시 단순하지 않은데, 이를 설명하기에 앞서 자유의 인식근거인 도덕법칙이라는 것은 어떻게 우리에게 직접적으로 의식되는 것인지 좀 더 자세히 살펴보자.

칸트는 주관의 의지에 대해서만 타당한 '준칙'과 모든 이성적 존재자의 의지에 타당한 '법칙'을 구분한다. 가령 칸트는 '어떤 모욕에 대해서도 보복 없이 참고 지내지 않는다'라는 것은 준칙은 될 수 있어도 법칙은 될 수 없다고 말한다.(KpV, A36) 그것은 모든 이성적 존재자들을 위한 규칙이 될 수는 없는 것이다. 반면 '결코 거짓말로 약속해서는 안 된다'라는 것은 하나의 법칙이다. 그것은 모든 이성적 존재자들이 그에 부합해야만 하는 동일한 법칙이다.

나는 내가 거짓말을 하려고 할 수는 있지만, 거짓말을 하는 것을 보편적 법칙으로 삼으려고 할 수는 없음을 이내 알아차리게 된다. 거짓말하는 것을 보편적 법칙으로 삼을 경우, 애당초 그 어떤 약속도 전혀 있을 수 없을 것이기 때문이다. 내 미래 행위와 관련하여 나의 의지를 다른 사람에게 맹세해도 그들이 이러한 맹세를 믿지 않아 헛수고가 될 것이다. 또한 그들이 이 맹세를 경솔하게 믿는다 해도 나에게 똑같은 값으로 되돌려 줄 것이다. 그러므로 이런 내 준칙은 보편적 법칙이 되자마자 자멸하지 않을 수 없다.[9]

만일 모든 사람이 거짓을 말하기로 약속한다면, 그것은 그 자체로 보편성을 잃게 된다. 모든 사람이 거짓말을 한다는 것과 그것을 믿는 사람이 있다는 것은 모순이기 때문이다. 그러므로 모든 사람은 진실하지 않을 수 없다. 이러한 방식으로 보편성을 획득하는 것만이 법칙이 될 수 있다.

이러한 단지 주관적 필연성만을 갖는 준칙뿐만 아니라 명령 또한 모두 법칙들이 될 수 있는 것은 아니다. 우리는 도덕법칙뿐만 아니라 자연법칙 아래에도 있기 때문에, 우리에게 도덕법칙은 행위의 객관적 강제를 의미하는 당위로 나타나게 된다. 칸트는 이를 '명령'이라고 표현한다.

> 이성만이 전적으로 의지의 규정 근거가 아닌 존재자에게 있어서 이 규칙은 명령이다.(KpV, A36)

그런데 이렇게 우리의 행위를 객관적으로 강제하는 명령도 그것이 조건적이라면 법칙이 될 수 없다.

예컨대, 여러분이 누군가에게 늙어서 궁핍하지 않기 위해서는

9　임마누엘 칸트, 「도덕형이상학 정초」, 『도덕형이상학 정초/실천이성비판』, 김석수·김종국 옮김, 한길사, 2019, 44-45쪽.

젊어서 일하고 절약해야 한다고 말한다면, 이것은 올바르고 또한 동시에 중요한 의지의 실천적 지시규정이다. 그러나 여기서 의지가 사람들이 그 의지가 욕구하고 있다고 전제하는 어떤 다른 것에 의해 지시되어 있음은 쉽게 알 수 있는 바이며, 이 욕구는 그 행위자 자신에게 맡겨질 수밖에 없는 것이다.(KpV, A37)

그러므로 명령이 단지 지시규정이 아니라 법칙으로 수립될 수 있으려면 '정념적인 그러니까 의지에 우연히 부착해 있는 조건들'로부터 독립적이어야 한다.(KpV, A37) '늙어서 궁핍하지 않는 것'이라는 결과의 관점에서 '젊어서 일하고 절약하는 것'이 우리 의지의 규정이 되어서는 안 되는 것이다. 도덕법칙이 보편성뿐만 아니라 필연성을 가지기 위해서는 그러한 방식의 조건들로부터 떠나서 '무조건적인 것'이 되어야 한다. 우리의 의지는 어떤 경험적인 결과를 낳는가에 관계없이 그러한 조건으로부터 떠나서 보편적이고 필연적인 법칙에 의해서 규정되어야만 하는 것이다.

우리에게 맨 처음 주어지는 도덕법칙

칸트가 이렇게 도덕법칙의 보편성과 필연성을 강조하는 이유는, 우리의 의지를 이성만이 규정한다면 행위는 반드시 도덕법칙에 따를 수밖에 없겠지만, 우리의 의지는 이성에 의해서만 규정되는 것이 아니기 때문이다.

칸트는 욕구능력을 다음과 같이 정의한다.

> 욕구능력이란 자기의 표상들을 통해 이 표상들의 대상들의 현
> 실성의 원인이 되는 그런 것의 능력이다.(KpV, A16)

　욕구능력은 그 자신의 표상들의 대상으로서 객관의 현실성을 욕
구하고, 그럼으로써 객관을 실현하도록 규정하는 것이다. 이렇게 욕
구능력이 객관을 산출하는 행위라고 할 때 객관의 현실성은 그와 일
치하게 되는데, 그때 그 관계가 쾌의 관계이다. 즉, 욕구능력의 대상
이 실현될 때 그 일치로부터 느끼게 되는 감정이 쾌인 것이다. 그런
데 이러한 쾌의 감정이 의지의 규정 근거에 관여하게 되면, 그로부터
는 필연적인 법칙이 도출될 수 없다. 쾌의 감정은 욕구능력의 '객관'
과 관계할 때 발생하는 감정이기 때문에 경험적인 것이므로, 모든 이
성적 존재자들에게 보편적으로 타당할 수 없으며 무조건적인 필연성
을 얻을 수도 없는 것이다. 칸트는 대상의 현존에 의존해 있을 수밖
에 없는 쾌가 우리 의지의 규정에 관계할 때 생기는 일을 다음과 같
이 비유한다.

> 지출을 위해 돈이 많이 필요한 사람에게는, 만약 그것이 동일
> 한 값으로 받아들여지기만 하면, 그 돈의 질료 곧 금이 산에서
> 파낸 것이든 모래밭에서 골라낸 것이든 마찬가지이듯이, 그에
> 게 단지 삶의 쾌적함이 문제가 된다면, 어느 누구도 지성의 표
> 상들이냐 감관의 표상들이냐는 묻지 않으며, 그는 오직 그것들
> 이 가능한 한 오랫동안 얼마나 많이, 얼마나 큰 즐거움을 가져
> 다줄 것인가만을 묻는다.(KpV, A43)

그러므로 우리 의지의 규정 근거는 언제나 대상과 관계하는 질료적인 규칙이 아니라, 형식적인 법칙이어야 한다.

> 우리가 법칙에서 모든 질료를, 다시 말해 의지의 (규정 근거로서)
> 일체 대상을 떼어내고 나면, 보편적 법칙 수립의 순전한 형식
> 외에 법칙에 남는 것은 아무것도 없다.(KpV, A48~49)

이것이 가장 맨 처음에 주어지는 도덕법칙, 순전한 형식으로서의 도덕법칙이다. 우리가 늘 도덕과 엮어놓는 행복은 결코 이러한 형식으로서의 도덕법칙에 앞선 것이 될 수 없다. 칸트의 정의에 따르면 행복은 "이성적 존재자의 자기의 전 현존에 부단히 수반하는 쾌적한 삶에 대한 의식"이다.(KpV, A40~41) 행복은 모든 유한한 존재자들이 필연적으로 욕구하는 것이다. 유한한 존재자는 무언가를 필요로 하는 존재자라는 것을 의미하며, 따라서 자기의 전 현존에 대한 만족은 주어져 있는 것이 아닌 것이다. 유한한 존재자가 무언가를 필요로 한다고 할 때, 그 무엇은 언제나 욕구능력의 객관에 관계하는 것이다. 즉, 쾌와 불쾌의 감정을 불러일으키는 대상을 통해 행복이라는 주관의 상태가 규정되는 것이다.

쾌와 불쾌의 대상은 경험적으로만 인식될 수 있는 것이기 때문에, 이는 모든 이성적 존재자들에 대해 동일한 규정 근거가 될 수 없으므로 법칙이 될 수 없다.

> 각자가 그의 행복을 어디에 두어야 할 것인가는 각자의 쾌와
> 불쾌에 대한 특수한 감정에 달려 있으며, 동일한 주관에 있어

서도 이 감정의 변화에 따른 필요의 상이함에 달려 있다.(KpV, A46)

이렇게 객관과 관계할 때는 법칙이 될 수 없다.

그래서 의지의 규정 근거에서 객관을 모두 제거하고 나면 형식만이 남는다. "너의 의지의 준칙이 항상 동시에 보편적 법칙 수립의 원리로서 타당할 수 있도록, 그렇게 행위하라"라는 내용 없는 텅 빈 형식만이 실천법칙이 될 수 있는 것이다.(KpV, A54) 칸트는 오직 '네 준칙이 보편적 법칙이 되기를 원할 수 있는가' 자문하고 보편적 법칙이 될 수 없다면 준칙을 버려야 한다고 강조한다. 그러므로 칸트에 있어서 보편적인 실천법칙이란 오직 내용을 가진 우리 자신의 준칙들이 법칙이 될 수 있는지를 판단할 수 있게 해주는 하나의 형식인 것이다.

> 이성적 존재자는 그의 주관적-실천적 원리들, 다시 말해 준칙들을 동시에 보편적인 법칙들로 전혀 생각할 수 없거나, 그렇지 않으면 그에 따라 저 준칙들이 보편적 법칙 수립에 적합하게 되는 그 순전한 형식이 준칙들을 그것만으로 실천법칙으로 만든다고 받아들이지 않을 수 없다.(KpV, A49)

앞서 이야기한 예 가운데 '어떤 모욕에 대해서도 보복 없이 참고 지내지 않는다'라는 것은 모욕에 대한 주관적인 관점이 개입할 수밖에 없는 규칙이므로, '네 준칙이 보편적 법칙이 되기를 원할 수 있는가' 물었을 때 모든 사람들에게 자신의 관점이 동일하리라는 것을 기대할 수 없다. 반면 오직 '결코 거짓말로 약속해서는 안 된다'와 같은

들뢰즈와 칸트

그 자체로 보편성이 도출될 수 있는 규칙은 법칙이 될 수 있다. 이러한 방식으로 준칙과 법칙 사이를 판단하게 해주는 것이 바로 실천법칙의 형식이다. 들뢰즈는 이러한 텅 빈 형식으로서의 도덕법칙에 대해 비판적으로 접근한다.

이념들의 실재성: 영혼의 불사성

　　　　　이렇게 우리에게 맨 처음에 주어지는 도덕법칙은 이성적 존재자라면 모두 판단할 수 있고 그에 부합해야만 하는 법칙이다. 그렇기 때문에 도덕법칙이 이성적 존재자인 우리에게 인식될 때 우리는 자유를 인식하게 되고, 동시에 자유가 도덕법칙의 존재근거라는 것을 확인할 수 있게 된다. 이러한 자유의 실재성이 규정과 더불어 이념들 역시 그 한계들로부터 풀려난다. 어떻게 그것이 가능한가?

먼저 영혼의 불사성에 대해 생각해 보자. 우리가 덕을 가질 수 있다는 것은 우리의 의지가 도덕법칙과 완전히 일치할 수 있다는 것을 의미한다. 그러나 우리가 감성 세계의 존재인 한에서 우리의 의지는 도덕법칙과 완전히 일치할 수 없다.

> 이성적이되 유한한 존재자에게는 보다 낮은 단계로부터 보다
> 높은 단계의 도덕적 완성으로 무한히 전진해 가는 일만이 가능
> 할 뿐이다.(KpV, A221)

우리의 의지가 도덕법칙과 일치한다는 것은 원리상으로 우리에게 필연적으로 무한히 요구되는 것이다. 도덕법칙을 향한 무한한 전진은 무한히 지속하는 실존과 인격성을 전제하지 않고서는 불가능하다. 바로 그러한 이유로 '영혼의 불사성'이라는 것은 '요청'된다. 칸트는 요청을 다음과 같이 정의한다.

> 나는 요청이라는 말로써 하나의 이론적 명제, 그러나 그것이 선험적인 무조건적으로 타당한 실천법칙과 불가분리적으로 결부되어 있는 한에서, 그 자체로는 증명될 수 없는 명제를 뜻한다.(KpV, A220)

칸트는 『순수이성비판』에서 영혼이 발생도 소멸도 하지 않고 존속한다는 것에 대해 우리는 증명할 수 없다고 말했다. 자아의 실존은 경험적 조건 밖에서는 의식될 수 없는 것이다. 그러나 『실천이성비판』에서는 도덕법칙으로부터 자유의 실재성이 규정되고, 영혼의 불사성을 '필연적으로' 요청하는 일이 가능해진다. 영혼의 불사성은 증명될 수는 없는 것이지만 도덕법칙과 분리될 수 없이 결부되어 있는 필연적인 이념인 것이다.

이념들의 실재성: 신

신 이념 역시 영혼 불사성의 이념과 동일한 방식으로 '요청'된다. 칸트는 『순수이성비판』에서 신의 현존에 대한 가능한 증명들 모두에 대하여 불가능함을 보였다. 이념은 '마치 ~처럼'이라는 유비적인 방식으로만 대상과 관계 맺어야 하는 것이다. 어떤 규정된 개념도 줄 수 없는 규제적 원리로서 이념이 대상과 유비적으로 관계 맺는 방식을 넘어서서, 구성적 원리로서 직접적으로 대상과 관계 맺는 것을 보이는 것은 그것을 월권적으로 사용하는 것에 불과하다. 칸트는 『실천이성비판』에서도 이념과 경험의 관계를 직접적인 관계가 아니라 지성의 매개를 통한 '범형성Typik'이라는 간접적인 관계로 제시한다. 이 범형성이라는 문제는 들뢰즈의 비판과 함께 이후 보다 더 자세히 살펴보도록 하자.

칸트는 『순수이성비판』에서 가능한 신 존재 증명 모두를 비판함으로써 신의 '현존'을 증명하는 일은 불가능함을 보인 바 있다. 그런데 영혼의 불사성과 마찬가지로 증명될 수는 없는 신 이념은 도덕법칙과 결부되어 있는 이념일 때에는 실천적 실재성을 가지게 된다. 그렇다면 신 이념은 어떻게 도덕법칙과 결부되는가? 이를 위해 칸트의 '최고선' 개념을 이해해야 한다. 『실천이성비판』에 이르러 자유와 도덕법칙과 결부된 다른 이념들뿐만 아니라 실천이성의 대상으로서 객관의 표상, 즉 이론적으로는 무규정적이지만 실천적 의미를 가지는 표상들이 가능해지는데, 바로 선과 악의 객관들이다. 우리는 도덕법칙이 인식할 수 있도록 해준 자유, 즉 우리의 경향성으로부터 벗어날 수 있는 자유를 우리 안에 가지고 있기 때문에, 자유롭게 쾌와 불쾌의 대상들이 아닌 것으로서 선과 악의 객관들을 규정할 수 있는 것이다.

이때 중요한 것은 선과 악이라는 미리 정해져 있는 객관이 있고, 그에 따라 도덕법칙이 결정되는 것이 아니라, 반대로 도덕법칙이 있고 선과 악이 그로부터 규정된다는 점이다. 들뢰즈는 이렇게 칸트에게서 선과 법의 관계가 전도되는 것을 코페르니쿠스적 혁명이라고 강조한다. 『순수이성비판』의 코페르니쿠스적 전환이 우리의 인식이 대상을 따른다는 기존의 인식을 뒤집고 '우리는 사물로부터 우리 자신이 그것들 안에 집어넣은 것만을 안다'는 것이었다면(KpV, BXVIII), 『실천이성비판』의 코페르니쿠스적 전환은 선에 따르는 법의 관계를 전복시키는 것이었다. 이에 대해서 우리는 곧 자세히 보게 될 것이다.

칸트에게서 실천이성의 대상인 선과 악은 도덕법칙에 의해 규정되는 객관들이다. 그리고 이성이라는 능력은 늘 조건들의 전체성, 즉 자신의 대상의 무조건적인 총체를 찾는 능력이기 때문에, 이 실천이성의 대상의 무조건적인 총체를 '최고선'이라고 부를 수 있다. 최고선이라는 것은 덕과 행복의 일치를 가리킨다.

> 무릇 덕과 행복이 함께 한 인격에서 최고선을 소유하고, 이 경우에도 행복이 (인격의 가치이자 인격의 행복할 만한 품격인) 윤리성에 정비례하는 몫을 가지고서 가능한 세계의 최고선을 형성하는 한에서, 이 최고선은 전체, 곧 완성된 선을 의미한다.(KpV, A199)

영혼의 불사성이라는 이념이 최고선의 조건으로서의 덕의 측면에서 우리의 의지와 도덕법칙의 일치를 위해 요청되었다면, 신 이념은 행복이라는 최고선의 조건의 측면에서 요청된다. 칸트가 제시하는 실천이성의 이율배반은 행복이 덕을 행하게 하는 원인이 되거나 덕이 행복을 낳는 원인이 되는 것, 양자가 모두 불가능하다는 것이다.

덕과 행복은 인과관계로 묶인 것, 즉 행복으로부터 덕을 또는 덕으로부터 행복을 도출할 수 있는 것이 아니다. 행복을 얻으려는 노력이 우리를 도덕적으로 만든다는 것은 행복이 도덕법칙에 앞선 것이 되는 것이므로 불가능하다. 덕이 필연적으로 행복을 만들어 낸다는 것은 우리가 감성 세계에서 현존하는 존재자라는 점에서는 불가능하다. 왜냐하면 자연법칙을 따르는 세계에서 "덕과 행복의 연결은 도덕법칙들을 정확하게 지킴으로써 기대될 수 있는 것이 아니기 때문이다."(KpV, A204) 그러나 우리는 감성 세계의 존재자이면서도 그로부터 독립적인 자유로운 존재자이기도 하기 때문에 간접적으로는 우리의 도덕성과 행복이 필연적인 연관을 갖는다고 생각할 수 있어야 한다. 바로 이러한 연관의 근거로서 신의 현존은 요청된다. 덕과 행복의 결합으로서 최고선이 가능할 수 있으려면 양자 사이를 필연적으로 연관 맺을 수 있도록 하는 최고예지자의 실존을 전제하지 않을 수 없는 것이다.

> 세계 창시자는 나의 처신을 가능한 모든 경우에서 그리고 가능한 모든 미래에서 나의 마음씨의 가장 깊은 내면에 이르기까지 인식하기 위해서는 전지하지 않을 수 없고, 그에 알맞은 결과를 베풀어 주기 위해서는 전능하지 않을 수 없으며, 마찬가지로 항존, 영원하지 않을 수 없다.(KpV, A252)

따라서 신의 현존이 우리 안에 있는 도덕성을 보장하는 것이 아니라 도덕법칙이 순수 실천이성의 대상으로서 최고선 개념을 통해 신의 현존을 필연적으로 요청되는 것으로 규정하는 것이다.

『실천이성비판』의 코페르니쿠스적 혁명

이렇게 내용 없는 텅 빈 형식으로서의 도덕법칙만이 우리 의지의 규정 근거가 될 수 있고, 선과 악이라는 실천이성의 대상들은 도덕법칙에 선행할 수 없다는 것이 들뢰즈가 『실천이성비판』의 코페르니쿠스적 혁명이라고 부른 것이다. 덕과 행복의 결합으로서 최고선 역시 마찬가지이다. 실천이성을 규정하는 근거는 오직 도덕법칙밖에 없으며, 도덕법칙에 의해 규정된 실천이성의 대상이 최고선이다.

> 만약 선이라는 개념이 선행하는 실천법칙에서 도출되는 것이 아니라, 오히려 이 법칙의 기초가 되어야만 한다면, 선 개념은 단지, 그것의 실존이 쾌를 약속하고, 그렇게 해서 그 쾌를 만들어 내기 위해 주관의 원인성, 다시 말해 욕구능력을 규정하는 그런 어떤 것의 개념일 수 있을 뿐이다.(KpV, A102)

이렇게 쾌의 감정이 개입하게 되면 쾌의 감정을 위한 수단은 모두 선한 것이 되어버리고 만다. 그리고 앞서 이야기한 것처럼 그 수단이 얼마나 오랫동안 많고 큰 즐거움을 가져다주는가에 따라 그것의 선한 정도가 판정될 것이다. 그렇다면 수단으로서 선한 것은 그것 자체로 좋은 것이 아니라 '무언가를 위해' 좋은 것이 된다.

그래서 칸트는 실천이성의 대상으로서 선에 대해서 선das Gute과 복Wohl을 구분해야 한다고 강조한다. 마찬가지로 악에 대해서도 악das Böse과 해악Übel을 구분해야 한다. 복이나 화는 쾌락과 고통과 관계하는 것이며, 선과 악은 그러한 감정상태가 아니라 행위들과 관계하는 것이다. 칸트는 다음과 같이 예를 든다.

> 외과 수술을 받게 된 사람은 의심할 바 없이 그것을 해악이라고 느낄 것이나, 그러나 이성에 의거해서는 그도 다른 모든 사람들도 그것을 선하다고 설명할 것이다. 그러나 만약 평화를 사랑하는 사람들을 즐겨 윽르고 불안하게 하는 어떤 자가 마침내 날뛰다가 흠씬 두들겨 맞게 된다면, 이것은 물론 해악이지만, 그러나 모든 사람들은 이 일을 잘한 것이라고 찬동을 표할 것이고, 설령 이로부터 그 이상 아무것도 생기지 않는다 하더라도, 그것 자체로 선하다고 여길 것이다.(KpV, A107)

선하다고 판단하는 것은 오직 쾌의 감정과 독립적으로만 이루어진다. 객관과의 일치에서 오는 감정인 쾌로부터 독립적으로 도덕법칙이 의지의 규정 근거가 될 때에만 의지는 직접적으로 의지를 규정한다고 말해질 수 있으며, 도덕법칙에 따르는 행위만이 그 자체로 선하다고 말할 수 있다. 칸트는 이를 '실천이성비판에서의 방법의 역설'이라고 불렀다.

> 선악의 개념은 도덕법칙에 앞서서가 아니라, [……] 도덕법칙에 따라서 그리고 도덕법칙에 의해서 규정될 수밖에 없다.(KpV, A110)

그리고 들뢰즈는 이를 선과 법의 관계가 전도되는 코페르니쿠스적 혁명이라고 말한다.

> 『순수이성비판』의 칸트의 코페르니쿠스적 혁명은 인식 대상을
> 주체 주위를 맴돌게 하는 데 있다. 그러나 선을 법 주위를 맴돌
> 게 하는 『실천이성비판』의 코페르니쿠스적 혁명이 훨씬 더 중
> 요하다.(PSM, 72~73/99)

플라톤과 칸트

그러면서 들뢰즈는 칸트의 선과 법의 관계를
플라톤의 그것과 비교한다. 플라톤은 『정치가』에서 이렇게 말한다.

> 법은 결코 만인에게 훌륭한 것과 가장 공정한 것을 포괄하여
> 만인에게 가장 좋은 것을 정확하게 지시할 수 없기 때문이지.
> 사람과 행위가 서로 다르고 인생사는 한시도 가만있지 않기 때
> 문에, 어떤 기술로도 누구에게 언제까지나 적용될 보편적이고
> 단순한 법률을 선포할 수 없으니까.[10]

이것이 선은 하나이지만 현실 세계의 법은 다수적일 수밖에 없는
이유이다. 사람들이 선이 무엇인지 알고 그 선에 스스로 따른다면 법
칙이라는 것은 필요하지 않을 것이다. 그러나 현실 세계에서는 선이

10　　플라톤, 『정치가』, 294b; 『정치가/소피스트』, 천병희 옮김, 숲, 2014, 95쪽.

무엇인지 알 수 없기 때문에 선을 행하기 위한 이차적인 수단으로서 법칙이 필요하다. 언제나 선이 우선하고 그것의 모방으로서만 법들은 정립될 수 있는 것이다. 칸트가 뒤집는 것은 바로 이러한 관계이다. 도덕법칙이 선에 의존하는 것이 아니라 선이 실천이성의 대상으로서 도덕법칙에 의존하게 되는 것이다.

앞서 살펴보았듯이 덕과 행복이 인과관계로 묶일 수 없음에도 불구하고 덕과 행복의 결합으로서 최고선을 찾는 것은 조건들의 절대적 총체로 나아가고자 하는 순수 이성의 본성 때문이다. 우리는 앞서 초월적 이념들에 대하여 그것들이 그 자체로 변증적인 것이 아니라 그것들의 오용만이 변증성을 낳는다고 말했다. 마찬가지로 최고선이라는 순수 실천이성의 무조건적 총체를 찾는 것 자체가 문제가 아니라 그것을 도덕법칙에 앞선 의지의 규정 근거로 삼는 일이 문제이다. 최고선은 도덕법칙이 그 조건이 되는 한에서만 그 또한 실천이성의 대상으로서 의지의 규정 근거가 될 수 있다.

칸트는 이러한 의미에서 최고선을 이루는 행복은 향유를 나타내는 의미를 띠지 않는다고 강조한다. 우리는 앞서 자기 행복이 의지의 규정 근거가 될 수 없음을 강조했다. 행복은 쾌의 감정을 일으키는 객관에 의존하며, 따라서 객관에 대한 자기의 판단은 모두 다르고, 심지어 자기의 판단도 때에 따라 다를 수밖에 없으므로, 법칙이 될 수 있는 규칙을 줄 수 없기 때문이었다. 그러나 최고선을 이루는 행복은 도덕법칙을 따르는 데에서 오는 것이므로 불변적이며 특정한 감정에 의존하지 않을 수 있다. 칸트는 이를 '자기만족'이라고 부른다.

이 말은 본래의 의미에 있어서 항상, 아무런 것도 필요함을 의

식하지 않는, 자기 실존에 대한 소극적인 흡족함만을 시사한
다.(KpV, A212)

　이러한 행복에 대해 한 가지 덧붙이자면, 자기만족이라는 어떤 객
관에도 의지하지 않는 소극적인 행복이 아니라, 자연에 있는 객관과
의 관계에 있어서의 행복까지도 도덕성에 필연적으로 연관시킬 수
있는 것은, 자연의 일부인 우리 자신에 의해서가 아니라 전체 자연으
로서의 신에 의해서이다. 그래서 칸트는 앞서 말한 것처럼 우리가 최
고선을 추구할 수 있기 위해서는 도덕성과 행복의 필연적 연관을 근
거 짓는 신을 요청해야 한다고 하는 것이다. 그러나 이때도 칸트는
말한다.

　　　최대의 행복이 (피조물에 있어서 가능한) 최대한의 윤리적 완전성
　　　과 가장 정확한 비례로 결합되어 있다고 표상되는 전체 개념
　　　으로서의 최고선 개념 안에는 내 자신의 행복이 함께 포함되어
　　　있다 할지라도, 최고선의 촉진을 지시하게 되는 의지의 규정
　　　근거는 행복이 아니라 도덕법칙이다.(KpV, A233~234)

　도덕법칙은 행복에 대한 나의 욕구를 제한하는 것임에도 말이다.
그러므로 칸트에 있어서는 도덕법칙이 언제나 선에 앞선다고 말해야
한다는 것을 알 수 있다. 칸트의 이러한 코페르니쿠스적 혁명은 들뢰
즈에게 비판의 대상이 된다. 그렇다고 해서 들뢰즈가 다시 플라톤처
럼 보편성에 기대는 '선' 개념으로 돌아가는 것은 아니다. 우리는 들
뢰즈가 어떤 미리 규정되어 있는 선과 법에도 기대지 않고 사유를 펼

치는 모습을 보게 될 것이다.

3장

『판단력비판』의 체계

삼 비 판 서 의 종 합 적 관 계

칸트는 『판단력비판』을 시작하면서 삼비판서의 종합적 관계를 명확히 밝힌다. 『순수이성비판』에서 이성이 이론적으로 사용될 때의 가능성과 한계를 밝혔다면, 『실천이성비판』에서는 『순수이성비판』에서 대상에 대한 입법 권한을 지성에게 위임함으로써 그 한계를 명확히 했던 이성이 실천적으로 사용될 때 그 자신의 독자적인 소유지를 가질 수 있음을 보였다.

자연 개념들에 의한 법칙 수립은 지성에 의해 일어나며, 이론적이다. 자유 개념에 의한 법칙 수립은 이성으로부터 일어나며,

순전히 실천적이다.(KU, BXVII)

이제 『판단력비판』에서는 지성과 이성 사이의 중간항을 이루고 있는 판단력이 『순수이성비판』과 『실천이성비판』에서 지성과 이성으로부터 떼어놓았던 쾌와 불쾌의 감정에 자연법칙과 도덕법칙처럼 선험적 규칙을 줄 수 있는가를 묻는다. 판단력이 지성과 이성 사이의 중간항이라는 것은, 판단력 자체만을 고려했을 때에는 그것이 하나의 능력이지만 지성이나 이성처럼 아무런 관할구역을 가지지 않는다는 것을 의미한다. 그것은 항상 능력들의 일치 속에서만 성립한다. 그렇기 때문에 때로는 지성 아래에서 때로는 이성 아래에서 우리는 '판단'할 수 있다.

『순수이성비판』과 『실천이성비판』에서 판단력은 지성과 이성의 규칙 아래에 현상들을 포섭하고 판별하는 역할을 한다. 먼저 『순수이성비판』에서는 차후 더 자세히 언급하게 될 도식들과 원칙들이 판단력 아래에서 다루어진다. 간단히 요약하자면 지성과 감성이라는 이종적인 능력들 사이를 매개하는 것이 도식들이며, 선험적 규칙들을 위한 조건을 포함하는 지성 개념들을 현상들에 적용하는 방법을 판단력에게 알려주는 것이 원칙들이다. 자세한 설명은 들뢰즈의 칸트의 도식론에 대한 비판 부분과 '지각의 예취들'을 다루는 장에서 확인하게 될 것이다.

> 원칙의 분석학은 오로지 판단력을 위한 규준으로서, 선험적 규칙들을 위한 조건을 포함하는 지성 개념들을 현상들에 적용하는 법을 판단력에게 가르친다.(KrV, A132/B171)

다음으로, 『실천이성비판』에서 실천적 판단력은 실천규칙 아래에서 실천이성의 대상들인 선과 악을 포섭하고 판별하는 역할을 한다.

> 실천규칙은 의지를 그 대상과 관련하여 선험적으로 규정한다.
> 그런데 감성 세계에서 우리에게 가능한 하나의 행위가 그 규칙
> 아래에 있는 경우인가 아닌가를 판별하는 것은 실천적 판단력
> 의 소관사이다 (KpV. A199=V67)

이러한 방식으로 판단력은 지성과 이성 사이에 어떤 특수한 구역을 가지고 있는 것이 아니라 이론철학에서는 지성 개념을 현상들에 적용하는 역할을, 실천철학에서는 실천규칙을 실천이성의 대상에 적용하는 역할을 한다.

이제 『판단력비판』에서 칸트가 다루는 것은 이러한 매개적인 능력인 판단력이 지성 개념에도 이성 개념에도 의지하지 않고 오직 그 자신에게만 적용되는 선험적인 원리에 따라 쾌와 불쾌의 감정과 직접적으로 관계 맺는다는 것이다. 지성 개념과 이성 개념으로부터는 쾌와 불쾌의 감정에 대한 직접적인 귀결이 나올 수 없는데, 쾌의 감정이 개입하는 순간 지성 개념은 현상에 대한 판단에 있어서 그 객관성을 잃게 되고, 쾌의 감정이 도덕판단에 개입한다는 것 역시 경향성의 지배를 받게 된다는 것을 의미하기 때문이다.

칸트는 지성의 법칙들 아래에 있는 판단력과 이러한 독자적인 원리를 가진 판단력을 '규정적 판단력'과 '반성적 판단력'으로 구분한다. 규정적 판단력은 보편적인 규칙, 원리, 법칙 아래에 특수한 것을 포섭하는 것이다. 반면 반성적 판단력은 특수한 것들이 주어졌을 때

보편적인 것을 발견한다.

> 그것은 객관(자연)에게 전혀 아무런 것도 부가하지 않고, 단지
> 우리가 자연의 대상들에 대한 반성에서 일관적으로 연관된 경
> 험을 의도하여 처신할 수밖에 없는 유일한 방식을 표상할 따름
> 이다.(KU, BXXXIV)

반성적 판단력은 자연을 규정하는 것이 아니며 오직 반성할 수만
있을 뿐이다.

취 미 판 단 의 무 관 심 성

『순수이성비판』의 인식판단과 『실천이성비판』
의 도덕판단이 규정적 판단력에 의한 것이라면, 『판단력비판』에서 반
성적 판단력에 의한 것으로 다루어지는 판단은 취미판단과 목적론적
판단이다. 칸트의 논의를 따라가면서 두 판단이 어떻게 반성적 판단
인지 확인해 보자.

먼저 취미 Geschmack는 어떤 것을 아름답다고 판정하는 능력을
가리킨다. 칸트는 인식판단과 취미판단의 차이점에 대해 다음과 같
이 말한다.

> 어떤 것이 아름다운 것인가 아닌가를 구별하기 위해서는, 우리
> 는 표상을 지성에 의해 인식하기 위해 객관에 관계시키는 것이

아니라, 상상력에 의해―아마도 지성과 결합돼 있는―주관

및 주관의 쾌 또는 불쾌의 감정에 관계시킨다.(KU, B4)

즉, 어떤 것이 아름답다고 판단하는 것은 객관적일 수 없고 오직 주관적일 수만 있는 것이다. 그러나 어떤 것을 아름답다고 판단하는 것과 어떤 것으로부터 쾌의 감정을 얻는다는 것이 단순히 동일한 것은 아니다. 우리는 앞서 『실천이성비판』을 다루면서 쾌의 감정에 대하여, 욕구능력의 표상들의 대상이 실현될 때 그 일치로부터 느끼게 되는 감정이라고 이야기한 바 있다. 욕구능력은 그 자신의 표상의 대상을 현실적인 것으로 만드는 원인이 되는 능력이며, 욕구능력의 표상과 그것의 대상이 일치될 때 느끼는 감정이 쾌의 감정인 것이다.

칸트는 이러한 자신의 욕구능력에 대한 정의를 비판하는 사람들의 주된 요점이 '누구나 소망만으로 그 소망의 객관을 만들어 낼 수는 없는 일'이었다고 간추리면서, 욕구능력의 표상만으로 객관을 만들어 내는 일은 다만 언제나 성공을 기대할 수 없는 일일 뿐이라고 답한다.

만약 우리가 우리의 힘이 어떤 객관을 만들어 내는 데 충분하다는 것을 확신하기 전에는 힘을 소비하는 일이 없도록 규정되어 있다고 한다면, 힘들의 대부분은 이용되지 않은 채로 남아 있을 것이다.(KU, BXXIV)

그러므로 욕구능력은 그 자신의 표상의 대상을 현실화하는 데 성공하는가와 관계없이 표상 자체가 원인성을 포함하고 있다고 말해

야 한다. 욕구능력은 그 자신이 원인이 되는 능력이지만 그로부터 쾌의 감정이 산출될 것인가, 불쾌의 감정이 산출될 것인가의 문제는 대상과의 일치 여부에 따라 결정된다. 반면 어떤 것이 아름답다는 판단은 이러한 대상과의 일치 여부와 관계없이 내려지는 판단이다. 이것이 칸트가 말하는 취미판단의 무관심성Interesslossigkeit이다. 칸트는 관심을 다음과 같이 정의한다.

> 관심이란 우리가 대상의 실존 표상과 결합하는 흡족을 이른다.(KU, B5)

취미판단은 대상의 현존으로부터 만족을 얻는 욕구능력과 무관하게 대상의 표상을 쾌와 불쾌의 감정과 결부시키기 때문에, 칸트는 이를 무관심하다고 일컫는 것이다.

> 취미의 사안에 있어 심판자의 역할을 하기 위해서는 조금이라도 사물Sache의 실존에 마음이 이끌려서는 안 되고, 이 점에 있어서는 전적으로 무관심하지 않으면 안 된다.(KU, B6~7)

어떤 아름다운 대상의 표상으로부터 얻는 흡족은 객관과의 일치에서 오는 것이 아니라, 상상력과 지성의 주관적 일치로부터 생긴다. 직관의 다양을 합성하는 상상력과 개념의 통일작용을 하는 지성이 대상의 현존과 무관하게 일치함으로써 생기는 감정이 쾌이다.

취미판단의 보편성

    이러한 무관심성으로 인하여 어떤 것이 아름답다는 판단은 주관적인 판단이지만 보편성을 가질 수 있게 된다. 가령 '이 장미는 아름답다'라는 판단은 그것을 자신의 욕구능력의 대상으로 삼지 않는 모든 사람에게 타당하게 '여겨져야만 한다'는 의미에서 주관적 보편성을 가지는 것이다.

 이는 객관적 보편성을 표현하는 명제인 '모든 장미는 아름답다'와 비교해 보면 그 의미가 잘 드러난다. 취미판단은 언제나 개별적인 대상에 대한 판단이기 때문에 객관적인 보편성을 가질 수 있는 것이 아니며, '일반적으로 장미들은 예쁘다고 여겨진다'는 경험적인 보편성만을 가지는 것도 아니다. 취미판단은 오직 주관적으로만 보편적일 수 있지만 모든 사람에게 보편적 동의를 요청한다. 즉, 내가 '이 장미는 아름답다'라고 판단할 때 모든 사람들이 동의할 수 있기를 단순히 기대하는 것이 아니라, 동의 '해야만 한다'고 요구할 수 있다는 것이다.

 물론 그러한 보편적 동의에 대한 필연적인 요청이 그러한 판단이 객관성을 증명할 수 있는 판단임을 의미하는 것은 아니다. 그렇다면 왜 그러한 동의를 요구할 수 있는가? 그것은 모든 사람에게서 상상력과 지성의 일치가 필연적으로 쾌를 만들어 낸다는 것이 조건지어져 있기 때문이다.

 상상력과 지성이 하나의 특정한 대상에 관하여 각각 직관의 다양을 합성하고 개념의 통일작용을 한다면, 그때의 판단은 인식판단이며 객관적 보편성을 가질 것이다. 즉, 객관적 보편성은 언제나 대상에 앞선 개념을 요구한다. 그러나 취미판단은 개념이 먼저 주어지는 판단이 아니므로 주관적인 보편성만을 갖는다.

> 한 취미판단에서의 표상방식의 주관적인 보편적 전달가능성
> 은, 특정한 개념을 전제하지 않고서도 생겨야 하는 것이므로,
> 상상력과 지성―그것들이, 인식 일반을 위해서 그렇게 요구되
> 듯이, 서로 부합하는 한에서―의 자유로운 유희에서의 마음
> 사태 이외의 다른 것일 수가 없다.(KU, B29)

취미판단에서 상상력과 지성은 하나의 특정한 대상에 대한 인식이 아니라, 인식 '일반'을 위해서 관계를 맺듯이 유희한다. 그러므로 인식판단에서처럼 개념이 요구되지 않는 것이다. 칸트가 '자유로운 유희'라는 말로써 표현하는 것은 인식판단에서와 달리 취미판단에서는 자유로운 상상력이 규정된 개념 없이 자유롭게 지성과 관계 맺는다는 것이다.

취미판단의 합목적성

칸트는 이러한 취미판단에 대하여 주관적인 합목적성Zweckmäßigkeit이 있다고 말한다. 그는 합목적성에 대해 다음과 같이 정의한다.

> 하나의 객관에 대한 개념은, 그것이 동시에 이 객관의 현실성의

근거를 함유하는 한에서, 목적이라 일컬으며, 한 사물이 오로
지 목적들에 따라서만 가능한 사물들의 그런 성질과 합치함을
사물들의 형식의 합목적성이라 일컫는다.(KU, BXXVIII)

개념이 대상의 가능 근거로 간주될 수 있을 때 그것을 목적이라고
일컬으며, 그러한 선행적인 개념의 원인성을 합목적성이라고 부르는
것이다. 그런데 칸트는 이러한 합목적성이 목적 없이도 있을 수 있다
고 하면서 취미판단이 주관적인 합목적성을 가진다고 말하고 있다.

이는 다시 그 자체 원인성을 가지고 있는 욕구능력과 비교해 보면
잘 드러난다. 욕구능력은 어떤 목적의 표상을 반드시 전제하고 있다.
욕구능력은 목적의 표상과 일치하는 대상의 객관적 현실성을 '규정'
하는 것이다. 그래서 앞서 비교한 바 있듯이 쾌와 불쾌는 그러한 대
상과의 일치 여부와 관련된다.

반면 취미판단에 그러한 대상을 규정하는 목적의 표상이 관여하게
되면 취향의 개입을 허용하게 되거나, 완벽하게 정당화할 수 있는 객
관적 가치를 부여하게 된다. 취미판단에 취향이 개입하게 되면 '이 장
미는 아름답다'는 판단은 어떤 사람에게는 아름답고 어떤 사람에게
는 아름답지 않은 것이 될 뿐 아니라, 한 사람의 판단에 있어서도 어
떤 때는 아름답다고 느끼고 어떤 때는 아름답지 않다고 느끼게 될
것이다. 또한 취미판단에 객관적 가치를 부여하게 되면 아름다움에
대한 판단이 도덕적인 가치를 가지는 것으로 내세워져야 할 것이다.
취미판단은 누구에게는 아름다울 수도 있다는 방식의 판단이 아니
라 다른 사람들에게도 동일한 흡족을 필연적으로 요구하는 판단이
지만, 도덕법칙의 명령에 따르는 일처럼 어떠한 자유로운 선택도 허

용하지 않는 것이 아니다.

이렇게 볼 때 어떤 것을 아름답다고 판정할 때 취향이나 객관적인 가치는 개입할 수 없다. 이러한 의미에서 칸트는 취미판단의 합목적성을 '목적 없는 합목적성'이라고 부른다. 그것은 목적의 표상 없이 자유로운 상상력과 규정되지 않은 지성이 조화를 이룸으로써 내려지는 판단이기 때문이다.

칸트의 이러한 표현은 "상상력이 개념 없이 도식화한다"라는 표현과도 조응한다.(KU, B146) 도식화라는 것은 개념이 주어졌을 때 그것을 현시하는 것이다. 지성의 규정된 개념 아래에서 상상력이 하는 일이 도식화이므로 개념 없이 도식화한다는 것은 사실 불가능한 일이다. 그래서 들뢰즈는 "이러한 표현은 정확하다기보다는 멋진 표현이다"라고 말한다.(IGEK, 83/189) 상상력이 개념이 없이 도식화한다는 것은 정확히 말하면 어떤 규정되지 않은 지성 개념을 현시하는 것을 의미한다. 칸트는 "미적인 것은 무규정적인 지성 개념의 현시"라고 말한다.(KU, B75) 상상력이 규정되지 않은 지성 개념을 현시할 때 상상력은 지성의 개념에 따라 그것을 감성화하는 일로부터 자유를 얻는다.

> 취미판단에서 상상력이 그것의 자유에서 고찰되어야 한다면, 상상력은 첫째로 연합의 법칙들에 예속되어 있는 재생적인 것으로가 아니라, 생산적이고 자발적인 것으로서(가능한 직관들의 임의적 형식들의 원천으로서) 받아들여지는 것이다.(KU, B69)

연합의 법칙에 귀속되어 있는 재생적인 상상력은 차후 칸트의 종합 개념을 살펴보면서 전모가 드러날 것이다. 여기서는 상상력의 초월적 종합이 알려주는 재생적 상상력의 역할과 달리, 취미판단에서 상상력은 생산적 상상력이며, 더 이상 객관의 일정한 형식에 매이지 않고 그 자신이 형식들의 원천이 된다는 것만을 염두에 두자.

취미판단의 필연성

이렇게 생산적 상상력과 지성의 일치는 객관과의 일치가 아니라 우리 안에서의 합목적적인 일치일 뿐이다. 그리고 이러한 주관적 합목적성으로부터 칸트는 우리 모두에게 능력들 사이의 일치로서 공통감각sensus communis이 근거로서 있어야 한다는 결론을 이끌어 낸다.[11] 능력들 사이의 일치라는 공통적인 근거로부터만 우리는 모두에게 우리 자신의 취미판단에 대한 보편적 동의를 요구할 수 있는 것이다. "공통감각은 누구나 우리의 판단과 합치할 것이라고 말하는 것이 아니라, 부합해야 한다고 말하는 것"이기 때문에, 그러한 조건으로부터만 취미판단은 필연성을 가지게 된다.(KU, B67)

이러한 방식으로 칸트는 취미판단의 분석을 통해 공통감각이라는

---

11 서동욱은 들뢰즈의 용어 '공통감각'이 칸트의 용법과 거리가 멀다는 점을 지적하면서, 그럼에도 불구하고 들뢰즈가 일치accord라고 표현하는 것을 칸트가 어떤 단어들을 통해 나타내고 있는지 추적한다. 그는 『순수이성비판』, 「헤르츠에게 보내는 편지」(1789. 5. 26.)에서 칸트가 Zusammenstimmung, Einstimmung, Übereinstimmung을 구분 없이 사용하고 있다는 것을 보인다. 그리고 『발견』에서는 라이프니츠의 예정조화를 염두에 두고 Harmonie라는 용어를 쓰고 있다는 점도 언급한다. 서동욱, 『차이와 타자』, 문학과지성사, 2000, 47-48쪽 참조.

결과를 도출해 낸다. 취미판단은 주관적이며 대상으로부터 무관심하지만 바로 그 때문에 보편성과 필연성을 얻게 된다. 능력들 사이의 일치가 우리 모두에게 근거로서 있다는 것으로부터만 보편성과 필연성은 얻을 수 있게 되는 것이다.

칸트에 따르면 이러한 공통감각은 하나의 이념이다. 공통감각은 지성 개념에 따른 인식판단으로부터 도출되는 것이 아니기 때문이다. 그러나 우리는 이러한 공통감각을 전제할 수 있는 근거를 가지고 있다. 왜냐하면 인식들과 판단들은 반드시 보편적으로 전달될 수 있어야만 하기 때문이다.

> 모든 인간들에게 있어서 이 능력의 주관적 조건들은, 이 판단에서 활동하게 된 인식력들의 인식 일반과의 관계에 관한 한, 한가지이다. 이것은 참이지 않으면 안 된다. 그렇지 않다면 인간들이 서로 자기들의 표상들을, 심지어 인식을 전달할 수도 없을 것이기 때문이다.(KU, B151)

이러한 방식으로 공통감각은 단지 전제되는 것이 아니라 정당화된다. 인식판단에 있어서 상상력과 지성은 대상과 일치하기 이전에 '인식 일반을 위해서 그렇게 요구되듯이' 서로 주관적으로 일치한다. 이것이 모든 인간들에게 있어서 주관적 조건을 이루며, 그렇지 않다면 '인식을 전달할 수도 없을 것'이라는 점에서 볼 때, 능력들 사이의 일치로서 공통감각은 인식판단에서도 판단하는 능력에 앞서 전제되어 있어야 하는 것이다. 그래서 들뢰즈는 "칸트는 결코 공통감각이라는 주관적 원리를 포기하지 않을 것이다"라고 말하기도 한다.(PCK,

33/51) 그러나 들뢰즈가 문제 삼는 것은 칸트가 이러한 주관적 원리가 어떻게 발생하는지는 설명하고 있지 않다는 점이다. 그런 의미에서 여전히 칸트의 정당화는 임의적인 전제에 머문다.

> 인식이 전달되는 것이어야만 한다면, 마음 상태, 다시 말해 인식 일반을 위한 인식력들의 조화Stimmung 또한, 그것도 (그에 의해 우리에게 대상이 주어지는) 표상으로부터 인식을 만들기 위하여 이 표상에 알맞은 비율이 전달되어야만 한다.(KU, B65)

칸트는 인식이 반드시 전달되어야만 한다고 전제하고, 그러한 전달을 가능하게 하는 것을 우리의 능력들 사이의 조화라고 말하는 것이다. 그는 뒤이어 그러한 조화가 인식의 주관적 조건이며 그러한 조화로부터 인식은 '결과'로서 주어진다고 말한다. 차후에 들뢰즈와 함께 더 자세히 살펴보겠지만 칸트의 '종합' 개념이 이러한 능력들의 조화를 보여준다.

> 이런 일은 주어진 대상이 감관들을 매개로 상상력을 활동시켜 다양을 합성하게 하고, 또 그러나 상상력이 지성을 활동시켜 다양을 개념들에서 통일시킬 때, 실제로도 항상 일어나는 일이다.(KU, B66)

칸트에 따르면 어떤 표상이 주어지는가에 따라 상상력과 지성의 조화는 달라지지만, 양자 사이의 내적 관계는 언제나 '가장 적합한zuträglichste 비율'을 가지고 있다. 그리고 인식들과 판단들이 언제나 객관과 일치할 수 있기 위해서는, 이러한 능력들 사이의 조화가 보편적으로 전달될 수 있는 것이라고 전제되어야 한다. 왜냐하면 모든 사람들이 각각의 능력들 사이의 조화 없이 주관적 유희에 따라 대상을 포착하고 재생하며 재인식한다면 보편적이고 필연적인 표상의 확실성이라는 것을 보장할 수 없게 되기 때문이다. 그러므로 "인식들과 판단들은 그에 수반하는 확신과 더불어 보편적으로 전달되는 것이어야 한다."(KU, B65) 바로 이러한 의미에서 공통감각은 선험적 조건을 이룬다.

> 우리 인식의 보편적 전달가능성의 필연적 조건으로서 받아들여지는 것으로, 이러한 필연적 조건은 어떤 논리학에서나, 그리고 회의적이지 않은 어떤 인식의 원리에서나 전제될 수밖에 없는 것이다.(KU, B66)

이러한 방식으로 칸트는 우리의 인식 사이의 소통이 불가능하다고 여기는 회의주의적인 관점이 아니라면, 하나의 원리 아래에서 사유될 수 있는 판단에는 공통감각이 반드시 전제되어 있어야 한다고 말한다. 우리는 이를 통해 공통감각이 단지 반성적 판단에서만이 아니라 인식판단이나 도덕판단에도 전제되어 있다는 것을 알 수 있다.[12] 그래서 들뢰즈는 이러한 능력들의 주관적 일치로서 공통감각이 『판단력비판』에서 처음으로 등장했지만 모든 판단에 전제되어 있다는 점에서 『순수이성비판』과 『실천이성비판』에서도 그것을 파악해 내는 것이 중요하다고 본다.[13] 왜냐하면 그가 칸트의 비판철학을 분석함을 통해 도달하고자 하는 바는 공통감각이 능력들의 관계 문제에 있어서

들뢰즈와 칸트

최종적인 지점으로 전제될 수 없다는 것이기 때문이다. 공통감각이
우리 모두에게 전제된 가장 근본적인 선험적 원리가 아니라면, 우리

12 크리스티안 헬무트 벤첼Christian Helmut Wenzel은 인식판단에서는 그것이 객관과의
일치를 전제하고 있다는 점에서 객관이 하나의 '공통의 참조점'이 되어주지만, 취미
판단에는 그러한 객관과의 일치가 전제되지 않으므로, 취미판단에서 공통감각을 전
제할 때는 인식판단에 비추어 취미판단에서의 공통감각이 이해되어야 한다는 것은
보여준다. 그는 다음과 같은 『순수이성비판』에서의 칸트의 언급을 근거로 들고 있
다. "진리는 객관과의 합치에 의거하고, 따라서 이 객관에 대해 각 지성의 판단들은
일치해야만 한다.(제삼자와 합치하면, 그들은 서로 합치한다.) 그러므로 견해가 확신인가
순전한 신조인가 하는 시금석은 외면적으로는 그것을 상통할 수 있으며, 그 견해
를 모든 사람의 이성에게 타당한 것으로 간주할 수 있는가 하는 가능성이다."(KrV,
A820/B848) 이렇게 인식판단에서의 전달가능성이란 '시금석'이고, 그러한 시금석이
있다면 취미판단에서도 전달가능성을 기대할 수 있다는 것이다. 그가 이렇게 인식
판단을 시금석 삼아서 취미판단의 공통감각을 설명하는 이유는 취미판단에서 이
야기되는 상상력과 지성의 '자유로운' 유희가 인식판단에도 전제되어 있는 것처럼
생각되어서는 안 된다는 점을 보여주기 위해서이다. 그렇게 된다면 모든 인식판단
은 취미판단이 될 것이고, 취미판단은 인식판단이 되어버릴 것이다. C. H. Wenzel,
An introduction to Kant's Aesthetics: Core concepts and problems, Malden:
Blackwell Publishing, 2005, pp. 46-52 참조. 헨리 E. 앨리슨Henry E. Allison 역시
인식판단의 공통감각에 의해서 취미판단에서도 역시 공통감각과 같은 것을 요구
할 수 있게 된다는 방식으로 설명한다. 그는 안소니 새빌Anthony Savile의 '미감적 공
통 감각의 존재를 그 근거로 전제하는 것은 정확히 문제시되는 바로 그 논점을 피
하는 것이다'라는 비판을 소개하면서, 칸트가 공통감각을 취미의 조건으로서 연역
하려고 한 것이 아니라 단지 권리상 공통감각과 같은 것의 전제를 요구한다는 것
을 보여주려는 시도를 했다고 말한다.(H. E. Allison, *Kant's theory of taste*, Cambridge:
Cambridge University Press, 2001, p. 153) 폴 가이어Paul Guyer 역시 공통감각이 『순수
이성비판』의 인식 이론에 함축되어 있다고 말한다.(P. Guyer, "Kant's ambition in the
third *Critique*", *The Cambridge companion to Kant and modern philosophy*, Cambridge:
Cambridge University Press, 2006, p. 562) 이렇게 벤첼, 앨리슨, 가이어가 인식판단에서
의 전달 가능성의 확실성으로부터 취미판단에서의 공통감각을 논증하려고 하는 것
과 달리, 들뢰즈는 인식판단에서 전제되는 공통감각과 같은 것에는 근거가 없고 오
히려 취미판단이 보여주는 능력들 사이의 자유로운 유희가 있어야지만 능력들이 규
정된 일치로도 들어갈 수 있는 것이라고 본다. 게다가 앞으로 보겠지만 보다 근본
적인 것은 숭고에서의 이성과 상상력 사이의 관계이다.

는 칸트의 삼비판서 전체에서 전제되고 있는 능력들 사이의 균형을 깨트리게 된다. 그리고 그것은 칸트가 인식들과 판단들에 대하여 '보편적으로 전달될 수 있어야만 한다'라고 암묵적으로 전제하고 있는 소통 가능성이 더 이상 아무런 근거를 가질 수 없게 된다는 것을 의미할 것이다.

목적론적 판단

이제 『판단력비판』에서 제시되는 반성적 판단 가운데 목적론적 판단을 보자. 지성의 규칙들로 포섭할 수 없이 무규정적으로 남아 있는 것들을 통일하는 독자적인 원리로서 합목적성을 고안하는 판단력이 취미판단에서 확인할 수 있는 반성적 판단력이었다.

13 칸트는 능력들 사이의 선험적 일치로서 공통감각이 인식판단 역시 조건 짓고 있다고 말하면서, 이를 미감적 공통감각과 구분하여 '논리적 공통감각'이라고 부른다. "공통의 인간지성gemeinen Menschenverstand은 논리적 공통감각이라고 칭할 수도 있겠다."(KU, B161) 그리고 『순수이성비판』뿐만 아니라 『실천이성비판』에서도 공통의 인간이성gemeinen Menschenvernunft이라는 방식으로 이성과 지성 사이의 일치로서 도덕적 공통감각이 전제되어 있다. "칸트는 도덕법칙은 치밀한 논증을 필요로 하지 않으며 가장 일상적이고 상식적인 이성 사용에 기초를 둔다고 자주 말하곤 했다. 지성의 실행조차 아무런 선행하는 교육도, '과학도, 철학도' 전제하지 않는다. 그러므로 우리는 도덕적 공통감각에 대해 말해야만 한다."(PCK, 52/74) 칸트는 우리 모두에게 보편적으로 이성과 일치하는 지성적 앎이 있다는 것을 전제하기 때문에, 도덕법칙은 우리에게 가장 처음 알려지는 것이라고, 즉 도덕법칙에 대한 앎은 이성의 사실로서 주어져 있다고 말할 수 있었다. 그러나 칸트는 『실천이성비판』에서도 이성과 지성의 일치의 원인을 밝힐 수 없다는 동일한 문제를 야기하고 있다.

들뢰즈와 칸트

취미판단에서 쾌는 경험적인 표상에 의존되어 있고, 선험적으로 어떤 개념과도 결합되어 있지 않기는 하지만, ―사람들은 어떤 대상이 취미에 맞고 맞지 않을 것인가를 선험적으로는 규정할 수가 없고, 대상을 시험해 볼 수밖에는 없는 것이다―그럼에도 쾌가 이 취미판단의 규정 근거인 것은 오로지, 사람들이 쾌라는 것이 순전히 반성에 그리고 이 반성이 객관들 일반의 인식을 위한 단지 주관적이지만 보편적인 조건들과 합치하는 데에 의거하며, 이 반성에 대해 객관의 형식은 합목적적임을 의식하기 때문이다.(KU, BXLV)

칸트에 따르면 주관적인 합목적성을 가지는 이러한 취미판단과 달리, 자연이 그 자체로 객관적인 합목적성을 가진다는 판단을 내리는 일 또한 일어난다. 이것이 목적론적 판단력이 하는 일이다.

목적론적 판단력은 자연의 사물들이 합목적적인 통일을 이루고 있고 그것들의 가능성을 서로서로 목적에 대한 수단이 되는 관계로 판단한다. 이는 취미판단에서와 마찬가지로 자연을 합목적성을 가지는 것으로 '규정'하는 것이 아니라 반성의 차원에서 합목적적이라고 판단하는 것이다.

만약 우리가 자연의 근저에 의도적으로 작용하는 원인들을 놓고, 그러니까 목적론의 기초에 현상들―자연은 그 특수한 법칙들에 따라서 이 현상들에 귀속하는 것으로 생각될 수 있다―의 순전한 판정만을 위한 규제적 원리뿐만 아니라, 자연의 산물들을 그 원인들로부터 도출하는 하나의 구성적 원리를 놓는다면, 자연목적의 개념은 더 이상 반성적 판단력이 아니라 규정적 판단력에 속하는 것일 터이다.(KU, B270)

한 사물이 다른 사물의 원인이자 결과인 그러한 방식으로 '자연목적'으로서 실존한다고 판정하는 것은 사물을 그렇게 규정하는 것이 아니라 반성하는 것이다. 앞서 『순수이성비판』을 다루면서 문제성 있는 이념이 '마치 ~처럼'이라는 규제적 원리로서만 쓰일 수 있다고 말했던 것처럼, 목적론적 판단은 '문제성 있는' 것으로서 마치 우리 밖에 객관의 개념이 있고, 그래서 객관의 개념으로부터 대상의 가능성을 표상할 수 있는 것처럼 판정하는 규제적인 원리이다.

칸트는 이러한 목적 개념을 통하여 인간만이 궁극목적이자 최종목적이라는 것을 밝혀낸다.

우리가 전체 자연을 면밀하게 점검해 보면, 우리는 자연인 한에서 자연 안에는 창조의 궁극목적이라는 특권을 주장할 수 있는 어떤 존재자도 없다는 것을 발견하게 된다. 그리고 사람들은 게다가, 어쩌면 자연에게는 최종 목적일 수도 있는 어떤 것도, 사람들이 생각해 낼 만한 온갖 규정과 속성들을 갖추어 주고 싶은 만큼 갖추어 주고 나서도, 역시 자연물인 것으로서는 결코 궁극목적일 수 없다는 것을 선험적으로 증명할 수 있다.(KU, B382)

자연의 사물들에 대해서 '그것이 무엇을 위해 현존하는가?' 물을 때, 식물계는 동물계를 위하여, 초식동물은 육식동물을 위하여라는 방식으로 답해질 수 있고, 그 답은 최종적으로는 인간이라고 답해질 수밖에 없는 것이다. 왜냐하면 인간만이 유일하게 목적을 이해하고 이성을 통해 목적들의 체계를 만들 수 있기 때문이다. 이러한 인간만이 궁극목적이다.

> 궁극목적이란 자신의 가능성의 조건으로서 다른 어떤 것도 필요로 하지 않는 그런 목적이다.(KU, D396)

칸트는 인간만이 자연 조건들로부터 독립적이고 필연적인 법칙을 가지고 있기 때문에 인간만이 궁극목적이 될 수 있다고 말한다. 우리가 『실천이성비판』을 다루면서 보았듯이 도덕법칙은 가장 처음 주어지는 것이며 그 자신을 정당화해 주는 아무런 근거를 필요로 하지 않는다. 그리고 이러한 도덕법칙의 주체로서 인간만이 궁극목적이 될 수 있는 것이다.

> 인간은 곧 그의 자유의 자율의 힘에 의해, 신성한 도덕법칙의 주체이다. [……] 이성적 존재자는 곧 수동적 주관 자신의 의지로부터 생길 수 있는 법칙에 따라 가능한 것이 아닌 어떠한 의도에도 복종하지 않으며, 그러므로 이 자는 결코 한낱 수단으로가 아니라, 오히려 동시에 그 자신 목적으로 사용된다.(KpV, A156=V87)

이성적 존재자로서 인간만이 사물들의 현존의 가치를 자연 인과성이 아니라 자유에 의한 인과성에 따라 스스로 창출할 수 있기 때문에, 상대적인 목적이 아니라 궁극목적이 될 수 있다.

칸트는 이러한 자유에 의한 인과성의 결과가 세계 안에서 일어나야만 한다고 말함으로써, 인간을 이성적 존재자인 동시에 감성적 존재자로 만든다. 이는 궁극목적이자 궁극목적을 가능하게 하는 조건이 인간의 주관의 자연본성 안에 전제되어 있다는 것을 의미한다. 이러한 판단을 내리는 것은 오직 반성적 판단력이다. 그래서 칸트는 다음과 같이 말한다.

> 판단력이 자연 개념들과 자유 개념들 사이를 매개하는 개념을
> 자연의 합목적성 개념 안에서 제공하는 바, 이 매개 개념이 순
> 수 이론에서 순수 실천으로의 이행, 전자에 따른 합법칙성에서
> 후자에 따른 궁극목적으로의 이행을 가능하게 한다.(KU, BLV)

칸트는 이러한 방식으로 자연의 인과성에 따른 개념들과 자유에 의한 인과성에 따른 개념들 사이를 직접적인 영향관계에 놓지 않으면서도 연결한다. 『판단력비판』이 앞선 두 비판서를 종합하는 역할을 하는 것은 바로 이러한 반성적 판단력에 대한 칸트의 분석 덕분이다. 그러나 우리는 아직 『판단력비판』에서 가장 중요한 부분을 다루지 않았다. 바로 숭고론이다.

칸트의 숭고론

칸트가 『판단력비판』에서 제시하는 아름다운

것에 대한 판단, 숭고한 것에 대한 판단, 그리고 자연목적 개념에 대한 판단이라는 반성적 판단들 가운데 들뢰즈가 능력들 사이의 가장 근본적인 관계를 보여주고 있다고 말하는 것은 숭고판단이다. 취미판단과 목적론적 판단은 상상력과 지성의 자유로운 일치의 관계를 보여주는 반면, 숭고판단은 상상력과 이성의 불일치로부터의 일치의 관계를 보여주기 때문이다.

> 미적인 것의 판정에 있어서는 상상력과 지성이 그들의 일치에 의해 그렇게 하듯이, 이 경우에는 상상력과 이성이 그들의 싸움Widerstreit에 의해 마음의 능력들의 주관적 합목적성을 만들어 낸다.(KU, B99)

이렇게 상상력과 이성의 싸움으로부터 일치가 발생한다는 점에서, 칸트는 아름다운 것에 대해서는 '관조' 속에 있는 마음을 가지게 되지만 숭고한 것에 대해서는 마음이 '동요'하게 된다고 말한다.

> 자연의 미적인 것에 관한 미감적 판단에서 마음은 평정한 관조에 잠겨 있으나, 자연에서 숭고한 것을 표상할 때는 동요함을 느낀다.(KU, B98)

바로 보게 되겠지만 숭고판단에서는 상상력이 자신의 한계를 넘어서 무한한 이성 개념을 현시하도록 강제된다면, 취미판단에서는 상상력이 지성과 자유롭게 유희한다. 인식판단에서와 달리, 취미판단에서는 자유로운 상상력이 규정된 개념 없이 자유롭게 지성과 관계 맺

는 것이다. 들뢰즈는 취미판단이 이러한 규정되지 않은 자유로운 일
치를 보여준다는 점에서 인식판단에서의 규정된 일치보다 근본적이
라고 말한다.

> 만일 모든 능력들이 이러한 자유로운 주관적 조화를 먼저 이룰
> 수 없다면, 하나의 능력은 결코 입법적이고 규정적인 역할을
> 할 수 없을 것이다.(PCK, 72/97)

그러나 들뢰즈가 보기에 근본적으로는 숭고판단에서의 불일치가
보다 더 근본적인데, 왜냐하면 취미판단에도 역시 미감적 공통감각
이 전제되어 있기 때문이다. 그것은 논리적 공통감각이나 도덕적 공
통감각이 의미하는 규정된 일치보다 근본적인 상상력의 자유로운 일
치를 보여준다는 점에서 중요한 함축을 지니지만, 숭고판단에서처럼
그러한 일치의 발생을 보여주지 않는다는 점에서 가장 근본적이라고
말할 수는 없다.

> 아름다움의 분석론은 지성과 상상력의 자유로운 일치를 발견
> 하지만, 이를 단지 전제된 것으로 파악할 수 있을 뿐이다. 숭
> 고의 분석론은 상상력과 이성의 자유로운 일치를 발견하지만,
> 동시에 발생을 그려내는 그런 내적 조건들 안에서 그렇게 한
> 다.(IGEK, 91/202)

목적론적 판단 역시 마찬가지이다. 목적론적 판단은 자연의 사물
들이 합목적적인 통일을 이루고 있고 그것들의 가능성을 서로서로

목적에 대한 수단이 되는 관계로 판단한다는 것을 의미한다. 이는 자연을 합목적성을 가지는 것으로 '규정'하는 것이 아니라 반성의 차원에서 합목적적이라고 판단하는 것이다.

이렇게 개념의 규정 없이 이루어지는 반성적 판단이라는 점에서 들뢰즈는 목적론적 판단에서도 능력들 간의 자유로운 일치가 전제되어 있다고 본다. 그리고 자유로운 일치는 규정된 일치보다 근본적이다.

> 규정적이고 입법적인 하나의 능력 아래, 능력들의 모든 규정적
> 일치는 규정되지 않은 자유로운 일치의 현존과 가능성을 전제
> 하기 때문이다.(PCK, 87/114)

하지만 이 역시 능력들 사이의 일치의 발생을 보여주고 있지 않다는 점에서 숭고판단이 보여주는 불일치보다는 근본적이지는 않다.

> 이 자유로운 일치를 선험적으로 가정하고 전제하는 것으로 충
> 분한가? 반대로 그러한 자유로운 일치가 우리 안에서 생산
> 되는 것이어서는 안 되는가? 다시 말해서, 미감적 공통감각
> 은 발생의 대상, 정확히 초월적 발생의 대상이어서는 안 되는
> 가?(PCK, 72~73/97)

> 미감적 공통감각의 발생을 다루는 것, 능력들 간의 자유로운
> 일치가 어떻게 필연적으로 일어나는지를 드러내는 것, 그것이
> 유일한 해결책이다.(IGEK, 85/192)

숭고론이 알려주는 것

이렇게 공통감각을 단지 발견하는 것이 아니라 공통감각이 무엇으로부터 발생하는지를 설명해야 한다. 그리고 바로 그것을 설명해 주는 것이 숭고론이다. 숭고론은 이성과 부딪치는 상상력이 어떠한 방식으로 이성의 법칙들과 합치함으로써 숭고판단을 내리게 되는지 설명하는 이론이기 때문이다.[14]

먼저 숭고판단은 취미판단의 네 가지 계기들을 공유한다. 객관과의 일치로부터 흡족을 얻지 않기 때문에 무관심성Interesslossigkeit을 가지며, 모든 사람에게 보편적 동의를 요구하는 보편성을 가진다. 그리고 또한 주관적 합목적성 역시 가지는데, 숭고판단 역시 취미판단과 마찬가지로 어떤 목적의 표상도 없이 그 자체로 합목적적인 판단이기 때문이다. 그런데 숭고판단에서 이러한 주관적 합목적성의 필연성은 취미판단에서와 달리 공통감각이라는 근거로부터 전제될 수 있는 필연성이 아니다. 왜냐하면 숭고판단에는 지성이 아니라 이성이 개입하기 때문에 상상력의 이성의 법칙들과의 합치가 관건이며, 이성의 법칙들이 숭고판단의 필연성의 근거로서 있게 되는 것이다.

칸트는 숭고론에서 숭고를 수학적 숭고와 역학적 숭고로 나누어 설명한다. 먼저 수학적 숭고는 어떤 것을 '단적으로 큰 것'이라고 판단하는 것을 말한다.(KU, B80) 단적으로 크다는 판단은 다른 어떤 것

---

14 롱기누스부터 애디슨, 버크에 이르는 칸트 숭고 개념의 역사적 배경과 그 비교는, 오병남, 「칸트의 미학이론에 있어서 숭고의 개념」, 『대한민국학술원 논문집』, 제47집, 2008 참조. 그는 칸트 철학 내에서도 『아름다움과 숭고함의 감정에 관한 고찰』의 숭고 개념이 『판단력비판』의 숭고 개념으로 어떻게 바뀌었는지도 보여주고 있다.

과도 비교할 수 없는 크기를 가진다는 것, 즉 그것과 비교해서는 다른 모든 것이 작은 것이 된다는 것을 의미한다. 이러한 크기를 우리의 감성 중에 현시하도록 요구받는 것은 상상력이다. 미감적 판단에서와 마찬가지로 숭고판단에서도 상상력은 포착과 총괄의 역할을 맡는다.

> 어떤 양적인 깃을 직관적으로 상상력에 받아들여, 그것을 수들에 의한 크기 평가를 위한 척도로 또는 단위로 쓸 수 있기 위해서는 이 능력의 두 가지 작용, 즉 포착과 총괄이 필요하다.(KU, B87)

상상력의 역할인 포착과 총괄 가운데 보다 중요한 것은 총괄이다. 부분들의 포착은 그것이 직관의 포착이든 상상력의 직관에서의 포착이든 무한히 나아갈 수 있고 그러한 사실에는 아무런 문제가 없다. 상상력이 문제에 부딪치는 것은 규정된 지성 개념 아래에서가 아니라 스스로 자유롭게 부분들을 총괄하는 역할을 할 수 있다는 데에서 온다. 상상력은 '단적으로 큰 것'을 마주했을 때 자신이 총괄할 수 있는 한계를 넘어가게 된다.

> 무릇 상상력이 더 많은 것을 포착하기 위해 밀고 나감으로써, 포착이 최초에 포착되었던 감관직관의 부분표상들이 상상력 안에서 이미 소실되기 시작하는 데까지 이르러 있다면, 상상력은 한편에서 얻는 만큼을 다른 편에서는 잃게 되어, 총괄 안에는 상상력이 그 이상 넘어갈 수 없는 가장 큰 것이 있는 것이니

말이다.(KU, B87)

이렇게 숭고판단에서 상상력은 총괄하는 그의 역할에 있어서 자신의 최대치에 부딪치고 그것을 넘어서도록 강요받는다. 이러한 숭고판단에서 단적으로 큰 것의 현시를 요구하는 것은 이성이다. 이성은 절대적 전체성을 요구하는 능력이기 때문이다. 이성은 절대적 전체성에 상응하는 직관을 세운다는 것은 불가능함에도 불구하고, 상상력에게 우리의 감성의 한계를 넘어서 절대적 전체성을 현시할 것을 요구한다. 상상력은 이러한 이성의 요구에 따를 수 없지만, 바로 이것이 숭고의 감정을 일깨운다.

> 우리의 이성에는 실재적 이념으로서의 절대적 전체성에 대한
> 요구가 놓여 있기 때문에, 감성 세계의 사물들의 크기를 평가
> 하는 우리의 능력이 이 이념에 대해 저처럼 알맞지 않다는 것
> 자체가 우리 안에 하나의 초감성적 능력의 감정을 일깨우는 것
> 이다.(KU, B85)

이렇게 상상력은 단적으로 큰 것, 무한한 것을 현시할 수 없지만 이성은 상상력에게 그것을 요구한다. 그래서 상상력의 관점에서는 이것이 '폭력적'이라고 이야기될 수 있다.(KU, B76)

그렇다면 이러한 상상력 자신의 부족한 능력에 대한 앎이 어떻게 흡족을 가져올 수 있는가? 칸트는 이성의 이념이 상상력에게 '존경'의 감정을 불러일으키기 때문이라고 말한다.

> 우리에 대해서 법칙인 어떤 이념에 이르는 데에 우리의 능력이
> 부적합하다는 감정이 존경이다.(KU, B96)

도덕법칙에 대한 존경은 순수 실천이성의 동기다. 도덕법칙을 따르는 것은 우리의 모든 경향성들에 반하여 이루어지는 것이기 때문에, 즐거움보다는 고통에 가까운 감정이었다. 그럼에도 불구하고 우리를 도덕법칙에 따르게 하는 것이 존경의 감정이다. 자연법칙에 따르는 우리의 능력으로서는 부적합하다는 지각으로부터 도덕법칙을 실현하도록 만드는 것이 그러한 감정인 것이다.

> 그러므로 숭고한 것의 감정은 미감적인 크기 평가에서 상상력
> 이 이성에 의한 평가에 부적합함에서 오는 불쾌의 감정이며, 또
> 한 그때 동시에, 이성이념들을 향한 노력이 우리에 대해서 법칙
> 인 한에서, 최대의 감성적 능력이 부적합하다는 바로 이 판단
> 이 이성이념들과 합치하는 데서 일깨워지는 쾌감이다.(KU, B97)

상상력에 대해 부적합하다고 내적으로 지각하는 것은 이성의 법칙들과의 일치를 의미한다. 이 때문에 일치할 수 없음에서 오는 불쾌가 일치의 쾌로 바뀐다. 상상력과 이성 사이의 불일치가 마음의 일치로서의 쾌를 만들어 내게 되는 것이다.

칸트는 '단적으로 큰 것'으로부터 불러일으켜지는 이러한 수학적 숭고와 역학적 숭고를 구분한다. 역학적 숭고는 우리에게 어떤 것도 강제하지는 않지만 위력으로 느껴지는 자연에 대해 불러일으켜지는 것이다.

기발하게 높이 솟아 마치 위협하는 것 같은 암석, 번개와 천둥
소리와 함께 몰려오는 하늘 높이 솟아오른 먹구름, 온통 파괴
력을 보이는 화산, 폐허를 남기고 가는 태풍, 파도가 치솟은 끝
없는 대양, 힘차게 흘러내리는 높은 폭포와 같은 것들은 우리
의 저항하는 능력을 그것들의 위력과 비교할 때 보잘것없이 작
은 것으로 만든다.(KU, B104)

　우리가 이러한 것들을 마주하고 두려움만을 느낀다면 그로부터는
흡족이 생길 수 없다. 숭고판단은 취미판단과 마찬가지로 대상의 현
존으로부터 얻는 만족과 쾌의 감정을 결부시키지 않을 때 내릴 수
있는 판단이다. 어떤 숭고한 것에 대하여 '단적으로 크다'고 말할 때
이것이 비교할 수 없이 크다는 평가라면, 위력적이라는 평가는 우리
가 그에 저항할 수 없을 만큼 강제적인 위력을 가지고 있다는 평가
이다. 따라서 이는 역학적으로 측정될 수 있는 힘에 대해 내리는 규
정적 판단이 아니라 반성적 판단이다. 이러한 위력적인 것에 대한 숭
고판단은 우리에게 무력함을 인식시킨다는 점에서 불쾌의 감정을 일
으킨다. 그러나 동시에 우리의 상상력은 고양되는데, 이념이 우리가
위력적인 저 자연에 비견되는 힘을 가지고 있음을 상상력에게 현시
하도록 요구하기 때문이다.
　칸트에 따르면 이러한 우리 안에 있는 힘은 인격성에서 비롯되는
것이다. 아무리 자연의 위력이 강제적이라고 하더라도 그에 굴복하지
않고 남아 있는 힘은 자연법칙이 아니라 도덕법칙에 따르는 이성적
존재에게 있는 것이다. 칸트는 재산, 건강, 생명 등 자연법칙 아래 있
는 것들을 예로 들면서 그러한 것들은 인격성에 의하면 언제나 작은

것으로 간주된다고 말한다.(KU, B105) 우리가 위력적인 자연으로부터 숭고함을 느끼는 것은 그것이 바로 이러한 우리 안에 있는 힘을 불러 일으키기 때문인 것이다.

칸트는 숭고판단에서 상상력이 자신의 최대치로 나아감과 동시에 이성 자신은 도덕법칙을 실현할 수 있고 자연법칙에 굴복하지 않는 인격성이라는 초감성적인 것을 사유할 수 있는 능력임을 깨닫는다는 것을 보여준다. 상상력이 이러한 이성의 강요 아래에서 자신의 한계를 넘어서는 것은 자유를 잃어버림으로써만 가능할 것이다. 칸트는 이렇게 말한다.

> (상상력이 직관의 포착에서 그것에까지 추동되는) 초험적/초재적인 것은 상상력에 대해서 말하자면, 상상력이 그 속에 빠져버릴까 두려워하는 심연이다. 그러나 그것은 초감성적인 것에 대한 이성의 이념에 대해서는 초험적/초재적인 것이 아니라, 오히려 상상력의 그러한 노력을 만들어 내는 합법칙적인 것이다.(KU, B98~99)

상상력이 그 자신의 자유로운 능력에 의해서 초험적/초재적인 것을 현시하고자 한다면 그것은 감성 중에는 현시할 수 없는 심연에 빠져버리고 마는 것이다. 그러나 이성의 이념 아래에서는 소극적인 방식이기는 하지만 무한한 것의 현시로 나아갈 수 있다. 상상력은 전체성의 이념에 다가갈 수 없으면서도 그러한 불가능성이라는 부정적인 방식으로 현시를 가능하게 한다. 이렇게 숭고판단에서 이성과 상상력은 일치하게 된다. 그러나 중요한 것은 이러한 일치가 어디로부터 발생했는가 묻는다면 그것은 언제나 불일치를 가리킬 수밖에 없다는 점이다. 상상력은 자신의 한계에 직면하고 이성은 감성적인 자연을 넘어서서 초감성적 자연을 사유한다.

들뢰즈는 『칸트의 비판철학』과 「칸트 미학에서의 발생의 이념」에서 마지막 비판서인 『판단력비판』을 통해서만 삼비판서를 종합적으로 읽어낼 수 있음을 보이는데, 이는 능력들의 일치가 어떻게 발생할 수 있는지를 해명해야만 하기 때문이다. 그리고 이 문제를 해결할 수 있는 실마리는 숭고론에 있다. 들뢰즈는 칸트의 숭고론이 보여주는 상상력과 이성의 불일치의 일치 관계로부터 상상력이 그 자신의 한계를 넘어서는 근본적인 층위를 읽어내고, 그러한 층위로부터 발생적으로 능력들이 일치의 관계에 들어간다는 것을 보여준다. 근본적인 층위에는 늘 무엇이 있는가? 능력들의 한계가 아니라 능력들이 한계를 넘어서며 서로 부딪히고 충돌하는 싸움이 있다. 비록 종합과 도식, 강도적 크기 논의들을 남겨놓고 있기는 하지만, 어느새 우리는 들뢰즈의 칸트를 이해하기 위해 필요한 준비들을 끝마쳤다. 이제 들뢰즈가 어떻게 칸트와 함께 나아가는지 보자.

4장

칸트적 이념과 들뢰즈적 이념

문제성 있는 이념

칸트는 『순수이성비판』에서는 문제성 있는 개념으로 남겨두는 이념들에 대하여, 『실천이성비판』에서는 이념들이 필연적으로 실재성을 가지게 되는 방식에 대하여 보여주었다. 그리고 그것은 객관적 실재성이 아니라 실천적 실재성이었다. 반면 들뢰즈가 주목하는 것은 이념이 가지는 실재성이 단지 실천적 실재성만을 가지는 것이 아니라, '문제성 있는' 것 자체가 문제성 있는 것으로서, 더 정확히 표현하면 문제제기적인problèmatique 것으로서 객관적 실재성을 가진다는 것이다.

들뢰즈에게 이념은 문제로서 실재하는 것이며, 현실적인 것에 대한 인식에 '문제를 제기하는' 개념으로 이해되어야 한다. 칸트가 객관적 실재성이라는 말로써 가리키는 것은 논리적 가능성만을 가지는 사고와 반대되는, 실재하는 경험과 관련하여 타당성을 가지는 인식이다. 그러므로 칸트적 용어로 말하면 들뢰즈에 있어서 이념은 객관적 실재성을 가지는 것이다. 반면 칸트에서 이념은 객관적 실재성을 가질 수 없다. 이념을 그러한 것으로 여긴다면 이는 이성을 월권적으로 사용하는 것이다.

> 내가 만약 사변 이성으로부터 동시에 그것의 과도한 통찰들의 월권을 빼앗지 않는다면, 나의 이성의 필수적인 실천적 사용을 위해 신, 자유 그리고 불사성을 전혀 받아들일 수가 없다.(KrV, BXXIX~XXX)

이렇게 칸트는 순수 이성의 실천적 영역을 경험으로부터 독립적인 것으로 남겨두지 않는다면, 경험의 대상일 수 없는 것들이 언제든 현상으로 전환될 수 있다는 점에서 그 월권을 빼앗지 않을 수 없다고 강조한다. 그러나 들뢰즈는 바로 이 문제성 있는 이념의 객관적 실재성, 다시 말해 존재론적 실재성에 대해 증명하고자 한다.

칸트는 이념에 대해 설명하면서 그것이 플라톤이 말하는 이데아와는 다른 것임을 분명히 한다.

> 이미 통용된 의미에서 이 개념에 딱 맞는 낱말이 단 하나 있다면, 그것을 남용하지 말고, 또 한낱 변화를 주기 위해 그것을 동의어적으로 다른 낱말들 대신에 사용하지 말고, 그것의 특유한 의미를 조심스럽게 보존하는 것이 추천할 만한 일이다. 그렇지

않으면, 그 표현이 특별히 주의를 받지 못하고, 다른 매우 어긋

나는 표현의 더미 속에 소실되어 그 표현만이 보존할 수 있었

을 사상마저 상실되어 버릴 것이기 때문이다.(KrV, A313/B369)

이는 플라톤의 이데아를 교정하고 보존하려는 그의 목표를 표현하

고 있다. 칸트는 사물들의 원형으로서 플라톤의 이데아가 가진 문제,

즉 이념이 앞서 이야기한 것처럼 '미치 치럼'이라는 빙식으로빈 현

상과 관계 맺는 것이 아니라, 자연적인 모든 것의 근원이 된다는 점

을 비판한다.

현존의 개별적인 조건들에 종속하는 피조물 하나하나는 어느

것도 가장 완전한 종의 개념에는 합치하지 않는다는 것이 (인간

이 그 자신이 그의 행위의 원형으로서 그의 마음 안에 가지고 있는 인간

성의 이념에 합치하지 않는 것이나 마찬가지로) 분명해 보이지만, 그

럼에도 저 이데아들은 최고 지성 안에서 개별적으로, 불변적

으로, 일관되게 규정되어 있고, 사물들의 근원적인 원인이라

는 것, 그리고 우주에서 그것들이 결합된 전체만이 유일하게

저 이데아에 온전히 합치한다는 것을 보여준다.(KrV, A318/B374-

375)

이러한 플라톤에 대한 칸트의 태도는 들뢰즈가 칸트의 이념을 다

루는 태도와도 동일하다. 들뢰즈 또한 이념이 플라톤이 말하는 현실

적인 사물들의 본질essence을 이루고 있는 것이 아님을 강조하지만,

칸트처럼 이념의 사용 범위를 한정하는 방식으로 나아가는 것이 아

니라 이념이 그 자체로 비본질적인 것l'inessentiel이라고 말한다. 이것이 들뢰즈가 칸트적 이념을 교정하고 보존하는 방식이다.

본질적인 것과 비본질적인 것

그렇다면 들뢰즈에서 이념이 비본질적인 것은 무엇을 의미하는가? 먼저 살펴보아야 할 것은 본질의 의미이다. 들뢰즈는 본질적인 것에 대한 물음의 형태를 '이것은 무엇인가?'라고 제시한다. 플라톤이 이데아를 탐구하는 방식은 '이것은 무엇인가?'라는 질문에 답을 찾는 방식이다. '정의란 무엇인가?', '아름다움이란 무엇인가?', 이러한 방식으로 묻고 그에 대한 답들을 검토해 나가는 것이다. 들뢰즈는 이에 대하여 "이때 그의 목적은 다른 것에 있지 않다. 이데아의 대상인 어떤 초재적/초험적transcendant 문제의 미규정적인 지평을 열기 위해 경험적 수준의 대답들을 침묵에 빠트리는 데 있을 뿐"이라고 말한다.(DR, 243/409) 예컨대 정의란 무엇인가 물었을 때, 소크라테스는 제자들의 대답들을 모두 동굴 안에서 그림자만을 보고 말하는 경험적 수준의 대답들로 논박하고 동굴 밖 진리로서 이데아를 제시한다. 이데아의 미규정적인 지평을 열어놓는다는 점에서 이는 긍정적인 측면을 가진다. 그러나 들뢰즈는 『니체와 철학』에서 다음과 같이 말하기도 한다.

사람들이 당신에게 '아름다움이 무엇인가?'를 질문할 때, 아름다운 것을 인용하는 것은 의심의 여지없이 어리석은 짓이다.

그러나 '아름다움이란 무엇인가?'라는 질문이 그 자체로 어리
석지 않다는 것이 그보다 덜 확실하다.(NP, 86/144)

아름다움에 대해 물었을 때 구체적인 아름다운 사물들로 답하는
것은 아름다움 그 자체에 대해서는 답하지 못한다는 점에서 어리석
은 짓이다. 그러나 아름다움의 이데아에 대한 탐구 방식 또한 이데아
의 구체적인 현실화를 보여주지 못하고 아포리아에 빠지게 된다. 아
름다움 그 자체에 대한 탐구 방식은 "이따금 대화들 속에서 섬광이
빛을 발하다가 곧 꺼져버리는" 것이다.(NP, 86/144)

들뢰즈가 보기에 이데아에 대한 탐구가 불가능한 것은 그 질문에
감추어진 것을 드러내지 못했기 때문이다. 감추어진 것은 바로 '그
질문을 하는 자가 누구인가'이다. 들뢰즈는 "본질이란 단지 사물의
의미와 가치일 뿐"이라고 말한다.(NP, 87/145) 즉, 그것은 사물 그 자
체가 가진 본성이 아니라 누군가가 부여한 의미와 가치인 것이다. 그
래서 '이것은 무엇인가?'라는 질문은 그것이 '내게 있어서', '어떤 관점
에서' 무엇인가를 묻는 것이다. '아름다움이란 무엇인가?'라는 질문
은 우리에게 있어서 그것이 '얼마만큼', '어떤 경우에', '어떻게' 아름답
게 보는지, 즉 우리가 어떤 관점에서 그 사물들을 아름답게 보는지에
관한 질문인 것이다. 그러므로 들뢰즈가 "이념의 영역, 그것은 비본질
적인 것이다"라고 말할 때, 이는 이렇게 누군가에 의해 혹은 우리에
의해 임의적으로 부여된 본질이라는 가치로부터 벗어나서 사유해야
한다는 것을 표현하고 있다.(DR, 243/408)

이러한 관점에서 볼 때 비본질적이라는 것은 그것이 중요하지 않
다는 것을 의미하지 않는다. 비본질적인 것은 그 자체로 긍정되는 시

뮬라크르들을 가리킨다.[15]

> 플라톤주의의 전복은 시뮬라크르들을 승격시키는 것, 도상들
> 이나 복사물들 사이에서 그들의 권리를 긍정하는 것이다.(LS,
> 302/417)

플라톤 철학의 목표는 본질과 외관, 원본과 복사본, 모델과 시뮬
라크르를 구분하는 데 있다. 플라톤이 정의만이 정의롭고, 아름다움
만이 아름답다고 말할 때 그것은 원본적인 것을 우위에 놓는 것이다.
원본적인 것은 동일자le Même이며 이것을 기준으로 복사본과 시뮬라
크르 사이의 위계 역시 결정된다. 복사본은 동일자를 분유하는 유사
한 것이며, 그 충실한 유사성에 따라 시뮬라크르에 대하여 우위를 가
진다. 그러나 시뮬라크르의 존재는 이 원본적인 것과 복사본을 모두
무너뜨린다. 들뢰즈는 이를 플라톤 철학 내에서 보여주고자 한다. 플
라톤은 동일한 것과 유사한 것 사이의 위계에서 벗어나 있는 시뮬라
크르의 존재를 그것들과 동등한 것으로 인정할 수밖에 없었다는 것
이다.

플라톤의 『소피스트』에서 제기되는 문제는 '있지 않은 것의 있음'
에 관한 것이다. 플라톤은 파르메니데스가 있지 않은 것, 즉 비존재
에 대해서는 사유할 수 없다고 한 것에 대하여, 있지 않은 것은 있지
않은 것으로서 진정으로 '있다'고 말해야 한다고 비판한다. 파르메니

---

15 그 자체로 긍정되는 시뮬라크르에 대해서는 다음과 같은 저작들 참조. R. Bougue,
Deleuze and Guattari, London: Rputledge, 1989, pp. 56-61. 이정우, 『시뮬라
크르의 시대』, 거름, 1999, 17-83쪽. 서동욱, 『차이와 타자』, 297-308쪽.

데스는 비존재를 있지 않다는 의미에서 전적인 무와 동일시하기 때문에 그에 대해서는 사유할 수 없다고 말한 것이다. 반면 플라톤은 비존재에 대해서도 사유할 수 있어야 하며, 그것은 존재처럼 규정될 수 있는 것이 아니지만 존재와 '다름'으로는 규정될 수 있다고 본다. 그래서 그는 존재, 정지, 운동과 함께 동일성과 다름을 동등한 유類로 놓는다. 즉, 플라톤 철학 내에서 동일성과 차이가 동등한 지위에 놓이게 되는 것이다. 결국 '있지 않은 것의 있음'은 무의 존재를 추상할 수 있다는 것을 의미하는 것이 아니라, 존재와 차이 나는 것에 대해 존재와 차이 나는 것으로서만 규정될 수 있다는 것을 의미이다. 그래서 들뢰즈는 이렇게 말한다.

> 플라톤은 한 순간의 섬광 속에서 시뮬라크르가 단순히 하나의 거짓된 복사물이 아니라는 것을, 오히려 바로 복사물의 관념, 그리고 모델의 관념에 문제를 제기하는 것이라는 점을 발견한다. 소피스트에 대한 최종적인 정의는 소크라테스 그 자신도 더 이상 그들과 구별할 수 없게 되는 지점으로 우리를 이끈다.(LS, 295/409)

차이로서의 이념

차이로 규정되는 존재가 동일자의 존재와 동등한 지위에 놓이게 된다는 것은 원본적인 것과 복사본의 위계 자체가 파괴된다는 것을 의미한다. 시뮬라크르가 더 이상 격하된 복사본이 아니라면 동일자와 얼마나 '더' 혹은 '덜' 유사한가는 더 이상 위계 질서의 기준이 될 수 없는 것이다. 이렇게 동일성의 질서가 파괴되고 차이가 그 지위를 회복하게 되면 플라톤의 이념은 더 이상 사물들의 본질과 외관을 구분하는 기준이 될 수 없다. 플라톤의 세계에서처럼 동일자로부터 분유받은 유사성이 사물의 본질을 이루는 것이 될 수 없는 것이다.

칸트는 플라톤의 이데아가 자연의 모든 것이 유래하는 근원이 된 다는 것을 비판함으로써, 이데아라는 본질과 그 외관이라는 구분을 폐기한다.

> 본질과 외관의 이분법에 대한 이중적인 이의 신청은 헤겔로, 더
>
> 나아가서는 칸트로 소급된다.(LS, 292/405)

그러나 들뢰즈는 이로부터 더 나아가 이념 자체가 비본질적인 것, 즉 차이라는 것을 보인다. 위계질서가 파괴된 바로 그 이념의 자리에 시뮬라크르, 즉 비본질적인 차이가 비본질적인 것으로서 있게 되는 것이다.

들뢰즈는 바로 이러한 자리에 있는 비본질적인 차이를 칸트적 이 념과 동일시한다. 그는 칸트적 이념을 문제제기적인 것으로 이해하 고, 이념은 문제로서 실재한다고 말한다. 칸트의 문제성 있는 개념으로서 이념은 단지 개연적이기만 한 개념이 아니라 그 문제성 있음의 속성을 가지고서 현상들과 관계 맺기 때문이다. 그가 보기에 문제로서의 이념은 그 자체가 문제제기적이며, 따라서 언제나 문제를 제기하는 것으로서 실재하고 있다고 말해져야 한다.

들뢰즈와 칸트

차이는 부정이 아니라 차이로서의 비존재non-être이다. 차이는 반대non-être가 아니라 다름ἐναντίον이다. 그렇기 때문에 비존재는 차라리 (비)존재라 적어야 하고, 그보다는 ?-존재라고 써야 한다.(DR, 89/159)

여기서 '?-존재'는 그것이 존재하지 않는다는 것을 의미하는 것이 아니라 문제로서 존재하는 방식을 표현하는 것이다.

문제제기적 이념

이렇게 들뢰즈는 『순수이성비판』에서의 이념에 대하여 '문제제기적인' 것으로서의 지위 그 자체로 실재성을 가진다고 말했다. 그것은 문제 자체로서 실재성을 가지는 것이며 '?-존재'라고 불릴 수 있는 차이를 가리키는 것이다. 그래서 들뢰즈는 칸트가 이성의 '규제적 사용'에 대해 말할 때 그 '규제적'이라는 말 역시 문제제기적이라는 것과 다르지 않다고 말한다.

비판적 본성에 따라 제대로 이해된 이념들은 완벽하게 합법적인 사용을 가지며, 이러한 사용은 '규제적'이라고 불린다. 그에 따라 이념들은 참된 문제들을 구성하거나 정당성을 가지는 문제들을 제기한다. 그렇기 때문에 규제적이라는 것은 문제제기적이라는 것을 의미한다.(DR, 218/370)

왜냐하면 칸트가 이성이 규제적으로 사용되어야 한다고 말함으로써 보여주는 것은 이성이 거짓 문제만을 제기한다는 것이 아니기 때문이다. 칸트는 이념이 자연본성에 의해 부과되는 것이라고 말하면서 그 자체로는 거짓된 것일 수 없고 오직 그것의 월권적 사용만이 변증성을 갖는다는 것을 보여주었다.

> 칸트의 관점에서 볼 때 이성이 특히 거짓 문제들을 제기하고 그래서 자신의 품속에 가상을 기르고 있다면, 이는 이성이 본래 문제들 일반을 제기하는 능력이기 때문이다.(DR, 218/369)

그러므로 중요한 것은 문제로서의 이념 자체만을 고려했을 때 문제들에는 참과 거짓이 있을 수 없다는 점이다. 참과 거짓은 오직 해solution에 관련된 것이다. 1장에서 문제성 있는 이념을 설명하며 보았던 것처럼 '가이우스는 죽는다'라는 판단은 지성 스스로도 내릴 수 있는 판단이다. 하지만 이러한 판단은 가이우스라는 대상에 관계하는 경험적이고 부분적인 물음에 대한 대답으로서 주어진 것일 뿐이다. 그러한 방식으로 대상을 규정하는 방식은 범주라는 정해진 해를 정해놓고 그것에 맞추어 질문을 제기하는 방식이다. 칸트가 "우리는 곧 사물로부터 우리 자신이 그것들 안에 집어넣은 것만을 선험적으로 인식한다"라고 말할 때, 들뢰즈가 그에 대해 비판하는 것은 바로 이러한 관점에서이다.(KpV, BXVIII)

참과 거짓이라는 이미 주어진 해를 가정하지 않고 문제제기를 할 수 있는 것은 이념뿐이다. 앞서 예를 든 바 있듯이 우리는 신에 대해서도 자유에 대해서도 마치 ~처럼 생각할 수 있을 뿐, 그것들에 대해 범주적 규정을 내릴 수 없다. 거기에는 신과 자유에 대한 문제제기만 있을 뿐 그에 대한 답이 주어져 있지 않다. 그러므로 칸트 철학에서는 오직 이념만이 해가 주어지지 않은 문제들이다. 지성의 개념이 아니라 이성의 이념만이 해가 미리 정해지지 않은 문제를 제기할 수 있는 것이다.

들뢰즈는 이렇게 칸트적 이념이 문제제기적인 것으로서 주관적 활동일 수 있다는 데에서 더 나아가 문제들이 객관적 가치 또한 가신다고 말한다.

> 칸트는 문제로서의 이념은 객관적인 가치와 미규정적인 가치
> 를 동시에 갖는다고 즐겨 말한다.(DR, 219~220/372)

이러한 표현이 가리키는 것이 1장에서 언급한 바 있는 칸트의 유비 이론이다. 이념은 그 자체 문제제기적인 것으로서 현상들과 유비적인 관계를 맺기 때문에 객관적인 가치를 가질 수 있는 것이다. 요컨대 이념은 그 자체로서는 '미규정적인 것'으로 언제나 남아 있으면서, 지성 개념에 대해 통일성 속에서 그 자신의 사용의 최대치로 이끄는 '무한한 규정이라는 이상'을 가지고 있고, 또한 현상들과의 유비를 통해 '규정 가능한 것'이 된다. 그래서 들뢰즈는 이념 안에 있는 세 가지 계기들을 구분하여 설명하고자 한다.[16]

> 이념적 대상 안의 미규정성의 계기, 경험적 대상들에 대한 규정

---

16 D.W. Smith, *Essays on Deleuze*, Edinburgh: Edinburgh University Press, 2012, pp. 108-110 참조.

가능성의 계기, 지성적 개념들에 대한 무한한 규정성의 이상을

지지하는 계기이다.(DR, 220/372)

  '이념적 대상 안의 미규정성'은 우리가 앞서 말한 신이나 자유에 대
해 떠올려 보면 알 수 있듯이 그것의 현상적 실재성을 규정지을 수
없는 것이다. 그런데 이러한 이념들은 현상들과 관련하여 유비적으
로 '규정 가능한 것'이기도 하다. 신 이념은 '마치' 이 세계가 체계적이
고 통일적인 원리를 가진 것'처럼' 사유할 수 있도록 해주는 유비적
인 개념이었다. 이는 역으로 신 이념 역시 현상들과의 유비를 통해 규
정 가능성을 가지게 된다는 것을 의미한다. 그리고 마지막으로 이념
은 조건적인 지성의 개념을 무조건적인 것 아래에서 그 사용의 최대
치로 이끄는 '무한한 규정성의 이상'을 가지고 있다. 이것이 들뢰즈가
구분하고 있는 칸트적 이념의 세 가지 계기들이다.

이념의 세 계기들

          들뢰즈가 칸트의 이념에 대해 세 계기로 구분
하여 사유하는 것은 칸트가 자아, 우주, 신에 대해 각각 다른 이념들
로 나누어서 생각하는 것의 한계를 지적하기 위해서이다. 『실천이성
비판』에서 실재성을 얻게 된 세 이념, 신, 자유, 불사성과 위 이념들
의 관계를 정리해 보자. 칸트는 『순수이성비판』에서 자아, 우주, 신을
문제성 있는 이념으로 다룬다. 이것들이 문제성 있는 이념이라는 것
을 밝히는 것이 각각 오류추리론, 이율배반론, 초월적 이상론이다. 칸

트는 오류추리론에서 자아가 아무런 내용도 가지지 않는 공허한 표상이라는 것을 밝힌다. 우리가 이미 다루었던 칸트의 유명한 말, '내용 없는 사상들은 공허하고, 개념들 없는 직관들은 맹목적'이라고 할 때, 바로 그 공허한 사상인 것이다.(KrV, A51/B75) 그래서 자아의 실체성으로부터 불사성을 이끌어 내는 것 역시 문제적이다.

이율배반론에서는 세계의 시·공간적 한계가 있거나 없다고 주장하는 것, 세계에 자유가 존재한다거나 자연필연성만 존재한다고 주장하는 것 등이 경험 개념들로부터 독립적인 가능성의 근거를 갖고 있지 못하다는 것을 보인다. 우리는 이미 『실천이성비판』의 체계를 다루면서 칸트가 『순수이성비판』에서는 자유를 어떻게 다루었는지 보았다. 마지막으로 초월적 이성론과 관련해서도 그가 『실천이성비판』에서는 필연적으로 요청하게 되는 신 이념에 관하여 『순수이성비판』에서는 모든 신 존재 증명을 비판했다는 점도 언급한 바 있다. 칸트가 구분하여 생각한 자아, 우주, 신은 『실천이성비판』에서 실재성을 얻게 되는 이념들과 이러한 관계를 맺는다.

이제 다시 들뢰즈가 칸트의 자아, 우주, 신을 어떻게 이념의 세 계기들로 사유하는지 보자. 칸트는 오류추리론에서 자아라는 것은 경험적 조건 밖에서도 나의 실존을 의식할 수 있는 것일 수 없음을 보인다.

> 이성적 영혼론의 변증적 가상은 (순수 지성에 대한) 이성의 이념
> 을 사고하는 존재자라고 하는 것에 대한 모든 점에서 미규정적
> 인 개념과 혼동한 데에서 기인한다.(KrV, B426)

미규정적인 개념을 초험적/초재적으로 사용하는 것으로부터 자아에 관한 이념의 변증성은 비롯된다.

들뢰즈는 자아가 이렇게 '규정되지 않은 상태'에 있다는 점에서 이념의 계기 가운데 '미규정성'의 계기를 가리키는 것으로 파악한다. 또한 시간과 공간의 절대적 전체성으로서의 우주라는 이념은 현상들의 총체와 관련하여 유비적인 방식으로 '규정가능한 것'이라는 이념적 계기가 구현된 것이다. 마지막으로 신 이념은 모든 실재성을 총괄하는 신이라는 존재자로부터 모든 존재자들의 현존을 도출하게 함으로써 조건적인 지성 개념들을 그 사용의 최대치로 확장하게 하는 '규정성의 이상'을 구현하고 있다.

들뢰즈가 보기에 칸트가 이념들에 대하여 자아, 우주, 그리고 신이라는 각각 형상화될 수 있는 단일한 이념들로 여기는 것은, 그가 단지 고전적인 형이상학의 문제들에 대하여 이성의 본성으로부터 제기되는 문제들이라는 방식으로 그것을 정당화할 수 있는 설명을 찾았을 뿐이기 때문이다. 또한 그는 그것들을 어디까지나 규제적으로 사용해야 한다고 조건화하는 방식에 머문다. 들뢰즈가 문제 삼는 점은 칸트의 정당화와 조건화의 방식으로는 이러한 이념들이 어떻게 발생적으로 우리에게 사유되어야만 하는 것으로 주어졌는가에 대해서는 말해줄 수 없다는 점이다.

들뢰즈의 이러한 문제의식으로부터 칸트의 이념들에 대한 그의 독특한 해석 방식이 등장한다. 그는 미규정성, 규정 가능성, 그리고 무한한 규정성의 이상이라는 이념의 세 계기들을 코기토에 대한 사유의 세 측면과 일치시킨다. 바로 칸트가 데카르트를 비판하면서 구분하고 있는 '나는 생각한다', '시간', 그리고 '나는 존재한다'의 관계를 이 이념의 세 가지 계기와 동일한 것으로서 발견하는 것이다.

이념의 세 계기	칸트의 이념	코기토 사유의 세 측면
미규정성	자아	나는 존재한다
규정 가능성	우주	시간
규정성	신	나는 생각한다

이렇게 일치시킴으로써 발견할 수 있는 것은 자아, 우주, 그리고 신이라는 그 사유의 근원이 밝혀지지 않은 문제에 대해 그것을 단지 유비적으로만 설명될 수 있는 것으로 방치하는 것이 아니라, 코기토의 사유들로서 접근할 수 있다는 점이다. 즉, 이념의 세 계기들을 형이상학적 문제로 여기고 그것을 정당화하고 조건화하는 방식에 머무는 것이 아니라, 그러한 사유가 내적으로 어떻게 발생하게 되었는지를 이야기할 수 있게 되는 것이다.

또한 이념들이 아니라 이념의 세 계기들로 사유함으로써 이념은 내적인 통일성을 회복할 수 있다. 규정 가능성을 이념의 한 계기로 사유하지 않을 때 그것은 오직 현상과의 유비를 통해서만 규정 가능한 것이 되고, 또한 무한한 규정성의 이상을 이념의 한 계기로 여기지 않을 때 그것은 지성 개념의 사용과 관련해서만 그 '규정성의 이상'으로서의 특성을 가지게 된다. 요컨대 이념의 미규정성의 계기 외의 다른 두 계기들은 언제나 현상과 지성 개념에 관련해서만 규정될 수 있는 외적인 특성이 되어버린다. 들뢰즈는 자신의 독특한 해석방식을 통해 칸트 철학에서 이념에게 유일하게 부여되는 내적인 특성은 그것이 언제나 미규정적인 것으로 남아 있다는 사실뿐이고, 규정 가능성과 규정성은 외적인 관계에서만 발견된다는 이러한 사실을 극복하고자 한다.

그렇다면 어떻게 이념의 세 계기들은 코기토의 사유들이 될 수 있는가? 들뢰즈는 이념적 대상 안의 미규정성에는 규정되지 않은 실존인 '나는 존재한다'가, 경험 대상들과 관련하여 성립하는 규정 가능성에는 규정 가능하게 되는 형식인 '시간'이, 지성 개념들과 관련하여 성립하는 무한한 규정성의 이상에는 규정에 해당하는 '나는 생각한다'가 되풀이되는 것으로 본다.

먼저 '나는 생각한다'에 대해 칸트는 다음과 같이 말한다.

> '나는 생각한다'는 것은 나의 현존재를 규정하는 작용을 표현한다. 그러므로 이것을 통해 나의 현존재는 이미 주어지지만, 그러나 내가 나의 현존재를 규정하는 방식, 곧 내가 나의 현존재에 속하는 다양das Mannigfaltige을 내 안에서 어떻게 세울 것인가 하는 방식은 이것을 통해 아직 주어지지 않는다.(KrV, B158)

칸트는 데카르트처럼 '나는 생각한다'로부터 바로 '나는 존재한다'가 도출될 수 없다고 생각한다. '나는 생각한다'는 나의 현존재를 규정하는 것이지만 시·공간적 존재로서 나라는 현존재를 규정하는 방식은 그로부터 주어질 수 없다. 들뢰즈는 이념의 한 계기로서 '무한한 규정성의 이상'이 규정을 위해 지성 개념들을 최대치로 이끄는 것이므로 이러한 '나는 생각한다'에 대응하는 것으로 본다. 그리고 '나는 존재한다'라는 것은 나의 규정되지 않은 실존이므로 이념적 대상 안의 미규정성에 대응한다. 칸트는 '나는 생각한다'라는 규정이 규정되지 않은 실존을 규정할 수 있기 위해서는 미규정자가 규정될 수 있는 형식인 시간이 요구된다고 말한다.

> 그것이 주어지기 위해서는 하나의 선험적으로 주어지는 형식,
> 곧 감성적이고 규정되는 것의 수용성에 속하는 것인 시간을 기
> 초로 한 자기 직관이 필요하다.(KrV, B158)

나의 규정되지 않은 실존은 시·공간상의 존재를 의미하는 것이므로, '경험 대상들과 관련하여 성립하는 규정 가능성'은 바로 미규정자를 규정될 수 있게 하는 시간에 대응된다.

'생각하는 나'와 '존재하는 나'는 경험적으로는 차이 나지 않는다. 그래서 데카르트는 생각하기 위해서는 존재해야 하기 때문에 '생각하는 나' 안에 '존재하는 나'가 함축되어 있는 것으로 여겼던 것이다. 그러나 칸트는 초월적 감성 형식으로서 시간이 있지 않다면 규정 자체는 아무것도 말해주지 않는다고 말한다.

> 순전한 사고작용을 할 때에 나 자신에 대한 의식에서 나는 존
> 재자 자체이다. 그러나 물론 이로써 이 존재자에 의해 나에게
> 사고작용을 위해 주어지는 것은 아무것도 없다.(KrV, B429)

들뢰즈는 이로부터 '나는 생각한다'와 '나는 존재한다' 사이의 분열을 읽어낸다.

> 코기토가 어떤 균열된 '나'로 되돌려지는 한에서, 그러한 나는

나를 가로지르는 시간의 형식에 의해 처음부터 끝까지 쪼개져

있다.(DR, 220/373)

  들뢰즈는 이러한 '나'의 균열을 시간의 문제를 다루면서 중점적으로 다룬다. 칸트 철학에서 나타난 분열증을 살펴보기 이전에, 우리는 들뢰즈가 이념의 세 계기들을 어떠한 관계로 사유하고 있는지 살펴보아야 한다. 중요한 것은 들뢰즈가 이념의 세 계기들에 대해서, 그리고 코기토의 사유들에 대해서 그것들을 통일적으로 사유한다고 말할 때, 그가 동일성과 유사성의 관계를 바탕으로 사유하고 있지 않다는 것이다. 앞서 말한 것처럼 이념들은 곧 차이이며, 그것의 계기들은 차이 나는 관계만을 맺고 있다.

균열을 내면화하고 그러한 균열에 거주하는 개미들을 내면화

하는 것은 이념의 일이다. 이념 안에서는 어떠한 판별도 어떠한

착오도 없다.(DR, 220/373)

이념의 세 계기들 사이의 관계

  들뢰즈는 이념의 세 계기들, 미규정성, 규정 가능성, 규정성의 관계를 미분적 관계rapport défférentiel로 이해한다. 우리는 미분적 관계를 맺는 세 계기들 사이의 통일성이 얼마나 칸트가 시도하고 있는 통일성과 다른지 칸트 그 자신의 예를 통해 알 수 있다. 칸트는 '직선은 두 점 사이의 가장 짧은 선이다'라는 것이 분석판

단이 아니라 종합판단임을 강조했다. '직'이라는 개념은 양적인 길이에 대해서는 아무것도 포함하고 있지 않고 오직 '곧다'라는 질적인 성질만을 포함하고 있기 때문에, '가장 짧은'은 그 개념에 덧붙여진 것이다. 들뢰즈는 칸트에 대한 강의에서 이렇게 '가장 짧은'은 속성일 수 없다는 것을 강조한다.[17] '직선은 가장 짧은 길이이다'라고 말할 수 없는 것에서 알 수 있는 것처럼, 명제의 술어의 자리에 오는 속성일 수 없는 것이다.

'직선은 두 점 사이의 가장 짧은 선이다'라고 말하기 위해서는 직선이라는 개념만 있어서는 안 되고, 직선이 직관 중에 종합되어야 한다. 칸트가 그것을 종합적 명제라고 하는 것은 그것이 '직선'과 '가장 짧은'이라는 두 이질적인 개념들을 종합하는 일이 아니라, 개념적 규정과 시·공간적 규정 사이를 종합하는 일이기 때문이다. 이후 도식론을 다루면서 더 자세히 살펴보겠지만 이것이 바로 도식의 기능이다. 직선을 그리기 위해서는 한 점에서 다른 점으로의 가장 짧은 길이를 취해야 한다고 말하는 것은 직선을 경험 안에서 생산하는 규칙이지, 직선이라는 개념 안에 포함된 속성이 아니다. '가장 짧은'이라는 것은 하나의 선을 직선으로서 규정하기 위한 경험 안에서의 구성 규칙이다. 직선이라는 개념으로부터는 그 대상의 구성 규칙을 얻을 수 없으므로, 구성 규칙은 개념에 일치하는 대상을 우리의 경험 안에서 생산하는 규칙이지, 개념 안에 포함된 것이 아닌 것이다.

그런데 들뢰즈는 '직선은 두 점 사이의 가장 짧은 선이다'라고 말할 때, 그것이 직선의 개념과 곡선의 개념이라는 두 이질적인 개념 사

---

17 G. Deleuze, "Cours vincennes 04/04/1978", *Les cours de Gilles Deleuze*, www.webdeleuze.com.

이의 차이를 내포하고 있음을 지적한다. 그것은 원의 호와 현의 관계를 내포하고 있다. 원의 호를 계속해서 분할해 나아가면 결국 곡선은 하나의 현처럼 직선으로 표현된다. 그래서 들뢰즈는 '직선은 두 점 사이의 가장 짧은 선이다'라고 말할 때 곡선의 개념이 명명되지 않더라도 반드시 그 개념이 포함되어 있을 수밖에 없다고 강조한다. 이는 미분적인 관계를 이해하는 핵심이다. 등속으로 이동하는 어떤 물체의 시간에 따른 위치 변화를 그래프로 나타내었을 때 그것은 직선을 이룬다. 그러나 물체의 운동은 언제나 등속적이지 않고 변속적이다. 미분은 물체의 변속적인 운동의 그래프로서 곡선이 있을 때 그에 대한 접선을 구하는 것이다. 즉, 이는 현의 무한한 분할을 통해 원의 면적을 구하는 것($A=\Pi r^2$)과 같이 그 자체로 규정되지 않은 것의 어떤 값에 다가가는 방식이다.

라이프니츠는 이러한 곡선의 그래프에 접하는 접선의 기울기를 $\frac{dy}{dx}$로 표시한다. 이때 dx는 접선에서 x의 변화량을, dy는 접선에서 y의 변화량을 의미한다. 접선의 기울기 $\frac{dy}{dx}$는 실재적으로 규정 가능한 것이다. 그래서 이는 이념의 세 계기 가운데 규정 가능성, 즉 칸트가 이념적 대상의 미규정성이 경험적 대상들과 관련하여 유비를 통해 간접적으로 규정 가능해진다고 말한 것을 의미한다. 그리고 $\frac{dy}{dx}$의 값들은 현실적으로 규정되어 있는 것이기 때문에 규정성을 의미한다. 이러한 값들 안에서 그 자체로 규정되지 않은 채로 있는 dx와 dy는 이념적 대상의 미규정성을 의미한다.

이념의 세 계기	칸트의 이념	코기토 사유의 세 측면	미분적 관계
미규정성	자아	나는 존재한다	dx, dy
규정 가능성	우주	시간	$\dfrac{dy}{dx}$
규정성	신	나는 생각한다	$\dfrac{dy}{dx}$의 값

그러므로 우리는 칸트가 '직선은 두 섬 사이의 가상 짧은 선이나'라고 말할 때, 그 안에는 이러한 미분적인 관계들이 함축되어 있다고 말해야 한다. 현실적으로 규정되어 있는 $\dfrac{dy}{dx}$의 값들이 하나의 직선을 이루지만 그 안에 dx와 dy는 규정되지 않은 채로 언제나 내포되어 있는 것이다. 이제 우리는 들뢰즈의 다음과 같은 표현들을 이해할 수 있다.

> '가장 짧은'은 두 가지 방식으로 해석될 수 있다. 한편으로 조건화의 관점에서 그것은 개념에 따라서 공간을 규정하는 상상력의 도식이다.(직선은 그 자신과 모든 부분에서 포개질 수 있다고 정의된다.) 그리고 이 경우 차이는 외부적인 것으로 남고, '가장 짧은'은 개념과 직관 '사이에서' 수립되는 어떤 구성 규칙에 의해 구현된다. 다른 한편으로 '가장 짧은'은 발생의 관점에서 해석될 수 있는데, 이때 그것은 개념과 직관의 이원성을 극복하는 이념이다. 그것은 직선과 곡선의 차이 역시 내면화하며, 상호적 규정의 형식 아래에서, 그리고 적분에 대한 최소한의 조건들 안에서 내적인 차이를 나타낸다. '가장 짧은'은 더 이상 도식이 아니라 이념이다.(DR, 226/381~382)

이렇게 두 점 사이의 가장 짧은 선으로서 직선이라는 개념이 시·공간적 관계들을 통해 현실화되는 것의 심층에는 미분적 관계들이 있다. 이념의 세 계기들이 미분적인 관계를 맺고 있다는 것이 알려주는 것은 dx가 $\frac{dy}{dx}$의 값들이 이루는 직선, 즉 현실화된 차원에서는 소멸되는 것처럼 보이지만 언제나 심층에 미규정성 그 자체로서 자리하고 있다는 점이다.

> $\frac{dy}{dx}$ 혹은 $\frac{0}{0}$에서 소거되는 것은 미분량이 아니다. 소거되는 것
> 은 단지 함수 안의 개체들이며 개체들의 관계들일 뿐이다.(DR,
> 222~223/377)

차이로서의 이념은 이렇게 소멸되지 않고 언제나 심층에 남아 있는 dx이다.

> dx는 이념이다. 플라톤적이고, 라이프니츠적이며, 칸트적인
> 이념, 다시 말해서 '문제'이자 그 문제의 존재인 것이다.(DR,
> 222/375)

그러므로 우리는 문제로서 이념이 단지 칸트에서처럼 실천적인 실재성만을 가지는 것이 아니라 미규정적인 것으로서, 문제를 제기하는 것으로서 언제나 실재성을 가진다고 말해야 한다.

차이의 실재성

　　　　　이렇게 들뢰즈가 차이로서의 이념이 문제로서 실재한다고 말할 때, 이는 바로 잠재적으로 실재한다는 것을 의미한다. 그는 라이프니츠가 보여준 세계를 통해 차이로서의 이념의 세계, 즉 동질적인 세계가 아니라 미분적인 관계를 맺고 있는 세계의 실재성을 제시한다. 그는 라이프니츠 철학에 관한 자신의 책 『주름』에서 다음과 같이 말한다.

> 아담은 죄를 지었다. 그러나 그 반대, 죄 짓지 않은 아담은 (2 더
> 하기 2는 4가 아니라는 것처럼) 불가능하지도 그 자체로 모순적이
> 지도 않다.(Pli, 79/110)

　‘아담이 죄를 지었다’와 ‘아담이 죄를 짓지 않았다’는 그 자체로 모순을 담고 있지 않다. 그러나 아담이 죄를 지은 세계와 아담이 죄를 짓지 않은 세계는 공존할 수 없다. 그래서 들뢰즈는 이러한 ‘함께 가능하지 않은incompossible’ 세계 사이의 관계를 모순contradiction이 아니라 부차모순vice-diction이라고 부른다. 이러한 관계는 “어떤 형태의 모순으로도 환원 불가능한 독창적인 관계”이다.(Pli, 80/111)
　아담이 죄를 지은 세계와 아담이 죄를 짓지 않은 세계가 모순의 관계에 있다면 두 세계는 필연적으로 양자택일되어야만 한다. 하지만 라이프니츠에서 두 세계는 모두 가능 세계로서 존재하며 오직 함께 공존할 수 없을 뿐이다. 그는 가능 세계들 가운데 신이 가장 최선의 세계를 선택한다고 말하지만, 들뢰즈는 라이프니츠가 그렇게 말하

는 것은 그가 부차모순의 관계에 있는 가능 세계들이 "하나의 같은 세계에 속한다는 것"을 보지 못했기 때문이라고 말한다.(DR, 73/134) 어떻게 함께 가능하지 않은 세계들이 다시 한 세계에 속한다고 말할 수 있는가? 그것은 바로 가능 세계들이 잠재적으로 있기 때문이다.

라이프니츠의 가능 세계는 무한하다. 그는 『변신론』에서 시작은 있으나 끝은 보이지 않는 피라미드, 무한히 넓어지는 피라미드형의 가능 세계 전체를 묘사했다. 그리고 다음과 같이 말한다.

> 그곳에는 세계에 관해 요구할 수 있는 모든 것이 표상되어 있을 것입니다. 또 그러한 수단을 통해 이런저런 가능성이 현존해야 했다면, 어떤 일이 일어날지 알 수 있는 것입니다. 조건들이 충분히 결정되지 않을 경우에는 필요한 만큼 서로 다른 세계들, 하나의 문제에 가능한 모든 방식으로 다르게 답할 세계들이 존재할 것입니다.[18]

들뢰즈는 이러한 세계가 단지 현실화되어 버리고 나면 사라져 버리는 가능한 것들이 아니라, 그 자체로서 실재성을 지니는 잠재적인 세계라고 말하면서 그것이 곧 충만한 실재성을 소유한 차이의 세계이며 이념의 세계라고 말한다. 들뢰즈가 칸트적 이념에 대하여 그것이 그 자체로 문제를 제기하는 것으로서 실재한다고 말할 때, 이는 현실화되지 않으면 소멸해 버리는 가능적인 것으로서가 아니라 잠재적인 것으로서 충만한 실재성을 소유한다는 것을 의미한다.

18　고트프리트 빌헬름 라이프니츠, 『변신론』, 이근세 옮김, 아카넷, 2014, 566쪽.

이 모든 것에서 유일한 위험은 잠재적인 것과 가능적인 것을 혼동하는 데 있다. 왜냐하면 가능적인 것은 실재적인 것에 반대되는 것이기 때문이다. 따라서 가능적인 것의 절차는 '실재화'이다. 반면 잠재적인 것은 실재적인 것에 반대되지 않는다. 잠재적인 것은 그 자체로 어떤 충만한 실재성을 소유한다.(DR, 272~273/455)

들뢰즈에 따르면, 이러한 잠재적인 이념은 어떤 매개도 없이 현실화된다. 우리는 이러한 잠재적 이념의 현실화 문제를 '드라마화'라는 용어로 다루게 될 것이다.

칸트적 자아와 들뢰즈적 자아

칸트적 종합

이제 앞서 언급한 '나는 생각한다'와 '나는 존재한다' 사이의 분열을 칸트의 종합 개념과 함께 본격적으로 다루어 보자. 왜 종합을 다루어야 하는가? 그것이 곧 '나는 생각한다'와 '나는 존재한다' 사이의 종합을 의미하게 될 것이기 때문이다.

칸트가 『순수이성비판』A판에서 제시하는 세 겹의 종합은 표상의 종합이다. 그것은 시·공간 자체의 다양성을 종합하는 것이 아니라, 시간과 공간이라는 감성의 형식에 따라 주어진 표상의 다양을 종합하는 것이다.

우리의 표상들은 [……] 모두 마음의 변양으로서 내감에 속하는 것이며, 그런 것인 한에서 우리의 모든 인식들은, 결국 그 안에서 정리되고 연결되고 서로 관계를 맺게 되어 있는 내감의 형식적 조건, 곧 시간에 종속한다.(KrV, A99)

들뢰즈는 베르그손의 다음과 같은 예를 들어 이를 설명한다.

> 만약 내가 설탕물 한 컵을 마련하고자 한다면 아무리 해도 소용없고 설탕이 녹기를 기다려야 한다.[19]

내가 설탕 한 조각을 지각한다는 것은 공간을 지각한다는 것이다. 그리고 설탕이 녹는 것을 기다려야 한다는 것에서 알 수 있듯이 시간 역시 나의 지각의 일부를 이룬다. 그러므로 내가 사물을 지각할 때 나는 사물의 특정한 시간성과 공간성을 지각하는 것이다. 가령 내가 '이것은 책상이다'라고 말한다고 할 때 이는 '지금'이라는 시간과 '여기'라는 공간을 '책상'이라는 개념과 종합한 것이다. 즉, 종합이란 시·공간의 규정에 따라 개념을 특정화하는 것이다. 칸트는 우리에게 어떤 것이 표상으로서 주어질 수 있기 위해서는 이러한 종합이 전제되어 있어야 한다고 말한다.

> 어느 경우든 만약 한 개별 표상이 다른 표상과 완전히 이질적이고, 말하자면 격리되어 이것과 분리되어 있다면, 결코 어떤 것이 비교되고 연결된 표상들의 전체인 인식으로 생겨날 수는

---

19 앙리 베르그손, 『창조적 진화』, 황수영 옮김, 아카넷, 2005, 33쪽.

없을 터이다.(KrV, A97)

칸트적 종합은 세 겹으로 이루어져 있다. 직관에서의 포착App-rehension의 종합, 상상력에서의 재생Reproduktion의 종합, 그리고 개념에서의 재인식Rekognition의 종합이다. 이 세 겹의 종합은 우리에게 어떤 것이 표상으로 주어지는 논리적인 질서를 가리킨다.

먼저 직관에서의 포착의 종합은 부분들의 포착의 연속적 종합을 말한다. 우리가 어떤 한 사물을 지각한다고 할 때 그것은 언제나 부분들을 지각하는 것이기 때문에, 지각은 언제나 오른쪽이나 왼쪽, 위로부터나 아래로부터 이루어진다. 우리가 하나의 사물에 대해 그 전체를 단숨에 지각한다고 여긴다면 그것은 우리가 수축된 시간만큼 그것을 빠르게 포착했다는 것을 의미할 뿐이다. 직관에서의 포착의 종합은 바로 이러한 시·공간상에서의 우리의 포착의 연속을 가리킨다.

그런데 이렇게 어떤 대상을 연속적으로 포착할 때 이전의 부분들은 뒤따르는 부분들과 종합될 수 있도록 보존되어야 한다. 그렇지 않으면 새로운 부분을 포착했을 때 그 이전의 부분들을 잃어버리게 되기 때문이다. 칸트는 이렇게 말한다.

> 만약에 진사辰砂가 때로는 붉고 때로는 검고, 때로는 가볍고 때로는 무겁다면, 인간이 때로는 이런 동물의 형상으로 때로는 저런 동물의 형상으로 변한다면, 낮이 긴 날에 대지가 때로는 과실들로 때로는 빙설로 뒤덮인다면, 나의 경험적 상상력은 결코 붉은 색의 표상에서 무거운 진사를 생각해 낼 기회를 가질

수가 없을 것이다.(KrV, A100~101)

그렇기 때문에 직관에서의 포착의 종합은 상상력에서의 재생의 종합을 반드시 필요로 한다. "포착의 종합은 재생의 종합과 불가분 결합되어 있다."(KrV, A102) 우리는 뒤따르는 부분에 이를 때 이전의 부분들을 재생산해야만 하는 것이다.

칸트는 이러한 불가분하게 결합되어 있는 두 종합에 세 번째 종합의 측면, 시·공간의 형식을 넘어서는 재인식의 종합을 덧붙인다.

> 우리가 지금 생각하고 있는 것이 한순간 전에 우리가 생각했던 바로 그것과 동일하다는 의식이 없다면 일련의 표상들에서 재생은 허사일 것이다.(KrV, A103)

여기서 종합은 시·공간적 규정과 개념의 일치 문제가 된다. 시·공간적 다양은 그것이 통일된 의식에서 하나의 표상으로 통일되어야만 인식될 수 있는 것이다. 칸트는 다음과 같이 예를 든다.

> 만약 내가 수를 셀 때에 현재 내 머리에 떠오르는 단위들을 순차로 더해 가는 것을 잊어버린다면, 하나에다 하나를 이렇게 순차적으로 덧붙임에 의한 분량의 산출을 인식하지 못할 것이고, 따라서 또한 수 자체를 인식하지 못할 것이다. 수의 개념은 오직 이 종합의 통일 의식에서만 성립하기 때문이다.(KrV, A103)

칸트는 이러한 방식으로 종합의 세 번째 측면을 설명하면서 어떤

들뢰즈와 칸트

것=X라는 개념을 도입한다. 통일된 의식이 반드시 수반되어야 한다는 것을 보여주기 위해서는 '하나의 대상'을 가리켜야 할 필요성이 있기 때문이다. 칸트는 다음과 같이 말한다.

> 현상들 그 자체는 다름 아니라, 그 자체로서는 똑같은 방식의 (표상능력 바깥의) 대상들로 보아서는 안 되는 감각적 표상들이다. 그렇다면 사감들이 인식에 대응하는, 그러니까 인식과는 구별되는, 대상을 얘기할 때, 그것은 무엇을 의미하는가? 이 대상이 오로지 어떤 것=X라고 생각될 수밖에 없음은 쉽게 통찰된다. 왜냐하면 우리는 우리 인식 바깥에 이 인식에 대응하는 것으로 마주 세울 수 있는 어떤 것도 가지지 않으니 말이다.(KrV, A104)

우리의 통일된 의식의 상관자를 가리켜 보일 수 있기 위해서는 우리에게 알려지지 않은 어떤 것=X라는 말로써 표현할 수밖에 없는 것이다. 들뢰즈는 이 어떤 것=X가 사물 자체Ding an sich와는 다른 것이라고 보는데, 왜냐하면 사물 자체는 우리의 가능한 인식 바깥에 있는 것인 반면, 어떤 것=X는 우리 인식의 조건이기 때문이다.[20] 이는 칸트의 다음과 같은 말에서도 잘 드러난다.

> 그것은 인식 그 자체의 대상이 아니라, 현상들의 다양에 의해 규정될 수 있는 대상 일반이라는 개념 아래에서의 현상들의 표상일 뿐이다.(KrV, A251)

칸트는 이 어떤 것=X라는 개념을 우리의 의식을 하나의 의식으로 통일하는 초월적 통각의 상관자로서만 개념화하기 위해서 이렇게 말한다. 이를 통해 그가 강조하는 것은 이 통각의 상관자에게 감각적 자료들로부터 분리되어서는 생각될 수 있는 어떤 것도 남아 있지 않다는 점이다. 그래서 들뢰즈는 이 어떤 것=X라는 것을 '텅 빈 형식'이라고 부른다.

> 나는 '어떤 대상'의 개념을, 대상=X라는 개념의 텅 빈 형식인
> 어떤 대상의 형식을 가질 뿐입니다.[21]

20   칸트 철학에서 이 초월적 통각의 상관자로서 어떤 것=X, 초월적 대상이나 초월적 객관이라고 불리는 이것을 사물 자체와 어떻게 구분해야 하는지 많은 논의가 있었다. 대표적으로 켐프 스미스N. Kemp Smith는 이 초월적 대상이 사물 자체라는 개념을 불가능하게 만든다는 점에서 B판에서는 제거되었어야만 했다고 보는데, 페이튼H. J. Paton은 칸트 철학 내에서도 이 개념이 유지될 수 있다고 본다. 먼저 켐프 스미스는 다음과 같이 말한다. "이 이론을 영구적으로 유지시키는 것을 불가능하게 만드는 것은 그것이 한낱 주관적인 것과 사물 자체를 중재하는 어떤 객관적인 존재도 허용하지 않았기 때문이다."(N. K. Smith, *A commentary to Kant's 'Critique of Pure Reason'*, London: Palgrave Macmillan, 2003, p. 206) 초월적 대상은 우리의 표상을 필연적으로 만드는 대상이기 때문에, 그러한 대상을 전제하면 더 이상 우리에게 경험적 대상으로 주어지는 것과 사물 자체라는 구분은 유지될 수 없다. 하지만 페이튼은 초월적 대상이 '초험적/초재적 대상'을 의미하는 것이 아니므로, 현상적인 대상과 사물 자체의 구분을 유지하면서 초월적 대상이 모든 현상들의 필연적이고 종합적인 통일로서 내재적인 지위를 가질 수 있다고 본다. 그에 따르면 사물 자체는 우리에게 있는 그대로는 나타날 수 없지만, 지성과 감성의 본성에 의해 변형된 채로는 나타난다. 그러므로 사물 자체는 여전히 필연적이고 종합적인 통일의 '원천'을 의미할 수 있으며, 초월적 대상에 대해 알게 된다는 것이 우리가 사물 자체에 대해 알게 된다는 것을 의미하는 것이 아닐 수 있다. H. J. Paton, *Kant's metaphysic of experience*, Vol.1, London: George Allen&Unwin, 1936, pp. 420~425 참조. 이러한 의미에서 들뢰즈 또한 어떤 것=X는 우리의 인식의 조건이라고 말하고 사물 자체와 같지 않다고 말한다. 그러나 이후 보겠지만 들뢰즈의 칸트 해석이 현상과 사물 자체의 구분을 유지하는 방향으로 나아가는 것은 아니다.

21   G. Deleuze, "Cours vincennes 04/04/1978".

예컨대 우리가 '그것은 사자다'라고 말할 때 알려지지 않은 대상=X 는 사자라는 규정을 부여받는다. 우리가 그것을 사자라고 말할 수 있는 것은 대상=X가 시·공간적 규정과 관계를 맺음으로써 더 이상 어떤 것=X가 아닌 것이 될 때이다. 그때 사자는 더 이상 알 수 없는 것이 아니라 사자가 된다. 그러나 역으로 말하면 이는 우리가 대상 =X라는 텅 빈 형식으로부터 규정하지 않는다면 그것이 결코 사자라 고 말해질 수 없다는 것을 의미한다. 칸트는 이러한 어떤 대상이라는 개념, 대상=X라는 개념을 통해 우리 의식의 통일이라는 초월적인 조 건을 도출한다. 우리에게 주어진 어떤 대상을 '하나의 대상'으로 생각 할 수 있기 위해서는 의식의 형식적 통일성이 반드시 전제되어 있어 야 한다는 것이다. 그러나 이러한 문제는 다시 나 자신의 통일적 의 식과 나라는 대상적 자아를 분열시키는 문제를 마주하게 된다.

나 는 생 각 한 다

칸트 철학에서 초월적 통각이란 "'나는 생각한 다'는 것은 나의 모든 표상들에 수반할 수밖에 없다"라는 표현에서 잘 드러난다.(KrV, B131) 모든 표상들을 '나'의 표상으로 만드는 하나 의 자기의식이 바로 통각이다. "(순수 통각인) 항존 불변의 '나'는 우리 의 모든 표상들—그것들이 의식될 수 있는 한에서—의 상관자"이 다.(KrV, A123) 통각은 자발성의 작용이므로 감성에 속할 수 있는 것 이 아니다. 그리고 상상력에 속하는 것도 아닌데, 만약 상상력이 지성 으로부터 독립된 능력으로서 자발적으로 종합을 할 수 있다면 종합에서 지성의 역할은 필요치 않을 것이기 때문이다. 칸트는 다음과 같이 말한다.

> 종합이란 것은 [……] 우리가 드물게 어쩌다 한 번 의식할 뿐인, 상상력의 순전한 작용결과이다. 그러나 이 기능이 없다면, 우리는 도무지 아무런 인식도 가지지 못할 터이다. 그런데 이 종합을 개념들에게로 가져가는 것, 그것은 지성에 속하는 기능이고, 이에 의해 우리는 비로소 본래적 의미에서 인식을 얻는다.(KrV, A78/B103)

그러므로 초월적 통각이란 오직 지성에 속하며, 상상력의 초월적 종합은 "통각의 근원적 종합적 통일, 즉 범주들에서 생각되는 이 초월적 통일과 관련돼 있는 한에서" 그렇게 불릴 수 있다.(KrV, B151)[22]

어떤 것=X는 이러한 모든 표상들에 수반되는 '나는 생각한다'의 상관물이다. 그래서 들뢰즈는 칸트의 코기토의 공식을 다음과 같이 제시한다.

> 나는 나를 생각한다. 그리고 생각하는 나 안에서 어떤 대상[대상=X]을 생각한다. 그것은 내가 표상된 다양성을 그것과 관계 맺게 한 그러한 대상이다.(PCK, 25/41)

이 대상=X는 하나의 구체적인 인식된 대상을 말하는 것이 아니라 대상 일반으로서 우리 인식의 조건을 이루는 표상을 가리켜 보이는 것이다. 마찬가지로 이 대상=X의 상관자로서 초월적 통각은 의식의 통일이라는 근원적인 초월적 조건이다. 그것은 구체적인 우리의 내적 지각으로서의 경험적 통각과는 구별되어야 하는 것이다.

> 내적 지각에서 우리의 상태의 규정들에 따른 자기에 대한 의식은 한낱 경험적이고, 항상 전변적이다. 내적 현상들의 이 흐름 속에서는 지속적이고 항존적인 자기는 있을 수 없고, 그것은 보통 내감, 또는 경험적 통각이라 불린다.(KrV, A107)

내감은 언제나 변화하고, 그러한 변화 속에 있는 내적 지각은 수적인 동일성으로 표상될 수 없다. 이렇게 칸트가 세 겹의 종합으로부터 초월적 통각을 도출해 낼 때, 자기 자신에 대한 의식의 분열의 문제는 필연적으로 제기될 수밖에 없는 것이 된다.

22 하이데거는 『순수이성비판』 A판과 B판에서 상상력의 지위의 변화를 다음과 같이 지적한다. "'초판'에서는 모든 종합이, 즉 종합 그 자체가 감성이나 혹은 지성으로 환원될 수 없는 능력인 상상력으로부터 발원했다. 그러나 이제 '재판'에서는 오로지 지성만이 모든 종합에 대한 근원의 역할을 떠맡는다."(마르틴 하이데거, 『칸트와 형이상학의 문제』, 이선일 옮김, 한길사, 2001, 239쪽) 칸트는 『순수이성비판』 A판에서 "다양을 종합하는 능동적인 힘이 있고, 이 힘을 우리는 상상력"이라고 부른다고 명시적으로 말한 바 있다.(KrV, A120) 또한 A판에서는 지각과 상상력, 그리고 통각이 인식의 세 원천으로서 동등하게 제시되고, 종합은 상상력의 능력으로, 종합의 통일은 통각의 능력으로 구분된다. 그러나 B판에서는 "상상력의 종합이 자발성의 실행인 한 [……] 그것은 바로 지성의 감성에 대한 작용"이라고 이야기 된다.(KrV, B152) 감성을 규정하는 것이 지성이므로 지성은 "상상력의 초월적 종합의 이름으로" 능동적 활동을 수동적 주관에 행사하는 것이다.(KrV, B153) 즉, B판에서 상상력의 지위는 독립적이지 않고 감성과 지성 양자에 의존한다. "감성적 직관의 다양을 연결하는 것은 상상력이고, 이 상상력은 지성적 종합의 통일 작용에서는 지성에 의존하며, 포착의 다양의 면에서는 감성에 의존한다."(KrV, B164) 이렇게 상상력이 독립적인 능력으로서 근본적인 지위를 차지할 수 없게 된 것은, 그렇게 된다면 하이데거가 말하듯이 "순수이성이 초월적 상상력으로 뒤바뀌어" 버리기 때문이다.(마르틴 하이데거, 『칸트와 형이상학의 문제』, 244쪽)

칸트는 『형이상학의 진보』에서 이 이중의 자아 문제를 다음과 같이 쓰고 있다.

> 내가 나 자신을 의식한다는 것은 이미 이중의 자아를, 즉 주관으로서의 자아와 객관으로서의 자아를 포함하는 사유이다. 어떻게 생각하는 내가 나 자신에게 (직관의) 대상일 수 있으며 그렇게 해서 나를 나 자신으로부터 구별할 수 있게 되는가는—이것은 의심할 수 없는 사실임에도 불구하고—전혀 설명할 수 없지만, 그렇다고 해도 이것은 모든 감관들의 직관을 훨씬 넘어서 있는 고차의 능력을 알려주는데, 이 능력은 지성의 가능성의 근거로서 자기 자신에 대해 나라고 말할 수 있는 능력을 부여할 이유가 없는 모든 동물들과의 완전한 분리를 그 결과로서 가지며, 스스로 만든 무한히 많은 표상들과 개념들을 조망한다. 그러나 이에 의해 이중의 인격성이 의미되는 것은 아니며, 단지 사유하고 직관하는 자아는 인격이지만, 나에 의해 직관되는 객관인 자아는 내 바깥의 다른 대상들과 마찬가지로 사물Sache이다.[23]

칸트는 여기서 통각의 주체와 지각의 주체로서 자아를 구분하면서도 그것이 이중의 인격성을 의미하지 않는다고 강조한다. 왜냐하면 통각의 주체와 지각의 주체로서의 자아는 경험적인 차원에서 분열되어 있는 것이 아니라, 초월적인 차원에서만 구분되는 것이기 때문이다.

---

23 임마누엘 칸트, 「형이상학의 진보」, 『형이상학의 진보/발견』, 최소인 옮김, 이제이북스, 2009, 26쪽.

칸트는 이 통각의 주체로서의 자아는 "그것이 도대체 어떤 존재자인지 그리고 어떤 자연 성질을 가지고 있는지에 대해 더 이상 아무것도 결코 인식될 수 없"으며, 우리가 인식할 수 있는 자아는 오직 대상으로서의 자아, 경험적 자아뿐이라고 말한다.[24] 초월적 통각의 상관물로서 어떤 것=X라는 텅 빈 형식이 중요한 것은 바로 이러한 의미에서이다. 통각의 주체로서 자아는 대상=X처럼 우리에게 결코 인식될 수 있는 것으로 알려지기 않으며, 규칙만을 담고 있는 개념이다.

칸트는 『순수이성비판』 B판에서 혼란을 피하기 위해 이와 관련된 용어를 대부분 삭제하고 있음에도 불구하고 들뢰즈는 이 어떤 것=X를 '위대한 공식'이라고 부른다.[25] 그가 어떤 것=X라는 개념을 중요하게 여기는 것은 그것이 초월적 통각의 주체로서 자아가, 경험적 자아라는 언제나 변화하고 동일성을 유지하고 있지 않은 그러한 자아를 담고 있는 하나의 텅 빈 형식에 불과하다는 것을 알려주기 때문이다. 그것은 이후 보게 될 시간의 텅 빈 형식이 차이 나는 것들의 끊임없는 도래를 표현하고 있다는 점과 동일한 함축을 지닌다. 칸트에게 초월적 통각의 상관자로서 어떤 것=X라는 텅 빈 형식은 동일성의 형식이다. 직관의 대상과 상상력의 대상, 그리고 재인식의 대상을 모두 하나의 동일한 대상으로 만드는 형식이기 때문이다. 그러나 이제 보게 될 것처럼 초월적 통각과 어떤 것=X를 모두 경험적 자아의 텅 빈 형식으로 사유할 때, 그 텅 빈 형식은 언제나 변화하고 수적인 동일성으로 환원되지 않는 경험적 자아들을 계속해서 돌아오게 하는 영원회귀와 같은 형식이 될 수 있다.

24 임마누엘 칸트, 「형이상학의 진보」, 26쪽.
25 G. Deleuze, "Cours vincennes 04/04/1978".

내감의 역설

우리는 앞서 이념의 세 계기에 대해 이야기하
면서 시간의 형식을 통해서만 '나는 존재한다'는 것이 '나는 생각한
다'에 의해서 규정될 수 있다는 것을 보았다. '나는 생각한다'는 '나는
존재한다'를 규정하는데, 이 존재하는 나, 즉 경험적 자아가 우리의
내적 직관의 형식으로서 시간을 조건으로 하는 한에서만 규정할 수
있게 된다. 이것은 통각의 규정이 직관 자체를 자기 안에 받아들이는
것이 아니라 직관의 다양을 통각 아래에 규정하는 방식으로 그렇게
한다는 것을 의미한다. 그러므로 통각의 객관적 통일과 내감의 주관
적 통일은 명백히 구분된다.

> 통각의 초월적 통일은 직관에 주어진 모든 다양을 객관이라
> 는 개념에서 합일되게 하는 것이다. 그 때문에 이 통일은 객관
> 적 통일이라 일컬어져, 의식의 주관적 통일과 구별되어야 한
> 다.(KrV, B139)

즉, 칸트는 통각과 내감을 동일시하는 방식으로 통합시키지 않으
며, 양자 사이의 관계는 여전히 밝혀져야 할 것으로 남아 있다.[26] 칸
트의 내감의 역설은 내감을 통각과 동일한 것으로 볼 수 없다는 것
을 알려준다.

> 우리는 우리를 오직 우리가 내적으로 촉발Affektion하는 대로만
> 직관하기 때문에, 내감은 우리 자신조차도 우리 자신 자체가

들뢰즈와 칸트

아니라 우리가 우리에게 현상하는 대로만 의식에 떠올리며, 이 것은 우리 자신이 우리 자신에 대해서 수동적인 태도를 취할 수밖에 없다는 것이어서, 모순적인 일로 보인다는 것이다.(KrV, B153)

앞서 이야기한 것처럼 통각은 자발성의 작용이며, 내감은 오직 촉발되는 대로만 직관히는 수동적인 것이기 때문에 통가과 내감은 동일시될 수 없는 것이다.

칸트는 우리 자신이 우리 자신에게 수동적인 태도를 취할 수밖에 없다는 내감의 역설의 문제를 주관의 자기 촉발이라는 방식으로 해결될 수 있다고 본다. 그에 따르면 자발적인 통각과 수동적인 내감의 관계는 '촉발되는' 내감을 '촉발하는' 것이 통각이라는 방식으로 이야기될 수 있는 것이다. 칸트에 따르면 통각은 상상력의 초월적 종합을 통해 내감을 촉발한다.

---

26 이를 잘 표현해 주고 있는 것은 김정주의 다음과 같은 문장이다. "나의 현존을 규정하기 위해선 나는 내가 사고한다는 사실을 의식해야 할 뿐만 아니라 내가 무엇을 사고하는지도 의식해야 한다. 이것은 순수한 자기 의식 외에 내감도 필요하다는 것을 의미한다. 내가 나의 현존을 규정하는 것은 내가 나의 현존에 속한 다양을 내 자신 속에서 정립하는 것이다. 이 다양은 사고 자체에서 주어진 것이 아니라 내감이나 자기 직관에서 주어진다."(김정주, 『칸트의 인식론』, 철학과 현실사, 2001, 409쪽) 칸트에서는 내감 역시 다른 현상들과 마찬가지로 시간 속에서 현상하는 대로 규정할 수 있을 뿐이다. 그렇기 때문에 통각과 내감은 회복될 수 없는 차이의 관계에 있다. 들뢰즈는 칸트에 대한 자신의 강의에서 『유작』에 이르러 이러한 분열의 문제가 더 중요하게 드러난다고 말한다.(G. Deleuze, "Cours vincennes: Synthèse et temps 14/03/1978") 이는 순수한 직관의 대상으로서의 자아가 가진 차이성이 보다 더 잘 드러나고 있기 때문이다.

지성은 상상력의 초월적 종합의 이름으로 이 능동적 활동을 수동적인 주관—지성이 바로 이 주관의 능력인데—에 대해 행사하는 것이다.(KrV, B153)

이는 그가 하나의 대상에 대하여 상상력이 범주들에 따라 직관을 종합하는 것과 동일한 방식으로 대상적 자아의 규정을 설명하고자 한다는 것을 의미한다. 칸트는 이를 다음과 같은 예로 설명한다.

우리는 하나의 선을 사유 속에서 그어 보지 않고서는 사고할 수 없고, 하나의 원을 사유 속에서 그려 보지 않고서는 사고할 수 없으며, 동일한 점에서 서로 수직인 세 선을 세워 보지 않고서는 3차원 공간을 전혀 표상할 수가 없다.(KrV, B154)

하나의 선을 사유 속에서 그어 본다는 것은 내감을 연이어 규정한다는 것을 의미한다. 내감은 시간 관계에서의 자기의 내적 상태를 직관하는 형식으로서 그 자체로는 어떤 다양의 결합도 가지지 않는다. 상상력의 초월적 종합을 통해서만 선의 부분들은 연이은 것으로 결합될 수 있는 것이다. 그래서 칸트는 "지성은 내감 안에서 저러한 다양의 결합을 이미 발견하는 것이 아니라, 내감을 촉발함으로써 저러한 다양의 결합을 산출한다"라고 말한다.(KrV, 155) 지성은 상상력의 초월적 종합을 통해서 내감을 하나의 수적인 동일성을 가지는 것으로 초월적 통각 아래에 규정할 수 있는 것이다.

이렇게 칸트는 우리가 시간 중의 현존으로서 우리 자신에 대해서 지성이 내적으로 촉발하는 한에서 인식할 수 있다고 말함으로써, 즉 지성이 '상상력의 초월적 종합의 이름으로' 내감을 촉발해야지만 '나는 존재한다'라는 것을 의식할 수 있다고 말함으로써, 촉발이라는 내적인 관계를 통해 내감의 역설을 해결하고자 한다. 그러나 들뢰즈는 바로 이러한 내감의 역설로부터 '촉발하는' 자아가 아니라 '촉발되는' 자아의 입장에서 그 자아는 능동성을 자기 안의 어떤 타자로서 체험할 수밖에 없다고 말한다.

> '나는 생각한다'의 자아Moi는 그의 본질 안에 직관의 수용성을 내포하고 있으며, 그와의 관계에서 이미 나Je는 타자이다.(DR, 82/149)

이러한 관점에서 들뢰즈는 칸트 철학에 나타난 권리적 차원에서의 분열증을 읽어내고, 두 자아의 관계를 개념적으로 화해시키는 것이 아니라 양자를 회복될 수 없는 차이로 나아가게 만든다.

분열된 자아를 위한 코기토

들뢰즈는 칸트의 규정하는 자아와 규정된 자아에 대하여 '분열된 자아를 위한 코기토'라고 부르면서, 이것이 "모든 개념적 매개와 화해들에 반하여 차이 위에 존재를 직접적으로 개방하고 있다"라고 말한다.(DR, 82/149) 앞서 언급한 바 있듯이 자아들이 분열되지 않고 즉각적으로 일치되는 것은 데카르트에서 일어나는 일이다. 데카르트는 두 번째 성찰에서 다른 개념들에 대한 앎을 전제하는 개념들을 비판하면서 이렇게 말했다.

> 나는 전에 나를 무엇이라고 믿고 있었는가? 물론 인간이라고
> 생각했다. 그렇다면 인간이란 또 무엇인가? 이성적인 동물이라
> 고 말하면 되는가? 아니다. 이런 식으로 대답하면 다시 동물이
> 란 무엇이고, 이성적이란 무엇인가라고 묻지 않으면 안 될 것
> 이고, 따라서 한 문제에서 더 곤란하고 더 많은 문제에 직면하
> 게 될 것이기 때문이다.[27]

데카르트는 이런 방식으로 객관적인 전제들을 거부하고, '생각한
다'라는 나와 분리될 수 없는 최초의 개념으로부터 '생각하는 것res
cogitans'으로서 존재하는 '나'가 객관성을 얻는 방식을 제시한다. 그
러나 들뢰즈는 데카르트 역시 모두가 '생각하다', '존재하다', 그리고
'나'라는 것이 의미하는 바를 알고 있다는 방식으로 주관적이고 암묵
적인 전제들을 다시 끌어들이고 있다고 본다.

> 모든 전제들을 경험적 자아 안으로 되돌려 보냈기 때문에, '나
> 는 생각한다'의 순수 자아가 출발점으로 보일 뿐이다.(DR,
> 169/290)

인간, 이성, 동물과 같이 미리 전제되어 있는 개념들과 달리, 사유,
존재, 자아라는 것에 대해 우리 모두가 개념들에 의존하지 않고 알고

27　르네 데카르트, 『성찰』, 이현복 옮김, 문예출판사, 1997, 45쪽.

　　　　　　　　　　　　　　　　　　　　　들뢰즈와 칸트

있다면, 그것은 감성적이고 경험적인 인식임을 가정하고 있는 것이다. 그러므로 데카르트에서 생각하는 나와 존재하는 나 사이의 동일성은 단지 경험적인 동일성이며, 이는 칸트가 행하는 사실의 문제quid facti와 권리의 문제quid juris의 구분에 따라 생각해 볼 때 단지 그러한 동일성이 있다는 사실만을 지시하는 경험적인 것이다. 들뢰즈가 칸트 철학에서의 통각과 내감의 분열을 강조하면서 그것을 '권리적 차원에서의 분열'이라고 부르는 것은 그것이 경험을 조건 짓는 초월적인 차원에서 일어나는 일이기 때문이다.

칸트는 데카르트의 '나는 생각한다. 그러므로 나는 존재한다'는 명제에 대하여, 생각하는 모든 것에 대해 그것이 실존한다고 말할 수는 없다고 비판한다. 만일 그렇다면 신이나 천사와 같은 존재들도 실존한다고 말해져야 할 것이다. 그래서 그는 이 명제가 경험적 명제라고 말하면서 다음과 같이 덧붙인다.

> 내가 '나는 생각한다'라는 명제를 경험적인 명제라고 일컬었을 때, 내가 이 명제에서 '나'를 경험적 표상이라고 말하려는 것은 아니라는 사실이다. 오히려 이 표상은 사고 일반에 속하기 때문에 순수하게 지성적인 것이다. 다만 사고작용에 재료를 제공하는 어떤 경험적인 표상이 없이는 '나는 생각한다'라는 작용도 일어나지 않을 것이다. 경험적인 것은 단지 순수 지성적인 능력의 적용 내지 사용의 조건일 따름이다.(KrV, B423)

'나는 생각한다'라는 규정은 규정되는 자아 없이는 어떤 것도 규정할 수 없다. 그러나 "이 명제는 범주에 의거해 시간과 관련해서 지각의 객체를 규정해야 할 경험에 선행한다."(KrV, B423) 이것이 시간을 통해 규정하는 자아와 규정된 자아가 맺는 관계이다.

데카르트는 시간에 대하여 그것이 신이라는 원인에 의존할 수밖에 없다고 말함으로써 코기토로부터 시간을 배제시킨다. 그에게 코기토의 시간은 순간들이며 언제나 신에 의존한다.

> 내 삶의 시간 전체는 무수히 많은 부분으로 나누어질 수 있고,
> 이 부분 각각은 서로 의존하지 않으며, 그래서 내가 방금 전에
> 현존했다고 해서 지금 내가 현존해야 한다고는 말할 수 없고,
> 이를 위해서는 어떤 원인이 지금 이 순간이 나를 새롭게 창조
> 해야, 즉 나를 보존해야 하기 때문이다.[28]

지금 존재하고 있는 나를 조금 뒤에도 존재할 수 있게 하는 힘이 내 안에 존재한다면 그것을 나 자신이 의식하지 못할 수는 없다. 그러므로 이러한 힘은 신에게만 귀속될 수 있는 것이다. 하지만 칸트에서 시간은 더 이상 우리 밖에 원인을 가지는 것이 아니라 우리의 내부성의 형식이 된다. 그리고 이 내부성의 형식으로서 시간이 자아들 사이의 분열을 만든다. 그러나 앞서 이야기한 것처럼 칸트는 통각의 나와 내감의 나를 구분하고 그것을 다시 촉발이라는 관계로 설명함으로써 통일시킨다.

> 새로운 동일성의 형식, 능동적인 종합적 동일성에 의해 균열은

28　르네 데카르트, 『성찰』, 74-75쪽.

곧바로 메워진다.(DR, 117/205)

들뢰즈가 보기에 통각의 나와 내감의 나는 동일한 나가 될 수 없다. 앞서 언급한 바 있듯이 규정되는 자아는 규정하는 자아를 타자로서만 체험할 수 있을 뿐이다. 더 나아가 들뢰즈는 이를 상상력의 초월적 종합을 통해서 시간상의 사물처럼 변화하는 내감이 통각 아래에서 하나의 동일한 자아가 되는 것이 아니라, 통각의 종합적 통일 활동 아래에 우리를 끊임없이 분열시키는 근본적인 시간의 수동적 종합이 있음을 보임으로써 드러낸다. 들뢰즈가 보기에 "수동적 자아는 단순히 수용성에 의해, 다시 말해서 감각들을 받아들이는 능력에 의해 정의되는 것이 아니다."(DR, 107/187) 그는 지성의 능동적인 종합적 통일 활동 아래에, 감성 안에서 독자적으로 일어나는 수동적 종합을 근본적인 층위로 제시한다. 감성이 지성의 개입 없이 독자적으로 종합을 행할 수 있다면 양자 사이는 화해로 나아갈 수 있는 것이 아니라 오직 분열되어 있을 수밖에 없는 것이다.

흥미로운 것은 들뢰즈가 칸트의 자아의 동일성으로 나아가는 결론에 대해 반대하면서도 시간의 수동적 종합을 이야기할 때 칸트의 감성 형식으로서의 시간 개념을 높이 평가한다는 점이다. 들뢰즈는 칸트의 어떤 것=X와 초월적 통각에 대해 그렇게 했던 것처럼 그의 감성 형식으로서의 시간으로부터도 '텅 빈 형식'을 읽어낸다. 이 칸트에서의 시간의 텅 빈 형식에 관한 문제는 『실천이성비판』을 다루는 장에서 자세히 살펴보게 될 것이다.

6장

시간의 세 가지 종합

시간의 수동적 종합 / 시간의 첫 번째 종합 / 시간의 두 번째 종합

시간의 세 번째 종합

시간의 수동적 종합

칸트적 종합이 '상상력의 초월적 종합'이라고 불림에도 불구하고 늘 통각과의 관계 속에서만 그렇게 불릴 수 있는 것이라면, 들뢰즈는 결국 지성의 능동적 종합으로 귀결되는 종합이 아니라 그러한 지성이나 기억의 능동적 종합 아래에 근본적인 수동적 종합이 있다는 것을 보인다. 그렇게 함으로써 이 들뢰즈의 시간의 종합은 칸트가 내감의 역설을 통해 보여준 분열적 자아를 화해 불가능한 것으로 만든다. 어떻게 그럴 수 있는가?

시간의 능동적 종합은 지성이나 기억이 자발적으로 행하는 종합이다. 앞서 본 것처럼 데카르트적 코기토의 시간은 순간들이었다면, 칸트적 코기토는 우리 내부성의 형식인 시간에 주어진 다양을 종합해

내는 것이다. 상상력의 종합이지만 여기에는 늘 통각의 통일이 전제되어 있다. 헤겔 역시 마찬가지로 이야기한 바 있는데, 그는 『정신현상학』에서 다음과 같이 말한다.

> 우리가 사념하는 그때마다의 '지금'과 '여기'는 사라져도 여전히 '지금'과 '여기'가 지탱되어 있는 까닭은 자아가 그것을 놓치지 않고 있기 때문이다.[29]

헤겔의 지금-여기 역시 우리의 의식이 자발적으로 과거와 미래의 차원을 현재의 차원으로 종합한다는 것을 의미한다.

기억의 능동적 종합은 프루스트의 소설에서 찾을 수 있다.

> 나는 지금 기억 속에서 다른 '스냅 사진', 특히 베니스에서 찍었던 몇 가지 스냅 사진을 꺼내보려 하고 있지만, 베니스라는 낱말이 머리에 떠오르기만 하여도 내 기억은 사진 전람회처럼 권태로운 것이 되고 말아, 이미 아무런 흥미도 아무런 재능도 느낄 수 없었다.[30]

언제든지 언제 무엇을 했는지 떠올릴 수 있다면 그것은 기억이 지성처럼 능동적으로 시간을 종합하기 때문이다.

---

29 게오르그 빌헬름 프리드리히 헤겔, 『정신현상학』, 1, 임석진 옮김, 한길사, 2005, 138쪽.

30 M. Proust, *À la recherche du temps perdu*, Ⅳ, Paris: Gallimard, Pléiade, 1954, p. 865.

들뢰즈와 칸트

들뢰즈는 이러한 시간의 능동적 종합 아래 보다 근본적인 층위에 시간의 수동적 종합이 있다는 것을 베르그손의 시계의 예를 통해 보여준다. 베르그손은 『의식에 직접 주어진 것들에 관한 시론』에서 다음과 같이 말한다.

> 가령 내가 일분이 경과되고 있다고 말함으로써 의미하는 바는 시계추기 土를 알리며 60번의 진동을 실행했디는 것이디. 민일 내가 그 60번의 진동을 한꺼번에, 그리고 정신의 단일한 포착에 의해 나타낸다면, 나는 가설에 의해 계기의 관념을 배제한 것이다. 즉, 나는 잇따르는 60번의 박동이 아니라, 이를테면 각각이 시계추의 진동을 상징하는 고정된 선 위의 60개의 점을 생각한 것이다. [……] 만일 내가 현재의 진동의 이미지와 결합하는 그에 앞선 진동의 기억을 보존한다면, 둘 중 하나의 사태가 일어날 것이다. 하나는 두 이미지들을 병치하는 것인데, 이때 우리는 우리의 첫 번째 가설에 빠진다. 다른 하나는 선율의 음들처럼 하나가 다른 하나에 침투하여 섞이고 서로서로 조직된다는 것을 알아차리는 것이다. 이는 우리가 구별되지 않는 다수성, 또는 질적인 다수성이라고 부르는 수와는 어떤 유사성도 가지지 않는 그러한 것을 형성하기 위한 것이다.[31]

60번의 진동을 일분으로 계산할 수 있는 것은 계기의 관념을 배제

31   H. Bergson, *Essai sur les données immédiates de la conscience*, Paris: P.U.F., 1889, p. 50; 『의식에 직접 주어진 것들에 관한 시론』, 최화 옮김, 아카넷, 2001, 135-136쪽.

할 때뿐이다. 시간이 계기적으로 될 수 있는 것은 각각의 논리적으로 독립적인 관계에 있는 진동들을 내적이고 질적인 인상 안으로 수축contraction하는 종합에 의해서이다. 그럴 때에만 하나의 박자처럼 질적인 것이 될 수 있다. 그래서 베르그손은 시계추의 단조로운 진동이 우리에게 졸음을 일으킬 수 있는 것은 60개의 점들로 환원될 수 있는 양적인 크기가 아니라 질적인 크기 때문이라고 말하기도 한다.

시간의 첫 번째 종합

들뢰즈는 시간의 종합과 관련하여 세 가지 층위를 이야기한다. 가장 근본적인 층위는 '즉자의 층위'이다. 이는 차이들이 차이 나는 것으로서 있는 층위를 가리킨다. 하지만 시간의 종합은 우리 안에서 일어나는 것이기 때문에 그러한 층위는 시간의 종합으로서 사유될 수 없다. 즉, 시간의 종합의 층위는 어디까지나 '대자의 층위'이며 즉자적인 시간의 종합이라는 것은 있을 수 없는 것이다. 이 대자의 층위가 시간의 세 가지 종합으로 이야기되는 수동적 종합의 층위이다.

들뢰즈의 시간의 세 가지 종합은 현재의 종합, 과거의 종합, 미래의 종합으로 이루어져 있다. 즉, 들뢰즈에서 시간의 종합은 현재의 한 차원으로, 또는 과거나 미래의 한 차원으로 종합하는 것이 아니라, 제각각 하나의 종합을 이루는 것이다. 요컨대 시간의 첫 번째 종합인 '살아 있는 현재'의 종합은 과거와 미래를 현재로 수축하고, 시간의 두 번째 종합인 '순수 과거'의 종합은 현재의 근거fondement가

되고 미래를 향할 수 있도록 하며, 시간의 세 번째 종합인 '근거와 해effondement'의 종합은 과거를 현재로 돌아오게 만드는 원환을 이루게 한다. 이러한 세 가지 수동적 종합의 층위에 기초를 둔 것이 '반성적 재현représentation의 층위'이며, 이 층위가 앞서 말한 지성과 기억의 능동적 종합의 층위이다.[32]

살아 있는 현재로서 시간의 첫 번째 종합은 앞서 베르그손의 시계의 예에서 보였던 ~~수축의 종합~~이다. 시계의 각각의 진동들을 ~~수축하~~는 종합은 선행하는 진동들의 수축으로서 과거와, 그 역시 수축 안에서 성립하는 기대로서 미래를 현재의 차원에 귀속시키는 것이다. 들뢰즈는 베르그손뿐만 아니라 흄에게서도 이러한 수축을 발견한다. 흄은 『인간 본성에 관한 논고』에서 다음과 같이 말한다.

> 우리는 '미래는 과거와 닮았다'라는 가정이 어떤 논거에서도 발견되지 않는다는 것을 발견할 것이다. 그것은 전적으로 습관으로부터 끌어내어진 것이다. 습관에 의해서 우리는 동일한 일련의 대상들을 미래에도 기대하도록 규정된다.[33]

우리는 AB, AB, AB, A…라는 형태가 반복되고 있을 때, A가 나타나면 B가 나타날 것을 기대한다. 흄에 따르면 이것이 바로 습관에 의한 것이고, 이러한 습관적 기대는 기억에 의한 것도, 지성에 의한 것

---

32 'représentation'을 표상이 아니라 're-présentation'이라는 의미를 살려 재현으로 번역할 때에는 원어를 병기한다.

33 D. Hume, *A treatise of human nature*, ed. D.F. Norton&M.J. Norton, Oxford: Oxford University Press, 2000, p. 92; 『오성에 관하여: 인간 본성에 관한 논고 1』, 이준호 옮김, 서광사, 1994, 151쪽.

도 아니다. AB가 반복되고 있을 때 다음에 올 것을 기대하는 것은 시계추의 진동 각각을 독립적으로 떼어놓고 계산하듯이 추상적으로 반성하는 것이 아니기 때문이다. '습관을 들이다contracter une habitude' 라는 프랑스어 표현에서 알 수 있는 것처럼 그것은 시간을 수축하는 수동적 종합에 의한 것이다.

> 이 살아 있는 현재는, 그리고 그와 더불어 모든 유기적이고 심 리적인 삶은 습관에 의존한다.(DR, 107/186)

시간의 두 번째 종합

시간의 두 번째 종합인 순수 과거의 종합은 이러한 현재의 종합을 근거 짓는 종합이다. 들뢰즈는 현재의 종합이 과거와 미래의 차원을 수축하는 습관의 종합이라고 말하면서도, 그러한 종합된 현재의 시간 역시 지나가야만 한다고 말한다. 왜냐하면 과거와 미래를 한 차원으로 종합하는 단 하나의 종합만 있다면, 그러한 현재는 영원한 현재, 즉 시간 전체와 똑같은 외연을 공유하고 있는 현재일 것이기 때문이다. 그러한 현재는 물리적으로 성립할 수 없다. 왜냐하면 시간의 종합은 어디까지나 우리 안에서 일어나는 종합이기 때문이다. 만일 우리 밖에서 일어나는 종합, 즉 즉자적인 차원에서의 시간의 종합을 이야기한다면, 그것은 신적인 지성이 행하는 종합을 의미하게 될 것이다. 그렇기 때문에 현재는 지나가야만 한다.

우리는 앞서 기억이 사진을 꺼내보듯이 능동적으로 종합하는 일을 한다고 말했다. 그렇게 기억이 현재 자체를 끼워 맞추는 방식으로 시간을 구성할 수 있으려면, 살아 있는 현재의 종합이 전제되어 있어야 한다. 수축의 종합으로서 현재의 종합은 가능한 모든 현재 일반을 정초fondation하고 있는 종합이기 때문이다. 지나가지 않은 일을 회상할 수는 없다는 데에서 알 수 있듯이, 현재의 종합이 과거를 사라진 현재로 만들어야만 기억이 다시 그것을 꺼내어 보는 일을 할 수 있는 것이다.

그런데 들뢰즈는 이러한 현재의 종합을 지나가게 만드는 과거의 종합이 있어야 한다고 말하고 있다. 이는 순수 과거의 종합이 기억의 능동적 종합을 정초하는 살아 있는 현재의 종합의 '근거'가 된다는 것을 의미하므로, 우리는 순수 과거의 종합이 단지 기억의 능동적 종합처럼 경험적인 차원에 있는 것이 아니라 초월적 차원에 있다고 말해야 한다. 경험적 차원의 종합을 근거 짓는 지위에 있는 것이 바로 순수 과거의 종합인 것이다. 경험적 차원의 현재의 종합은 자신의 근거로서 순수 과거 위에서만 과거의 순간들을 현재들로 만들 수 있다. 그래서 들뢰즈는 다음과 같이 말한다.

> 현재는 이미 매순간 '있었다'고 말해져야 하며, 과거는 '존재한다'고, 영원하며 모든 시간에 존재한다고 말해져야 한다.(B, 50/73)

종합된 현재의 차원은 지나가야만 하고, 그러한 현재를 지나가도록 근거 짓는 순수 과거의 종합은 초월적 차원에 있는 것이기 때문에 현재의 차원과 공존하며 항존한다고 말해야 하는 것이다.

이러한 순수 과거의 종합은 프루스트의 마들렌 체험이 보여주는 것과 같은 기억의 수동적인 종합이다. 『잃어버린 시간을 찾아서』의 주인공은 어머니가 준 마들렌 과자 조각을 맛보고 콩브레에서 레오니 아주머니가 주던 그것을 떠올리며 감미로운 기쁨을 느낀다. 마들렌 조각을 맛보기 이전에는 '죽은 것이나 다름없었던' 콩브레의 기억들이 찻잔 속에서 솟아나오는 것이다. 프루스트는 이렇게 말한다.

> 우리의 과거도 마찬가지다. 과거를 되살리려는 우리의 노력은 헛된 일이며, 모든 지성의 노력도 불필요하다. 과거는 지성의 영역 밖에, 그 힘이 미치지 않는 곳에, 우리가 예상하지 못한 어떤 물질적 대상 안에 (그 대상이 우리에게 주는 감각 안에) 숨어 있다. 우리가 죽기 전에 이러한 대상을 마주칠지, 그렇지 않을지는 우연에 달려 있다.[34]

이러한 마들렌 체험은 기억의 능동적 종합이 하는 것처럼 사진을 꺼내어 보듯 사라진 현재를 재생하는 것이 아니라, 비자발적으로 우리를 순수 과거로 되돌려 보내는 기억의 수동적 종합이 있다는 것을 보여준다.

프루스트의 소설에서 마들렌 체험을 통해 주인공이 떠올린 콩브레는 순수 과거의 성격에 대해 말해준다. 프루스트는 다음과 같이 쓰고 있다.

34　M. Proust, *À la recherche du temps perdu*, I, p. 44.

진실을 찾는 것은 정신이다. 그러나 어떻게? 정신은 자기 자신을 넘어선다고 느낄 때마다 불확실성에 빠져든다. 탐구자로서의 정신은 자신의 모든 지식이 아무 소용없는 어두운 고장에서 찾아야만 하는 것이다. 찾는다고? 그뿐만이 아니라 창조해야 한다. 정신은 아직 존재하지 않는, 오직 자신만이 실현하여 자신의 빛 속으로 끌어들일 수 있는 무언가와 마주하게 된다.[35]

어린 시절 기억 속 콩브레를 찾는 것이 아니라 창조해야 한다고 말하는 데에서, 우리는 콩브레가 기억이 자발적으로 떠올릴 때처럼 있는 그대로의 모습으로 떠오르는 것이 아니라는 것을 알 수 있다. 그래서 들뢰즈는 콩브레에 대하여 이렇게 말한다.

결코 체험된 적이 없었던 어떤 광채 안에서, 존재했던 현재로도 존재할 수 있는 현행적 현재로도 환원될 수 없는 이중의 환원 불가능성을 드러내는 순수 과거로 다시 나타난다.(DR, 115/200)

사라져 버리는 현재로도, 과거와 미래를 수축하여 종합하는 현행적인 현재로도 환원될 수 없는 것이 바로 콩브레이며, 순수 과거이다. 이러한 순수 과거가 초월적으로 근거 짓는 한에서만 능동적으로든 수동적으로든 과거는 기억될 수 있으며, 그러한 순수 과거가 시간을 지나가게 만들기 때문에 현재와 미래를 한 차원으로 만드는 종합일 수 있는 것이다.

---

35   M. Proust, *À la recherche du temps perdu*, I, p. 45.

과거는 시간의 한 차원이기는커녕, 모든 시간 전체의 종합이

며, 현재와 미래는 단지 그것의 차원들에 불과하다. 그러므로

우리는 그것이 있었던 것이라고는 말할 수 없다.(DR, 111/194)

시간의 세 번째 종합

시간의 세 번째 종합은 이러한 근거 짓는 것으

로서의 순수 과거의 종합의 차원을 와해시키는 종합이다. 들뢰즈는

순수 과거의 불충분성에 대해 다음과 같이 말한다.

근거가 자신이 근거 짓는 것에 상대적이고, 자신이 근거 짓는

것의 특성을 모방하며, 그것을 통해 스스로를 입증한다는 데에

근거의 불충분성이 있다.(DR, 119/207)

이는 순수 과거가 이데아처럼 초월적 지위에서 모든 시간들을 근

거 짓는 층위에 머문다면, 결국 그것은 현재로부터 그것의 특성들을

빌려오고 모방하게 된다는 것이다.

이데아 자체를 정의하는 순수 과거는 하나의 사라진 신화적

현재로서 여전히 필연적으로 현재의 관점에서 표현된다.(DR,

119/207)

초월적 지위에 있는 순수 과거는 우리가 자발적으로 기억할 수 있는 과거가 아니라고 하더라도, 여전히 전해 내려오는 신화처럼 '있었던' 현재라고 전제되어 있는 것이다. 우리는 앞서 들뢰즈가 이데아에 대한 탐구에 감춰진 질문이 바로 '그 질문을 하는 자가 누구인가'라고 말한다는 것을 강조했다. 그가 그러한 감춰진 질문을 드러냄으로써 보여주고 싶었던 바는 우리가 이데아에 관해 묻지만 언제나 그에 대해서는 현실에 비추어 답하고 있다는 점이다. 이데아 또는 순수 과거의 불충분성은 바로 이러한 점에 있다.

> 동일성은 태고적 원형의 특성이 되고, 유사성은 현재 이미지의 특성이 된다.(DR, 119/207)

동일성을 우리가 가닿을 수 없는 초월적 지위에 올려놓는 것은 바로 우리 자신이다. 이러한 점에서 들뢰즈는 세 번째 종합으로서 순수 과거와 현재를 완전히 분열시키는 시간의 종합을 이야기한다. 순수 과거와 현재가 완전히 분열되어야만 순수 과거는 그 초월적 지위를 잃어버릴 수 있는 것이다.

들뢰즈는 시간의 세 번째 종합을 '근거와해'라고 부르기도 하고, '바탕 없음sans fond'이라고 부르기도 한다. 근거로서의 순수 과거가 와해되고 더 이상 근거 짓는 어떤 것도 없이 일어나는 종합이 바로 세 번째 종합이기 때문이다. 근거가 와해될 때 시간의 파편들은 더 이상 동일성이나 유사성의 원리에 따라 위계 지어지지 않는다. 그래서 그것은 니체의 영원회귀의 형태를 띠게 된다. 영원회귀는 동일한 것의 영원한 회귀가 아니라 차이 나는 것이 차이 나는 것으로 회귀하는 것을 의미한다. 들뢰즈는 이렇게 묻는다.

> 만약 생성이 어떤 것으로 되는 것이라면, 왜 생성은 오래전부터
> 생성하기를 멈추지 않았는가? 만약 생성이 생성된 어떤 것이라
> 면, 생성은 어떻게 생성을 시작할 수 있었겠는가?(NP, 53/99)

어떤 것이 생성되어 하나의 동일성 혹은 유사성을 이루게 된다면 그러한 생성은 이미 멈추어 있어야 한다. 차이 나는 것의 차이 나는 것으로의 영원한 회귀는 그러한 생성의 최종 상태나 균형상태를 의미하지 않는다. 그것은 차이들만이 끊임없이 돌아오는 생성을 의미하며, 따라서 시작도 종결도 없는 영원한 회귀를 의미하는 것이다.

이러한 세 번째 종합으로서 영원회귀는 현재와 과거의 차원 역시 회귀하는 차이들로서 미래의 차원으로 만드는 것이기 때문에 시간의 종합이다.[36] 들뢰즈는 칸트의 감성 형식으로서의 시간을 시간의 텅

---

[36] 키스 W. 포크너Keith W. Faulkner는 들뢰즈의 시간의 세 가지 종합과 칸트의 세 겹의 종합이 각각 대립하고 있다는 것을 보여준다. 직관에서의 포착의 종합은 강도적 크기를, 상상력에서의 재생의 종합은 근본적으로 자유로운 상상력을, 개념에서의 재인식의 종합은 초월적 통각과 내감 사이의 분열을 간과하고 있기 때문에 이루어질 수 있는 종합이라는 것이다.(K. W. Faulkner, *Deleuze and the three syntheses of time*, New York: Peter Lang Publishing, 2006, pp. 14-20) 포크너와 반대로 조 휴즈Joe Hughes는 칸트의 종합과 들뢰즈의 종합을 겹쳐놓는 해석을 마련한다. 포착의 종합은 시·공간상에서의 포착의 연속이기 때문에, 이는 과거와 미래를 현재의 차원으로 종합하는 수축의 종합과 연결될 수 있다. 또한 재생의 종합은 이전 부분들을 재생산해야 지만 현재 주어진 부분들과 종합될 수 있음을 의미하기 때문에, 현재를 근거짓는 과거라는 차원에서 유사한 지점이 있다. 마지막으로 조 휴즈는 미래의 종합으로서 세 번째 종합을 재인식의 종합과 연결하기 위해 미래의 종합을 '실패한 종합'이라고 명명한다. 재인식은 언제나 실패하고 자아의 분열로 나아가기 때문이다. 이러한 조 휴즈의 시간의 종합에 대한 해석은 칸트와 들뢰즈 사이의 여러 공통점과 차이점을 발견할 수 있는 풍부한 자료를 제공한다.

들뢰즈와 칸트

빈 형식이라고 부르고 이에 니체의 영원회귀를 겹쳐놓음으로써 자신의 시간론을 완성한다. 니체의 영원회귀가 시간의 텅 빈 형식인 것은 그것이 차이 나는 것들의 끊임없는 회귀라는 형식을 표현하고 있기 때문이다. 이에 대해서는 『실천이성비판』을 다루는 장에서 보다 자세히 살펴볼 것이다.

또한 들뢰즈가 '반복'이라고 부르는 것은 바로 이러한 차이들의 영원한 회귀를 의미한다. 동일한 것이 반복되는 것이 아니라 돌아올 수 있는 것은 차이들뿐이다. 왜 동일한 것은 돌아올 수 없는가에 대해서도 우리는 이후 본격적으로 보게 될 것이다. 여기서는 들뢰즈에서 우리의 자아 안에서 일어나는 수동적 종합이 그 가장 근본적인 층위에서 일어나는 영원회귀의 종합으로 귀결된다는 것만을 언급하고자 한다. 우리의 자아 안에 일어나는 수동적 종합의 근본적 층위에서 이러한 차이 나는 것들의 도래로서 반복을 발견할 수 있다면, 이제 칸트가 보여준 분열적 자아의 진정한 의미를 알 수 있다. 우리는 끊임없이 분열하고 있으며 그러한 자아 이외에 다른 주체는 없다는 것이다.

우리는 앞서 초월적 통각이 어떤 것=X라는 순수한 텅 빈 형식과 같은 것이라는 점에서 그것이 차이 나는 것들의 끊임없는 도래를 표현하고 있다는 것을 언급했다. 경험적 자아는 언제나 변화하고 수적 동일성으로 환원될 수 없는 자아를 의미한다. 그러한 자아를 담고 있는 텅 빈 형식이 초월적 통각이라면, 이는 영원회귀가 차이 나는 것의 끊임없는 도래의 형식이라는 것과 동일한 것을 표현하고 있는 것이다. 들뢰즈는 우리 안에 있는 분열적 자아를 '애벌레-주체'라고 부르면서 이렇게 말한다.

나의 균열은 오직 그 자신의 내용들에서 벗어난 순수하고 텅

빈 형식으로서의 시간일 뿐이다.(DR, 146/250)

이렇게 들뢰즈는 칸트의 초월적 통각으로부터도, 그리고 시간으로
부터도 순수한 텅 빈 형식을 읽어냄으로써, 진정으로 존재한다고 말
해질 수 있는 것은 '나는 존재한다'의 나, 즉 경험적이고 분열적인 자
아뿐이며, 그러한 자아 외에는 다른 자아는 존재하지 않는다는 점을
보인다.

7장

칸트의 도식과 들뢰즈의 드라마화

칸트 철학에서 도식론의 지위

　　　　들뢰즈는 지성의 능동적 종합 아래에 수동적
종합이 일어나고 있다는 것을 보임으로써 초월적 통각과 내감의 분
열로 나아간다. 그렇다면 이제 물어야 하는 것은 지성의 아래에서 상
상력의 초월적 종합이 일어나는 방식이 아니라면, 시·공간에 대해서
는 어떻게 사유해야 하는가이다. 들뢰즈는 상상력의 또 다른 기능인
도식에 관한 칸트의 이론을 비판하면서, 도식을 범주로부터 해방시
키고자 한다. 들뢰즈는 자신의 칸트에 대한 강의에서 종합과 도식은
모두 지금과 여기라는 시·공간적 규정과 개념적 규정의 일치를 의미
한다고 말한다.[37] 상상력의 종합이 포착과 재생, 그리고 재인식을 통
해 주어진 다양을 개념과 일치시키는 논리적인 질서를 의미한다면,

도식은 하나의 개념이 먼저 주어질 때 그 개념과 일치하는 시·공간의 관계를 생산하는 규칙을 의미한다.

> '개'라는 개념은 그에 따라 나의 상상력이 한 네 발 달린 동물의
> 형태를 보편적으로, 경험이 나에게 제공한 어떤 특수한 형태나
> 내가 구체적으로 묘사할 수 있는 모든 가능한 이미지에 국한됨
> 이 없이, 그려낼 수 있는 그런 규칙을 의미한다.(KrV, A141/B180)

어떤 대상을 가리켜 '그것은 개다'라고 말할 때 그것은 개의 종합이며 인식의 규칙인 반면, 도식은 개라는 개념이 주어졌을 때 그것을 시간과 공간 안에서 생산할 수 있도록 하는 규칙이다. 그러므로 도식은 개를 그린 개별적인 이미지들을 말하는 것이 아니라, 그 이미지를 그릴 수 있는 보편적인 규칙을 말한다.

> 만약에 내가 다섯 개의 점들을 차례로 찍는다면, · · · · ·
> 이것은 수 5의 이미지이다. 반면에 만약 내가 5도 될 수 있고
> 100도 될 수 있는 수 일반을 단지 사고한다면, 이 사고는 이 이
> 미지 자체라기보다는 일정한 개념에 따라 한 양(예컨대, 1,000)을
> 이미지에서 표상하는 방법의 표상이다.(KrV, A140/B179)

칸트가 이러한 도식 개념을 도입하는 것은 감성적 직관이 어떻게 전혀 동종적이지 않은 지성의 개념에 포섭될 수 있는가에 대한 답을

37　G. Deleuze, "Cours vincennes 28/03/1978".

내리기 위해서이다. 그는 한편으로는 감성적이고 다른 한편으로는 지성적인 도식을 시간규정Zeitbestimmung이라고 부른다. 도식론은 지성 개념이 어떠한 방식으로 감성화될 수 있는지 보이는 것이기 때문에, 칸트에서 시간규정은 범주에 따라 서술된다. 1장에서 다루었던 범주를 다시 정리해 보자.

	판단표	범주표	도식(시간규정)	
양	전칭판단 (모든 A는 B이다)	단일성	시간 계열	수 (잇따라 있음)
	특칭판단 (어떤 A는 B이다)	다수성		
	단칭판단 (이 A는 B이다)	전체성		
질	긍정판단 (A는 B이다)	실재성	시간 내용	도度 (시간상에서 하나의 '-임')
	부정판단 (A는 B가 아니다)	부정성		
	무한판단 (A는 B이다)	제한성		
관계	정언판단 (A는 B이다)	속성과 자존성 (실체와 우유성)	시간 순서	시간상에서의 고정불변성
	가언판단 (A이면 B이다)	원인성과 의존성 (원인과 결과)		규칙에 따른 잇따름
	선언판단 (A 또는 B이다)	상호성 (상호작용)		동시성
양태	개연판단 (A는 B일 수 있다)	가능성-불가능성	시간 총괄	표상의 어느 시점에서의 규정
	실연판단 (A는 실제로 B이다)	현존성-비존재성		특정한 시간에서의 현존
	필연판단 (A는 반드시 B이다)	필연성-우연성		모든 시간에서의 현존

이것이 범주에 따른 도식이다. 먼저 양과 질의 범주들에 따른 도식은 연속량을 의미한다. 어떤 개념이 시·공간상에서 연장적 크기나 강도적 크기를 가지는 것으로 생산될 수 있는 것은 도식이 양자를 연속량으로써 매개하기 때문이다. 칸트는 "크기란 그에 의해 사물에서 하나가 몇 번이나 정립되어 있는가가 생각될 수 있는 사물의 규정"이라고 정의하면서, 이때 '몇 번'이라는 것의 연속성은 시간에 기초하지 않고는 이야기될 수 없다고 강조한다.(KrV, A242/B300) '수'라는 것도 하나에다 동종적인 하나를 연속적으로 더해 가는 것을 의미하는 것이다.

또한 관계의 범주들에 따른 실체의 도식은 시간상에서의 고정불변성을 의미하고, 인과성의 도식은 다양한 것의 규칙에 따른 잇따름을, 상호성의 도식은 동시성을 의미한다. 실체는 시간상의 현존으로서 고정불변성 없이는 단지 주어에 불과한 것이 된다. 이는 어떤 것이 논리상 주어의 자리에 온다는 것 외에는 그 개념이 무엇을 의미하는지 알 수 없다는 것을 의미한다. 인과성도 시간의 잇따름이 없이 주어진다면 원인과 결과를 구분할 수 없게 된다. 마지막으로, 상호성 또한 시간의 동시성 없이 사유된다면 실체들 간에 어떤 관계를 맺고 있는지 아무것도 설명해 주지 않는다. 칸트는 이러한 방식으로 개념적 관계들과 시·공간적 관계들은 일치할 수 있다는 것을 보인다.

마지막으로 양태의 범주에 따른 가능성의 도식은 한 표상의 어느 시점에서의 규정을, 현실성의 도식은 특정한 시간에서의 현존을, 필연성의 도식은 모든 시간에서의 대상의 현존을 의미한다. 도식의 매개가 없다면 가능성, 현실성, 필연성 역시 시간상에서의 현존을 의미할 수 없으므로 순전히 논리적인 의미만을 가리켜 보이게 된다.

들뢰즈와 칸트

이러한 방식으로 칸트는 도식 없이는 개념이 객관과 맺는 관계를 설명할 수 없다는 것을 보여준다. 도식론이 중요한 것은 추상된 개념을 감성화하지 않고는 개념이 아무런 의미를 가질 수 없다는 점에서이다. 그래서 칸트는 "우리가 설령 범주들을 정의하고자 했더라도 우리는 그것을 할 수 없었던 것이다"라고 말한다.(KrV, A242/B300) 정의는 정의하고자 하는 대상이 그 개념의 표상과 합치하는지 확신할 수 있어야 하기 때문이다. 범주들이 객관적 실제성을 가질 수 있으려면 그것의 논리적 기능만을 설명하는 것이 아니라 감성의 조건들 안에서 명시해야 하는 것이다.

도식론의 문제

이러한 칸트의 도식론은 '진리란 무엇인가?'라는 질문에 대해 '인식과 그 대상의 합치'라고 답하는 고전적인 답변들에 대한 자신의 답이다. 그는 진리의 보편적이고 확실한 기준을 개별적인 대상에서 찾거나 인식의 논리적 형식에서만 찾는 것이 아니라 '인식의 객관과의 관계 맺음'에서 찾아야 한다고 말한다.(KrV, A63/B87) 인식과 대상의 합치를 인식에서의 일치나 대상에서의 일치로서 탐구하는 것이 아니라, 그 관계 자체를 탐구하는 것이 칸트 철학의 목표이며, 그에게서 '일치'로서의 진리 개념은 객관과의 일치가 아니라 우리의 표상과의 일치 문제로 전환된다.

순수 지성의 원칙들은 단지 가능한 경험의 보편적 조건들과의

관계에서 감관의 대상들과만 관계 맺을 수 있되, 그러나 (우리가

그것들을 직관할 수 있는 방식을 고려하지 않고서) 사물들 일반과 결

코 관계 맺을 수 없다.(KrV, A246/B303)

들뢰즈는 이러한 방식으로 칸트가 도식의 매개를 통해서 지성 개

념의 감성화를 설명하는 것이 기적을 바라고 있는 것일 뿐이라고 말

한다.

도식은 개념에 외부적이므로, 우리는 어떻게 그것이 지성과 감

성의 조화를 보장할 수 있는지 알 수 없다. 왜냐하면 도식은 그

자체로 그 자신의 지성 개념과의 고유한 조화를 보장하는 것을

전혀 가지고 있지 않으며, 최종적으로는 기적을 바라고 있기

때문이다.(DR, 281/468)

들뢰즈가 제기하는 문제는 이러한 것이다. 칸트는 지성과 감성 사

이를 매개하는 상상력을 통해 양자 사이의 관계 맺음을 진리로서 사

유하고 있지만, 상상력은 어떻게 감성과도 동종적이면서 지성과도

동종적일 수 있는가? 칸트에서 상상력과 지성의 일치는 여전히 설명

될 수 없는 것으로 남아 있다. 『판단력비판』을 설명하며 한 번 언급

한 적 있지만, 그러한 의미에서 들뢰즈는 "단지 문제가 자리를 옮겼

을 뿐이다"라고 비판하는 것이다.(PCK, 34/52)[38]

우리는 앞서 이념의 문제를 다루면서 들뢰즈가 이념을 사유하는

칸트의 방식에 대해 그것을 조건화하고 정당화하는 방식에 머문다

고 비판한 것을 보았다. 지성과 감성에 대해서도 마찬가지이다. 칸트

는 능력들의 범위와 한계를 설정하고 그렇게 함으로써 그것들의 사용을 정당화하는 방식을 보여주지만, 들뢰즈가 보기에 이는 그것들이 어떻게 발생적으로 각각의 한계 지어진 영역 안으로 들어가게 되는지를 설명하지 않고 있는 것이다.[39] 들뢰즈가 능력들 사이의 관계를 어떻게 발생적으로 설명하고 있는지는 잠시 미뤄두고, 여기서는 들뢰즈가 이러한 방식으로 칸트의 도식론을 비판하면서, 그것을 시·공간적 역동성들로 대체하고자 한다는 점을 먼저 보자.

> 하나의 개념이 다양화될 수 있고 하나의 유형학에 따라 종별화spécification될 수 있는 것은 도식에 의해서이다. 개념은 그 자신에 의해서는 결코 종별화되거나 다양화될 수 없다. 개념 아래에 숨겨진 기술처럼, 분화différenciation의 동작주처럼 활동하는 것은 바로 시·공간적 역동성들이다.(DR, 281/468)

38 이렇게 감성과도 동종적이며 지성과도 동종적인 상상력의 초월적 도식이 양자를 매개한다는 점에서, 하이데거는 칸트철학에서 초월적 상상력이 근본적인 지위에 놓여야 한다고 본다. 그는 "초월적 상상력은 겨우 순수 직관과 순수 사유 사이에서 출현하는 능력일 뿐 아니라, 더욱이 이 양자의 근원적 통일 및 초월 전체의 본질적 통일도 가능케 하는 '근본능력'이다"라고 말한다(마르틴 하이데거, 『칸트와 형이상학의 문제』, 209쪽). 이를 뒷받침하는 것이 바로 도식이다. 하이데거는 칸트가 '순수 지성의 도식기능'이라고 부르면서도, 도식을 "순수한 선험적 상상력의 생산물" 또는 "상상력의 초월적인 생산물"이라고 부른다는 것을 지적한다.(KrV, A142/B181) 그가 보기에 "도식들을 가지고 하는 지성의 작용방식을 순수 지성의 도식기능이라고 부르고자 한다"라는 칸트의 표현에 따르면, 지성은 도식들을 산출하지 못하고 도식과 더불어 행동할 뿐이다.(KrV, A140/B179) "통일성들을 사유할 때 순수 지성의 행위는 자발적으로 형성하면서 표상하는 활동으로서, 겉으로는 고유한 행위처럼 보이나 실은 초월적 상상력의 순수한 근본작용이다."(마르틴 하이데거, 『칸트와 형이상학의 문제』, 227쪽) 상상력의 도식은 칸트가 바라는 것처럼 상상력을 독립적인 능력으로서 근본적인 지위를 차지할 수 없는 것으로 남겨두지 않게 만든다.

39 서동욱, 『차이와 타자』, 52-59쪽 참조.

들뢰즈는 칸트가 개념이 결코 혼자서는 종별화되고 다양화될 수 없다고 본다는 점에서 도식을 높이 평가한다. 그러나 그것은 여전히 설명될 수 없는 '매개적인' 역할을 하는 것으로 남아 있다. 그래서 들뢰즈는 범주에 따라 서술되어야만 하는 시간규정으로서 도식들을 시·공간적 역동성들로 대체한다. 시·공간적 역동성들은 개념을 도식화하는 것이 아니라 차이로서의 이념을 현실화한다.[40]

들뢰즈의 드라마화

우리는 4장에서 들뢰즈가 칸트의 예, '직선은 두 점 사이의 가장 짧은 선이다'로부터 그것이 직선의 개념과 곡선의 개념 사이의 내적인 차이를 내포하고 있음을 읽어낸다고 말했다. 직선이라는 개념은 '가장 짧은'이라는 것을 속성으로 가지지 않음에도 직선이 언제나 시·공간상에서 '가장 짧은' 방식으로 생산될 수 있는 것은 그러한 내적 차이들을 봉인하고enopper 있기 때문이다. 그래서 들뢰즈는 '가장 짧은'은 도식이 아니라 이념이라고 말한다.

가장 짧다는 것은 단순히 직선 개념의 도식이 아니다. 그것은 직선과 곡선의 분화를 표현하는 한에서 또한 선ligne의 이념의

---

40 "순수한 시·공간적 역동성은 이미 존재하는 두 시·공간을 경험적으로 결합하는 것이 아니라, 반대로 그것들의 발생을 주재하는 것이다. 그것은 시간의 이질적인 차원들을 소통하게 함으로써 시·공간을 파생시키는 것이다."(F. Zourabichvili, *Deleuze. Une philosophie de l'événement*, Paris: P.U.F., 1994, p. 119)

꿈, 드라마, 혹은 드라마화이다.(DR, 282/468~469)

　직선과 곡선 사이의 내적인 차이는 직선이 두 점 사이의 가장 짧은 선으로 현실화되었을 때, 직선이라는 개념의 다양화와 종별화의 결과로 있지 않고 차이 나는 관계에 있는 것으로서 그 자체 안에 봉인되어 있다. 우리는 이로부터 차이로서의 이념은 현실화될 때 직선과 같은 하나의 개념 아래에서 사라져 버리는 것이 아니라 미분적 요소들을 그 자체 내에 봉인하고 있다는 것을 알 수 있다. 그러므로 시·공간의 역동성들은 지성 개념에 대해서는 외부적이라는 측면에서 도식과 같은 것이지만 이념에는 내부적이다. 우리는 4장에서 시간이 규정 가능성으로서 이념의 세 계기 가운데 한 요소를 이룬다는 것을 보았다. 시간은 이념 안에서 규정과 미규정성과 함께 내적인 통일을 이루고 있는 것이다.

　이렇게 시·공간적 역동성들을 이념 내부적인 것으로서 이야기할 때, 그래서 칸트적 도식을 개념 아래에서의 규정으로 사유하지 않을 때, 그러한 이념의 미분적 요소들이 현실화되는 차원을 사유할 수 있다.

> 칸트의 도식은 만약 재현représentation의 세계 안에서 그것을 단순한 매개의 상태로 환원시키는 범주에 부당하게 종속되어 있지 않기로 한다면, 속박으로부터 벗어나 자유롭게 되고, 미분적/차이적différentielle 이념이라는 개념을 향해 자기 자신을 넘어설 것이다.(DR, 365/596~597)

흥미로운 점은 들뢰즈가 이러한 방식으로 칸트의 도식을 비판하고 개념 아래로 포섭되지 않는 시·공간적 역동성들이 있음을 보이면서도, 이 시·공간적 역동성들의 크기를 다시 칸트로부터 설명한다는 점이다.

> 역동성들은 언제나 그 안에서 스스로를 생산하는 어떤 장을 전제한다. 그 밖에서 역동성들은 스스로를 생산할 수 없다. 이러한 장은 강도적이다. 다시 말해, 이러한 장은 강도적 차이들의 깊이 안에서의 분배를 함축한다.(MD, 135/493)

들뢰즈는 시·공간적 역동성이 전제하는 이러한 강도적 장을 칸트의 '지각의 예취들'에 나타난 강도적 크기로부터 사유한다.[41] 앞서 본 것처럼 칸트는 범주표에 따라 도식을 시간계열, 시간내용, 시간순서, 시간총괄로 제시하는데, 이러한 도식의 매개를 통해 범주를 객관들에 적용할 수 있기 위해서는 원칙들이 필요하다. 지성 개념이 공허한 개념으로 남지 않게 하기 위해서는 범주들을 객관들에 적용할 수 있도록 해주는 초월적 원칙들을 필요로 하는 것이다. 그래서 마찬가지로 양, 질, 관계, 양태의 범주들에 따라 원칙들이 도출되는데, 직관의 공리들, 지각의 예취들, 경험의 유추들, 경험적 사고 일반의 요청들이

41　들뢰즈의 강도 개념과 라이프니츠, 칸트, 코헨, 마이몬과의 연관성은 D. W. Smith, *Essays on Deleuze*, pp. 94-97. C. Kerslake, *Immanence and the vertigo of philosophy*, Edinburgh: Edinburgh University Press, 2009, pp. 138-147 참조. D. Voss, *Conditions of thought: Deleuze and transcendental ideas*, pp. 93-119, "Maimon and Deleuze: The viewpoint of internal genesis and the concept of differentials", *Parrhesia*, 11, 2011 참조.

그것들이다. 이 가운데 '지각의 예취들'은 질의 범주를 객관들에 적용할 수 있도록 해주는 원칙으로서 지각을 앞서 취하는 원리이다. 들뢰즈는 바로 이것으로부터 시·공간적 역동성들의 크기를 도출한다.

칸트의 도식이 보여주는 것은 지성 개념이 감성 중에 주어지는 현상과 일치할 수 있다는 것이었다. 우리는 이로부터 칸트가 고전적인 진리 개념을 유지하고 있음을 본다. '지각의 예취들' 또한 그러한 '인식의 객관과의 관계 맺음'으로부터 진리를 사유하는 방식을 보여준다.

> 한 인식이 객관적 실재성을 가져야 한다면, 다시 말해, 한 대상과 관계 맺고, 그 대상에서 의미와 의의를 가져야 한다면, 그 대상이 어떤 방식으로든 주어질 수 있어야만 한다. 이것 없이는 개념들은 공허하고, 우리가 개념들로써 생각하긴 했지만, 실제로 이 생각을 통해서는 아무것도 인식되는 바 없고, 순전히 표상들과 유희한 것일 따름이다. 한 대상을 준다는 것은 [……] 다름아니라 그 대상의 표상을 경험과 (이 경험이 현실적인 것이든 가능적인 것이든) 관계시키는 것이다. (KrV, A155~156/B194~196)

이렇게 칸트가 동종적이지 않은 지성과 감성의 조화를 이야기하기 위해서 도입하는 도식론은 인식과 그 대상의 합치를 진리로서 사유하고 있다는 것을 보여준다. 그것은 '인식의 객관과의 관계 맺음'이라는 고전적인 진리 개념을 유지하고 있지만, 더 이상 인식이 우리 밖에 있는 사물과의 합치를 통해서가 아니라, 오직 우리 안에 있는 지성과 감성 사이의 일치를 통해 객관성을 얻을 수 있다는 것을 의미한다.

그러나 칸트의 지성과 감성을 일치시키는 원칙 가운데 하나인 '강도적 크기'를 통해 들뢰즈가 나아가는 방법은 완전히 다르다. 거기에는 어떤 일치도 존재하지 않는다. 오히려 들뢰즈는 지성과 감성 사이의 일치의 원인을 문제 삼음으로써 바로 이러한 '일치로서의 진리' 자체에 문제제기를 한다. 들뢰즈 철학의 목표 가운데 하나는 참과 거짓을 판별하는 진리의 개념 자체를 와해시키는 것이다. 이제 모든 일치를 거부함으로써 그가 남겨두는 강도적 장은 어떻게 펼쳐지는지 보자.

들뢰즈와 칸트

8장

차이와 강도

지각의 예취들

       이제 칸트의 원칙들 가운데 '강도적 크기'를 다루는 '지각의 예취들'이 의미하는 바를 살펴보자. 그러나 이에 앞서 직관의 공리들을 먼저 살펴볼 필요가 있는데, 칸트 자신이 직관의 공리를 다루면서 제시하는 연장적 크기에 비추어 강도적 크기를 이해하고 있기 때문이다. 직관의 공리란 다음과 같다.

> 연장적 크기extensive Größe란 그 위에서 부분들의 표상이 전체 표상을 가능하게 만드는 (그러므로 부분들의 표상이 전체 표상에 반드시 선행하는) 그런 크기를 일컫는다.(KrV, A162/B203)

들뢰즈는 칸트 철학에 대한 자신의 강의에서 칸트가 연장적 크기라고 말한 것은 부분 밖의 부분partes extra partes에 대한 응답이라고 말한다.[42] 데카르트는 연장된 것을 부분 밖의 부분으로 생각될 수 있는 것이라고 정의한 바 있다.[43] 칸트는 데카르트처럼 연장적 크기에 대하여 우리가 연속적으로 부분들을 이해하는 것을 의미한다고 말하고 있는 것이다. 그래서 모든 연장적 크기는 다수성이면서 동시에 통일성이 된다. 모든 연장적 크기를 가지는 현상들은 부분에서 부분으로의 순차적 종합을 통해 우리에게 인식되고, 그것은 전체 안에서 부분들의 결합을 가리킨다. 시간 또한 마찬가지이다. 한 순간, 다음 순간, 그리고 그 다음 순간이라는 방식으로 하나의 전체 안에서 부분들의 결합을 가리킨다. 그래서 들뢰즈는 이에 대해 다음과 같이 말한다.

> 부분들의 표상은 전체의 표상을 가능하게 해주고, 필연적으로 그것에 앞선다. 그러나 공간과 시간은 그것들이 표상될 때와 같이 나타나는 것이 아니다. 반대로 전체의 현시가 부분들의 가능성을 근거 짓는다.(DR, 298/495)

범주들을 객관에 적용할 수 있으려면 바로 이러한 원칙이 필요하다. 감성의 형식적 조건이 없다면 어떤 것을 연속적으로 인식하는 것 자체가 불가능하기 때문이다.

이러한 연장적 크기와 더불어 칸트는 시·공간을 채우는 강도적인

42　G. Deleuze, "Cours vincennes 21/03/1978."

43　R. Descartes, *The philosophical writings of Descartes*, Vol.3, J. Cottingham(&other trans), Cambridge: Cambridge University Press, 1991, p. 362.

크기가 있음을 보인다.[44] 감각될 수 있는 것은 직관이 아니기 때문에 연장적 크기를 가지지 않지만 일종의 크기를 가지는데, 그것을 강도적 크기라고 부르는 것이다.

> 오직 '하나'로서만 포착되고, 부정성=0에의 접근에 의해서만
> 다수성이 표상될 수 있는 그러한 크기를 강도적 크기intensive
> Größe라고 일컫는다.(KrV, A168/B210)

가령 어떤 공간은 빨강으로 채워질 수도 있고, 어떤 특정한 도度를 가지는 열로 채워질 수도 있다. 더 빨갛고 덜 빨갛다고 우리가 말할 수 있다는 점에서 그것은 연장적 크기와는 다른 종류의 크기를 가진다.

그런데 감각은 시·공간상에서 선험적으로 인식될 수 없기 때문에 결코 예취될 수 없는 것처럼 보인다. 칸트에 따르면 감각은 어디까지나 경험적 의식인 지각의 질료가 되는 것이다. 그러나 칸트는 특정한 감각은 선험적으로 인식될 수 없다고 하더라도 감각 '일반'에 대해서는 선험적으로 인식될 수 있는 것이 있다고 말한다. 바로 모든 현상들에서 실재적인 것은 항상 크기를 가지지 않을 수 없다는 것이다.

> 모든 감각들이 그 자체로는 단지 후험적a posteriori으로 주어지
> 지만, 그것들이 모든 감각들이 하나의 도를 갖는다는 그것들의

---

44 페이튼은 칸트가 우리의 감각은 반드시 어떤 도를 가져야 하고, 대상 또한 도를 가진다고 말할 때, 우리가 가진 감각이 대상 안에 있는 어떤 질에 의해서 야기된 것이라고 생각해서는 안 된다고 강조한다. 칸트는 우리의 감각에 주어진 대상의 질이 도를 가지는 것이라고 말하고 있는 것이다. H. J. Paton, *Kant's metaphysic of experience*, Vol.2, pp. 150-151 참조.

성질은 선험적a priori으로 인식될 수 있다.(KrV, A176/B218)

감각들 일반에 대응하는 실재적인 것은 언제나 존재를 함유하는 무엇인가를 표상하기 때문에 그것이 소멸되지 않는 이상 크기를 가지지 않을 수 없다.

> 모든 감각은 일정한 도 내지는 양을 가지며 [······] 무(=0=無)에
> 서 멈출 때까지 많든 적든 채울 수 있다.(KrV, A143/B182)

이렇게 실재성=1과 부정성=0 사이에 있는 크기가 바로 강도적인 크기이다. 감각은 한순간의 포착에 의해서만 지각되는 것이기 때문에 부분들에서 전체 표상으로 진행하는 순차적인 종합이 일어나는 것이 아니다. 그래서 연장적 크기를 가지지 않고 '하나'로서만 포착되는 것이며, 그것이 소멸되었을 때는 부정성=0으로 표상된다. 그러므로 강도적 크기는 1과 0 사이에 있다. 칸트는 이 1과 0 사이에 점점 더 작은 도들의 무한한 단계들이 있다고 말한다.

> 지각에서의 모든 실재성이 도를 가지고, 이 도와 부정성 사이
> 에 점점 더 작은 도들의 무한한 단계들이 있[다].(KrV, A172/
> B214)

어떤 실재적인 것이 있다면 그것은 반드시 도를 가지므로, 우리에게 지각될 수 없을 만큼 무한히 작아지더라도 0으로서 소멸되지 않는 한 그것은 도를 가지는 것이다. 하지만 칸트는 우리가 앞 장에서

들뢰즈와 칸트

범주표에 따른 도식을 설명하며 다루었던 것처럼 강도적 크기 역시 연장적 크기와 마찬가지로 연속량임을 강조한다.

> 양적인 것들에서 어떤 부분도 가능한 최소의 것일 수 없는 (어떤 부분도 단순하지가 않은) 그런 양적인 것의 성질을 양적인 것의 연속성이라고 일컫는다. 공간·시간은 연속량들이다.(KrV, A169/B211)

우리에게 순차적으로 종합되는 것은 아니지만 강도적 크기 역시 시간과 공간을 채우고 있는 크기로서 연속성을 가진다는 것이다. 칸트는 이를 '조명 받은 표면'을 예로 들어 설명한다. 조명을 받은 표면은 연장적 크기를 가지는 것인데 그 표면은 보다 적게 조명을 받은 표면들의 집합이 합해서 일으키는 만큼의 감각을 불러일으킨다. 칸트는 햇빛에 대해서도 다음과 같이 말한다.

> 나는 예컨대 햇빛의 감각의 도를 20만 배의 달빛을 합성함으로써 선험적으로 규정해 보일 수, 다시 말해 구성할 수 있을 것이다.(KrV, A179/B221)

강도적 크기

들뢰즈는 칸트가 이렇게 강도적 크기에 대해서 한 순간의 포착만 가능하다고 말하면서도, 여전히 연속량을 가진다고 말한다는 점에서, 그가 강도적 크기에 대해 공간이라는 기하학적 외연을 유지하고 있으며, 여전히 연장을 가지는 것에 대해서만 강도적 크기를 말하고 있다고 지적한다.

> 그에게는 기하학적 외연이 유지되어 있고, 강도적 크기는 이러저러한 도degré로 연장을 채우고 있는 질료를 위해서만 마련되어 있다.(DR, 298/495)

한 공간을 채우고 있는 색깔이나 온도, 조명을 받은 표면 등 이러한 방식으로 연장의 일부를 이루고 있는 크기가 되어버리는 것이다. 들뢰즈는 이렇게 칸트에서 언제나 연장을 위한 것으로 남아 있는 강도적 크기를 보다 더 근본적인 층위에서 조명하고자 한다. 들뢰즈는 감각이라는 질료의 차원에서 이야기되는 것이 강도가 아니라, 감각을 가능하게 하는 초월적 원리에 해당하는 자리에 강도를 세우고자 한다.

들뢰즈 철학에서 강도는 차이의 질서이며 형식이다.[45] 이러한 들뢰즈의 칸트의 강도적 크기 개념에 대한 재해석은 라이프니츠를 경유하지 않고서는 이해될 수 없다. 왜냐하면 들뢰즈는 칸트의 강도적 크기를 계산될 수 있는 동일한 크기들로 환원될 수 있는 정체성을 가지는 크기로 사유하는 것이 아니라, 오직 차이 나는 관계만을 맺고 있는 강도적 차이들의 크기로 사유하고자 하기 때문이다.

이러한 서로 차이 나는 관계를 맺고 있는 차이들을 사유할 수 있도록 해주는 것이 라이프니츠의 미세지각이다. 라이프니츠를 경유해서 보게 되겠지만, 들뢰즈는 칸트가 라이프니츠의 '구별 불가능한 것의 동일성 원리'를 비판하면서도 그의 미세지각이 보여주는 내적 차이를 알고 있었다고 말한다. 먼저 라이프니츠의 미세지각부터 보자.

라이프니츠의 미세지각

라이프니츠는 어떤 구별되는 지각을 갖지 않는 상태, 가령 기절이나 꿈을 꾸지 않는 깊은 수면 등을 예로 들면서 단순한 실체로서 모나드들 안에는 미세한 지각들이 존재한다고 말한다.

우리는 우리 자신 안에서 어떤 것도 기억하지 못하고 어떤 구별되는 지각도 갖지 않는 상태, 따라서 예를 들면 기절이나 꿈을 꾸지 않는 깊은 수면을 경험한다. 이러한 상태에서는 영혼은 단순한 모나드와 명백히 구별되지 않는다.[46]

45 "들뢰즈는 실재적이면서도 현상적인 경험인 과학의 실증성들로부터 그것들의 초월적 조건들을 향하는 전적으로 칸트적인 이행에 착수하며, 이것이 그에게 『차이와 반복』에서 현상적인 강도와 순수한 강도의 구별을 가능하게 한다. 그러므로 강도를 물리학의 영역에서 '완전히 다른 영역'으로 데려간다는 것은 자연철학에서 초월철학으로의 이행으로 돌아온다는 것이다."(A. Sauvagnargues, Deleuze. *L'empirisme transcendantal*, Paris: P.U.F., 2010, p. 308) 들뢰즈가 이념이 현실화되었을 때 시·공간적 역동성들의 크기를 현실화된 차원에서 강도적 크기를 가진다고 말하고, 동시에 잠재적인 차이로서의 이념들의 관계, 질서, 형식 또한 강도로서 사유할 수 있는 것도 바로 이러한 이유에서이다.

46 고트프리트 빌헬름 라이프니츠, 「모나드론」, 『형이상학 논고』, 윤선구 옮김, 아카넷, 2010, 261쪽.

라이프니츠에 따르면 어떤 지각도 갖지 않는 이러한 상태에서도 우리는 지각을 가지고 있어야만 한다.

> 우리가 마취 상태에서 깨어날 때 우리의 지각들을 의식하기 때문에 비록 우리가 그것을 의식하고 있지는 못했더라도 그 바로 직전에 이미 우리는 지각을 가지고 있어야만 한다. 왜냐하면 운동은 자연히 운동으로부터만 발생할 수 있듯이, 지각은 자연히 다른 지각으로부터만 발생할 수 있기 때문이다.[47]

그는 이러한 감각들에 대하여 그것이 무수히 많은 물방울들의 집적에 의해 듣는 파도소리와 같다고 말한다.

> 이것은 대략, 바닷가에 가까이 다가가는 사람들이 듣는 혼동된 소음이 서로 부딪히는 무수히 많은 파도들의 집적에 기인한다는 것과 유사하다.[48]

파도의 소리는 무수한 물방울들이 모여 일정한 도에 이르렀을 때 파도의 소리로서 우리에게 지각된다.

> 내가 바닷가를 산책하면서 바다의 굉장한 소음을 들을 때 나는, 물론 서로 구별할 수는 없지만, 전체의 소음을 구성하는 모든 파도의 개별적인 소음들도 듣는 것처럼, 모든 것을 인식한

---

47 고트프리트 빌헬름 라이프니츠, 「모나드론」, 262쪽.
48 고트프리트 빌헬름 라이프니츠, 「형이상학 논고」, 『형이상학 논고』, 125쪽.

들뢰즈와 칸트

다.[49]

그러므로 이러한 미세지각은 우리의 감관의 지각들이 명석한clair 경우에도 그 아래에서 모호한confus 채로 포함되어 있는 지각이다. 라이프니츠는 명석함과 모호함에 대하여 다음과 같이 정리한다.

> 하나의 인식은, 그것이 표현하는 사물을 다시 인식하는 것이 가능하도록 내가 그 인식을 소유할 때, 명석하다. 그리고 이 인식은 다시금 모호하거나 판명하다. 어떤 사물이 그의 개념이 그 안으로 분해될 수 있는 특징들과 규정들을 가지고 있음에도 불구하고, 내가 그 사물을 다른 것들로부터 구별하기 위하여 그 특징들을 개별적으로 열거할 수 없을 때, 그 인식은 모호하다. 따라서 우리들은 색, 냄새, 맛, 그리고 다른 특수한 감각 대상들을 충분히 명석하게 다시 인식하고 서로를 구별하기는 하지만, 단순한 감각의 증거를 통하여 그렇게 할 뿐, 진술 가능한 특징들을 통하여 인식하고 식별하지는 못한다.[50]

이렇게 라이프니츠는 명석함과 반대되는 것으로 애매한obscur 것을, 다른 것들과 구별이 가능한 것, 즉 판명한distinct 것과 반대되는 것으로 모호함을 이야기한다. 미세지각은 전에 한 번 본 사물을 다시 기억하려고 하는데 다른 사물과 혼동되는 것과 같이 애매한 개념에

49   고트프리트 빌헬름 라이프니츠, 「모나드론」, 242쪽.
50   고트프리트 빌헬름 라이프니츠, 「인식, 진리 그리고 관념에 관한 성찰」, 『형이상학 논고』, 11-12쪽.

서가 아니라, 다시 인식하는 것이 가능한 명석한 개념 아래에서도 모호한 채로 남아 있는 감각들을 말한다.

들뢰즈는 라이프니츠의 이러한 미세지각에 대하여 미세지각이 그 자체로 고려되었을 때에는 명석하고 모호한 것이 아니라 애매하고 판명하다고 말한다.

> 명석과 판명 사이에는 정도상의 차이가 아니라 본성상의 차이가 있어서, 명석이 그 자체로 모호한 것처럼 역으로 판명도 그 자체로 애매한 것이 아닐까? 명석-모호에 대응하는 이 판명-애매란 무엇인가?(DR, 275/459)

미세지각은 그 자체로만 고려되었을 때는 우리의 의식이 다시 의식하기 위해 불러낼 수 있는 명석한 개념이 아니다. 명석한 개념 아래에서는 모호하게 남아 있는 것이지만 그 자체로는 우리에게 인식될 수 없는 애매한 것이다. 그래서 들뢰즈는 그것이 애매하다고 말하고 동시에 판명하다고 말한다.

> 우리는 미세지각들이 그 자체로 판명하고 애매하다(명석하지 않다)고 말한다.(DR, 276/459)

미세지각이 판명한 것은 그것이 내적인 차이를 가지고 있기 때문이다. 모나드들과 그 안에 있는 미세지각들은 동일한 것으로 환원되지 않고 서로 구별되는 것이므로 판명한 것이다. 그래서 들뢰즈는 이러한 미세지각에 관하여 명석한 개념 아래에 있는 모호한 것일 뿐 아

들뢰즈와 칸트

니라 판명하고 애매한 것이어야 한다고 말한다. 라이프니츠는 "데카르트주의자들은 사람들이 의식하지 못하는 지각들을 아무것도 아닌 것으로 간주했는데, 바로 이 점에서 그들은 커다란 실수를 범하였던 것이다"라고 말하기는 하지만, 여전히 데카르트의 진리 인식의 기준으로서 명석함과 판명함의 기준에 맞추어 사고하고 있기 때문에 미세지각을 명석함 아래에 종속시켜 둘 수밖에 없었던 것이다.[51]

그래서 들뢰즈는 "거시적인 '알맞은 형태bonne forme'는 언제나 미시적인 과정에 의존한다"라고 말한다.(Pli, 117/161) 이는 단지 물방울들의 등질적인 부분들이 합산된다는 것을 의미하지 않는다. 물방울들을 관계 맺도록 하는 것은 물방울들 간의 차이적 관계이다. 그렇지 않다면 단 하나의 거대한 물방울을 그저 파도라고 부르면 될 것이기 때문이다. 들뢰즈는 이러한 차이적 관계를 설명하기 위하여 몇 가지 예를 든다.

> 허기가 있다고 하자. 설탕의 부족, 기름의 부족 등은 허기를 주목할 만하거나 현저한 어떤 것으로 규정하는 미분적/차이적 관계에 있어야 한다. 바닷가의 소음이 있다고 하자. 적어도 막 생겨난 이질적인 두 개의 파도가 미세하게 지각되어야 한다. 이는 다른 것들보다 '두드러지고' 의식적인 것이 되는 세 번째 지각을 규정할 수 있는 관계에 있기 위해서이다(그것은 우리가 바다 가까이에 있다는 것을 함축한다). 잠자는 사람의 자세가 있다고 하자. 모든 작은 곡선들, 모든 작은 습곡들은 이것들을 동화시킬

---

51 고트프리트 빌헬름 라이프니츠, 「모나드론」, 257쪽.

수 있는 좋은 자세로서 하나의 태도, 습관, 구부러진 거대한 주
름을 생산하는 관계들에 있어야 한다.(Pli, 117/161)

칸트는 강도적 크기에 대하여 더 작은 도들의 무한한 단계들을 가
진다고 말했다. 라이프니츠는 이러한 칸트의 강도적 크기들에 관하
여 그것들이 차이적 관계에 있는 것들로 사유할 수 있도록 해준다.

라 이 프 니 츠 와   칸 트

들뢰즈가 보기에 칸트는 라이프니츠가 말하는
내적 차이를 발견했음에도 그러한 차이를 외부적 관계에서만 찾았
다. 라이프니츠는 다음과 같이 말한다.

> 각각의 모나드들은 모든 다른 모나드들과 구별되지 않으면 안
> 된다. 왜냐하면 자연에는 서로 완전히 동일하고 내적인 또는
> 고유한 명칭에 근거한 차이가 발견될 수 없는 두 개의 사물은
> 결코 존재하지 않는다.[52]

왜냐하면 "단순한 실체들이 그들의 성질을 통하여 구별되지 않는
다면 사물에 있어서의 어떤 변화를 밝혀낼 방법이 전혀 존재하지 않
을 것이기 때문이다."[53] 칸트는 라이프니츠의 이러한 '구별 불가능한

---

52 고트프리트 빌헬름 라이프니츠, 「모나드론」, 255쪽.
53 고트프리트 빌헬름 라이프니츠, 「모나드론」, 254쪽.

것의 동일성 원리'에 대하여 라이프니츠가 현상들을 지성화했기 때문에 일어나는 일이라고 비판한다. 라이프니츠는 동일한 것처럼 보이는 물방울들이라도 그것이 변화하도록 되어 있는 이상 그 안에 내적인 원리로서 내적 차이를 가지고 있어야 한다고 보는데, 칸트는 이것이 개념적 차이와 시·공간적 차이를 구분하지 않은 데에서 생기는 문제라고 보는 것이다. 칸트는 다음과 같이 말한다.

> 만약 내가 사물 그 자체로서 물방울을 그것의 모든 내적 규정들의 면에 안다면, 나는 두 물방울의 전체 개념이 일양한 경우에, 하나를 다른 하나와 상이한 것으로 여길 수 없다. 그러나 그 물방울이 공간상의 현상이라면, 그것은 그의 위치를 한낱 지성에만 (개념들 가운데) 갖는 것이 아니라 감성적 외적 직관에 (공간상에) 갖는다. (KrV, A272/B328)[54]

그래서 칸트는 1768년의 논문 「공간에서 방향의 제1구분 근거」에

---

54 칸트는 라이프니츠의 '구별 불가능한 것의 동일성 원리'에 대하여 시·공간의 선험적 형식과 개념을 구분히여 시고히기 않았다는 이유로 비판하지만, 실제로 라이프니츠가 시·공간상에서의 구별 자체를 무시한 것은 아니다. 그가 말하고자 하는 바는 구별 불가능한 두 사물이 단지 개념상의 차이가 없기 때문에 동일하다는 것이 아니라, 어떤 사물도 구별 불가능할 만큼 동일한 것은 없다는 것이다. 라이프니츠는 클라크에게 보내는 편지에서 다음과 같이 말하고 있다. "서로 구별 불가능한 두 개별사물은 없습니다. 하노버의 헤렌하우스 궁전 정원에서 일어난 일입니다. 제가 알고 지내던 소피아 선제후 왕비 전하와 담론한 한 귀족은 자신이 완전히 유사한 두 나뭇잎을 발견할 수 있으리라 생각했습니다. 왕비 전하께서는 그에게 그것을 찾아보라고 어명을 내리셨지요, 그는 그런 나뭇잎을 찾기 위해서 한동안 정원을 찾아 헤매야 했습니다. 그러나 그것은 부질없는 일이었지요, 망원경으로 관측된 두 물방울이나 두 우유 방울은 서로 다르게 나타날 것입니다."(고트프리트 빌헬름 라이프니츠, 『라이프니츠와 클라크의 편지』, 배선복 옮김, 철학과 현실사, 2005, 91-92쪽)

서 포개어질 수 없는 두 손의 예를 제시한다. 우리는 두 손에 대하여 개념적으로 완전히 동일한 것으로 생각할 수 있지만, 두 손은 결코 하나의 동일한 손으로 환원될 수 없다. 이러한 예를 통해 칸트는 시간과 공간을 범주와 다른 선험적 형식으로 볼 수 있었던 것이다. 그런데 들뢰즈는 이러한 예로부터 칸트가 이미 '내적 차이'를 발견하고 있었다고 말한다.

> 칸트는 좌우 대칭적인 물체들 안에서 정확히 어떤 내적 차이를 발견했다.(DR, 298/495)

두 손이 완전히 포개어질 수 없다는 것은 그것들이 손이라는 동일한 개념으로 완전히 환원되지 않고 있다는 점을 보여주기 때문이다. 칸트에서는 개념적 차이는 아니라는 이유로, 즉 우리는 여전히 완전히 개념적으로 동일한 두 손을 생각할 수 있다는 이유로, 그것은 내적 차이가 아니라 외부적인 관계의 문제로 남아 있다.

> 칸트에 따르면, 내적 차이는 개념적 차이가 아니라 연장적 크기로서 연장 전체와 외부적 관계를 맺을 수 있을 뿐이다.(DR, 298/495)

칸트가 이러한 내적 차이를 외부적인 결합관계의 문제로 여긴 것은 시간과 공간을 우리의 감성 형식이라고 말하기 위해서이다. 그러나 칸트 또한 공간과 시간을 사물 자체에 부착된 성질처럼 여기는 것을 비판하면서, 우리의 감성적 직관의 형식으로서 공간과 시간에서의 차이를 내적 차이로 여겼다.

> 무엇이 거울에 비친 모습보다 내 손이나 귀와 더 닮고 모든 부
> 분에서 더 똑같을 수 있을까? 그럼에도 나는 거울에서 보이는
> 대로 그러한 손을 그것의 원래 자리에 놓을 수 없다. 그것이 오
> 른쪽 손이었다면 거울 속의 것은 왼쪽 손일 것이고 오른쪽 귀
> 의 모습은 왼쪽 귀일 텐데, 이것은 결코 오른쪽 귀의 위치를 대
> 신할 수 없기 때문이다.[55]

칸트는 이러한 거울의 예를 들면서 여기에는 지성이 생각해 낼 수
있는 내적 차이라는 것은 없음에도 불구하고 감각 능력이 가르쳐 주
는 한에서 그 차이가 내적일 수 있음을 보인다.[56] 그래서 들뢰즈는
칸트와 라이프니츠 모두가 내적 차이를 발견하고 있다고 말하면서,
"그렇기 때문에 칸트와 라이프니츠 사이의 대립은 두 이론 안에 현존
하는 역동적 요인들을 고려함에 따라 약화되어 나타난다"라고 말한
다.(DR, 40/80)

55 임마누엘 칸트, 「학문으로 등장할 수 있는 미래의 모든 형이상학을 위한 서설」, 『학
　　문으로 등장할 수 있는 미래의 모든 형이상학을 위한 서설/자연과학의 형이상학적
　　기초원리』, 김재호 옮김, 한길사, 2018, 62쪽.
56 이러한 대칭적 대상의 역설을 내적 차이로 해석하는 들뢰즈의 관점에 관해서는
　　다음과 같은 저작들 참조. 서동욱, 『들뢰즈의 철학』, 민음사, 2002. C. Kerslake,
　　Immanence and the vertigo of philosophy, pp. 138-141. 안 소바냐르그는 이
　　대칭적 대상의 역설에 대한 들뢰즈의 해석이 메를로퐁티와 후설의 관점과 유사하다
　　는 것을 보이고 있다. A. Sauvagnargues, *Deleuze. L'empirisme transcendantal*,
　　pp. 304-305 참조.

차이와 강도

들뢰즈는 이렇게 라이프니츠 뿐만 아니라 칸트로부터도 내적 차이를 읽어낸다. 그렇게 할 때 차이는 근본적인 것이 되고, 강도적 크기는 연장적 크기에 종속되지 않은 차이들의 크기가 될 수 있다. 우리는 앞서 이념으로서의 차이는 다른 차이들과 차이 나는 관계만을 맺고 있고, 이러한 차이들의 형식이 강도라고 말했다. 강도가 차이의 형식이라는 것은 다음과 같은 것을 의미한다.

> 모든 강도는 E-E′이고, 거기서 E는 그 자체로 e-e′로 되돌려지고, e는 다시 ε-ε′로 계속해서 되돌려진다.(DR, 287/476)

즉, 강도는 차이가 다른 차이들과 차이 나는 것으로서 계속해서 관계 맺는 질서를 가리킨다. 차이가 차이 나는 것으로서 차이들과 관계 맺는다는 것은 곧 '계속되는 불일치dispars'를 의미한다. 이렇게 잠재적인 이념으로서의 차이가 차이 나는 것으로서 다른 차이들과 불일치의 관계만을 맺을 때 그러한 이념이 현실화되는 차원에서 역시 시·공간적 역동성들만이 있게 된다. 그것이 들뢰즈가 역동성들에 대해 그것들이 강도적 장을 전제한다고 말하는 이유이다. 이제 우리는 앞서 인용한 바를 이해할 수 있다.

> 역동성들은 언제나 그 안에서 스스로를 생산하는 어떤 장을 전제한다. 그 밖에서 역동성들은 스스로를 생산할 수 없다. 이러한 장은 강도적이다. 다시 말해, 이러한 장은 강도적 차이들의

깊이 안에서의 분배를 함축한다.(MD, 135/493)

강도는 잠재적인 이념으로서의 차이가 그 자체로 봉인하고 있는 시·공간적 역동성들을 현실화된 차원에서 분배하는 형식이며 질서이다. 그러므로 그러한 강도적 장 위에서만 시·공간적 역동성들은 시·공간적 역동성들로 생산될 수 있다. 그리고 시·공간적 역동성들은 강노석 상 위에서 차이적 크기, 즉 강토적 크기를 가진다.

강도와 영원회귀

만일 우리가 강도적 크기에 대해 칸트처럼 어떤 연장 안에 개봉되어développer 있는 것으로, 그래서 언제나 정체성을 가지는 어떤 현상으로 환원될 수 있는 것으로 생각한다면, 그것은 동일성의 질서를 기준으로 차이를 소멸시켜 버리는 일이 된다. 그러나 강도는 동일성의 질서, 동일화하는 질서가 아니라 오직 불일치의 질서, 불일치의 형식이다. 칸트의 강도적 크기는 라이프니츠에서의 차이적 관계처럼 또는 그 자신이 발견한 내적 차이와 함께 사유할 때에만, 단지 감각적 질료에 국한되는 것이 아니라 시간과 공간을 이루고 있는 내적 차이로 설명될 수 있다. 그래서 들뢰즈는 다음과 같이 말한다.

순수 직관으로서의 공간, 공-간spatium은 강도적 크기이다. 그리고 강도는 초월적 원리로서 단순히 지각의 예취가 아니

다.(DR, 298/495)

이는 공간을 어떤 동질적인 현상이 채우고 있는 것이 아니라 차이적 관계들이 이루고 있는 것임을 의미한다. 공간을 '부분 밖의 부분'이라는 의미에서 연장적 크기로 이해하게 되면, 그러한 차이적 관계들을 이해할 수 없다. 들뢰즈는 강도적 크기로 이해된 공간을 깊이profondeur로서 이해한다. 길이나 넓이 개념 아래에 감추어져 있는 것은 차이적 관계를 의미하는 깊이이다.

> 모든 깊이는 틀림없이 하나의 가능한 길이, 가능한 넓이일 것
> 이다. 하지만 이러한 가능성은 오로지 관찰자가 위치를 바꾸
> 고, 추상적인 개념 속에서 그 자신에 대한 길이와 타인에 대한
> 길이를 재결합하는 한에서 실현될 뿐이다.(DR, 295/490~491)

우리는 추상적인 개념을 통해서만 공간을 연장적 크기로 환원시킬 수 있는 것이다. 어떤 공간을 삼차원으로 이해하는 것은 점과 선과 면으로 환원시켜 그것을 계산할 수 있는 연장적 크기로 만들었을 때에만 가능하다. 그래서 들뢰즈는 공간을 그러한 삼차원으로 환원되는 것으로서가 아니라 자기 안에 고유한 질적인 크기들을 가지고 있는 것으로 사유하기 위해 '깊이'라고 말한다.

시간에 대해서도 동일하게 말할 수 있다. 앞서 들뢰즈가 시간의 세 가지 종합에 대해 설명하면서 가장 근본적인 층위는 즉자적 차이의 층위라고 이야기한 것을 보았다. 시간의 종합은 우리 안에서 일어나는 것이기 때문에, 그러한 즉자적 층위는 시간의 종합으로서 사유될

들뢰즈와 칸트

수 없는 것이다. 그러나 시간의 세 번째 종합에서 들뢰즈는 그러한 즉자적인 차이들의 세계에 근접하는 영원회귀 개념을 읽어내었다. 어떤 동일성도 유사성도 전제하지 않는 영원회귀는 차이의 세계를 근거로 하는 것이다.

> 무엇 때문에 니체는 영원회귀가 그의 발명이며 반시대적이거나 미래적인 믿음인을 아는 것일까? 그것은 '그의' 영원회귀가 같은 것의 회귀, 유사하거나 동등한 것의 회귀가 결코 아니기 때문이다.(DR, 312/517)

들뢰즈는 유사성이나 동등성이 아니라 차이들만이 돌아오는 영원회귀가 강도적임을 강조한다.

> 영원회귀는 질적이지도, 연장적이지도 않다. 그것은 강도적일 뿐 아니라 순수하게 강도적이다. 다시 말해, 영원회귀는 차이로부터 언명되는 것이다.(DR, 313/518)

이렇게 시간의 세 번째 종합으로서 영원회귀의 종합이 차이 나는 것들을 차이 나는 것으로서 돌아오게 할 때, 시간의 종합 전체는 계속되는 불일치로서의 강도라는 형식과 동일한 것이 된다.

강도의 세 가지 특성

들뢰즈는 강도의 특성으로 세 가지를 제시하는데, 첫 번째는 앞서 말한 것처럼 강도가 차이의 질서이자 형식이며, 강도에 의해 강도적 크기를 분배받은 시·공간적 역동성들은 그 자체로 차이적 크기를 나타낼 수 있다는 것이다. 그래서 들뢰즈는 "강도적 크기는 즉자적으로 비동등한 것을 포괄한다"라고 말한다.(DR, 299/496) 즉자적으로 비동등한 것은 바로 차이의 존재를 가리킨다. 차이가 균질적인 것, 동등한 것이라면 그것은 언제든지 계산될 수 있는 크기로 환원되어 버릴 것이다. 반면 더 이상 계산될 수 있는 양적인 크기를 의미하지 않는 강도적 크기는 동등하지 않은 차이를 포괄하는 것으로 사유될 수 있다. 강도적 크기는 더 이상 칸트에서처럼 연장적 크기 안으로 포섭될 수 없는 것이다.

강도의 두 번째 특성은 이러한 첫 번째 특성으로부터 비롯되는 것인데, "차이를 긍정의 대상으로 만든다"는 것이다.(DR, 301/500) 들뢰즈는 헤겔의 부정성에 대하여 비판하면서 칸트를 염두에 두어야 한다고 지적한다.

> 실재적 모순의 본성은 한 사물을 그것이 아닌 모든 것과 구별하는 것으로서, 이는 칸트에 의해 처음으로 정립된 공식이었다.(DR, 65/122)

칸트는 신 이념을 검토하는 '초월적 이상'에서 개념과 사물을 비교하면서 다음과 같이 말한다.

> 각 개념은 그 자신 안에 포함되어 있지 않은 것에 대해서는 미규정적이지만, 서로 모순대당적인 두 술어 중 어느 쪽이든 하나만이 그 개념에 귀속할 수 있다는 규정될 수 있음의 원칙 아래 있다.(KrV, A571/B599)

즉, 개념은 순전히 논리적인 형식만을 고려할 때 이러한 배중률에 따른다. 반면 이러한 논리적인 가능성이 아니라 실존하는 사물의 가능성은 모든 가능한 술어들의 총괄로부터 규정되어야 한다.

> 한 사물을 완벽하게 인식하기 위해서는 사람들은 모든 가능한 것을 인식해야만 하고, 그로써 그 사물을 긍정적으로든 부정적으로든 규정해야만 한다.(KrV, A573/B601)

'모든' 가능성, 즉 가능성 전체라는 것은 경험 안에서 일치하는 대상을 찾을 수 없는 것이므로 지성의 개념으로 규정할 수 있는 것이 아니라 오직 이념으로서 주어지는 것이다. 칸트는 그것의 객관적 실재성을 증명함에 있어서는 문제성 있는 개념임에도 불구하고, 모든 술어들을 귀속시키는 '실재의 총체omnitudo realitatis'로서의 신이 모든 사물들의 가능성의 근거로서 놓여 있기 때문에 규정 자체가 가능해진다고 말한다. 이는 신의 실존을 전제하는 것이 아니라 신 이념을 전제하는 것이며, 따라서 모든 술어들의 총괄로서의 신 이념이 규정의 무조건적인 전체성으로부터 조건적인 규정들을 도출할 수 있는 원리라고 말하고 있는 것이다. 이념으로서의 신은 모든 실재하는 사물들을 총괄로서 있는 것이 아니라 모든 사물들을 가능하게 하는

'조건'으로서 있는 것이다.[57]

바로 이러한 점에서 칸트는 참된 부정은 오직 제한일 수만 있다고 말한다.

> 모든 참된 부정들은 다름아니라 제한들로서, 만약 무제한적인
> 것(즉 모두)이 기초에 놓여 있지 않다면 그것은 부정들이라고 불
> 릴 수 없을 것이다.(KrV, A576/B604)

들뢰즈는 칸트가 이렇게 실재적 모순이 완전한 규정을 얻기 위해 서는 실재성 전체라는 이념이 먼저 성립해 있어야만 한다고 본다는

---

57 서동욱은 칸트의 실재의 총체로서의 신과 스피노자의 속성들 전체로서의 신, 그리고 들뢰즈의 기관들 없는 신체를 비교하면서 다음과 같이 중요한 관점을 제공한다. "칸트는 신을 '실재의 총체omnitudo realitatis'로 정의하는데, 이는 사물(피조물)이 가질 수 있는 모든 술어가 담긴, 말하자면 재료 전체의 저장고와 같은 것이다. 이는 바로 스피노자에서 '무수한 속성들 전체'에 해당하는 개념이다. 이런 맥락을 염두에 두고 들뢰즈는 스피노자에서 신(속성들 전체)에 해당하는 자신의 개념 '기관들 없는 신체'를 칸트의 '실재의 총체'와 동일한 것으로 취급하고 있다. 그러나 신이 사물이 가질 수 있는 술어의 저장고에 불과하다면, 그 신은 스피노자적인 내재적 신에 머물 수밖에 없다는 것을 칸트 역시 잘 알고 있었을 것이다. [……] 궁극적으로 칸트는 신과 피조물의 관계를, 술어 전체의 저장고로서의 신(실재의 총체)에 제한을 가함으로써, 제한된 술어가 부여된 사물이 출현하는 것 정도로만 이해한 것이 아니다. 이럴 경우 신은 피조물에 대해서 어떤 목적론적 원리도 되지 못한다. 오히려 이와 달리 칸트에서 신은 피조물과 분리된 원인, 즉 감성계 안의 피조물 안에서 신에 속한 것이 인식될 수 없는 그런 원인이다."(서동욱, 「일의성의 존재론」, 『스피노자의 귀환』, 서동욱·진태원 엮음, 민음사, 2017, 207-208쪽) 서동욱은 칸트가 신이라는 근원 존재자Ens originarium를 단지 파생적 존재자들의 집합물로 본 것이 아니라 파생적 존재자들과 분리된 원인으로 보았다는 점에서 스피노자의 신과 다르다는 점을 지적한다. 그에 따르면 칸트에서 신은 단지 실재의 총체라는 개념에 그치는 것이 아니라, '감성계적 존재자에 대한 탁월한 원리'이다. 따라서 칸트의 실재의 총체로서의 신은 긍정적으로 '기관들 없는 신체'와 동일시될 수 있지만, 파생적 존재자들을 낳는 분리된 원인으로서 '최고 실재 존재자ens relissimum' 개념은 들뢰즈에 있어 비판에 부쳐진다.

점에서, 그가 실재적 모순의 본성을 처음으로 정립했다고 말한다. 그러나 그는 또한 다음과 같이 덧붙인다.

> 칸트는 '완전한 규정'이라는 이름 아래에서, 최고 존재자Ens summun로서 실재성 전체의 지위에 실재적 모순을 의존하게 만든다. 그러므로 이 신학적인 무한한 크기를 수학적으로 다루기를 기대하는 것은 소용없는 일이다.(DR, 65/122)

최고 존재자는 무한한 크기를 가지는 것이므로, 이는 실존하는 사물들 전체로 주어지는 것이 아니며 오직 조건이자 원리로서만 주어질 수 있다. 들뢰즈는 단지 실재성 전체가 아니라 모든 것들의 원인으로서의 신의 지위를 전제하게 된다는 점에서 신학적 크기를 가지는 신에 대해서는 비판적인 태도를 취한다. 하지만 실재의 총체라는 관점에서 신 이념은 그것이 없으면 제한으로서의 부정이 성립할 수 없다는 점에서 헤겔의 모순이 근본적이지 않음을 보여줄 수 있는 긍정적인 관점을 제공한다. 들뢰즈는 칸트의 이 '실제의 총체'라는 관점을 통해 헤겔의 모순 안에서 부정성으로 규정되고 마는 차이를 비판한다.

> 차이는 부정이 아니다. 반대로 부정적인 것은 협소한 관점에서 본 전도된 차이이다. 그것은 언제나 소의 눈에 비친 촛불에 불과하다.(DR, 303/503)

부정은 언제나 그에 앞선 실재성 전체를 전제하며, 그것의 제한으로서의 부정을 의미하므로, 부정성에는 언제나 동일성이 앞선다. 그러므로 차이는 그러한 동일성에 종속된 부정으로는 환원될 수 없다. 부정성은 단지 차이의 '그림자'만을 보여줄 뿐이다.

> 차이는 어떤 부정적인 것 안에서 자신의 개념을 발견한다. 그러나 이는 순수한 제한의 부정이며, 어떤 상대적인 무이다.(DR, 67/125)

강도는 차이 안의 미분적 요소들을 차이 나는 관계들에 있는 것들로서 사유한다는 점에서 부정성이 보여주는 방식처럼 동일성으로 차이들을 환원시키지 않고 사유할 수 있도록 한다. 이것이 강도가 차이를 긍정의 대상으로 만든다는 것의 의미이다.

마지막으로 강도의 세 번째 특성은 그것이 "함축되고 봉인된 양"을 의미한다는 것이다.(DR, 305/507) 강도는 잠재적인 차이가 봉인하고 있는 시·공간적 역동성들을 현실화된 차원에서 생산될 수 있도록 하는 형식이자 질서이다. 강도는 불일치의 형식이자 불일치의 질서이다. 그러므로 현실화된 시·공간적 역동성들이 강도적 크기를 가진다는 것은 불일치의 관계에 있는 내적 차이들을 함축하고 있다는 것을 의미한다. 들뢰즈는 칸트가 강도적 크기를 연속량으로 환원시킴으로써 그 연장적 크기를 유지시키고 있다고 비판하면서도, 그가 강도적 크기를 한 순간의 포착에 의해서만 일어난다고 말하는 것에서 중요한 의의를 발견한다. 칸트는 조명을 받은 면이나 달빛의 몇 배로 환원되는 햇빛 등에 대한 예를 들기도 하지만, 그것의 포착에 대해서는 한 순간에 일어난다고 말했다. 들뢰즈는 바로 이러한 점에서 가령 우

리가 지금 30도라고 말할 때 30도의 온도는 10도를 세 번 합한 것이 아니라고 말한다.[58]

또한 들뢰즈는 『차이와 반복』에서도 "우리가 하나의 온도가 온도들로 합성되는 것이 아니고, 하나의 속도가 속도들로 합성되는 것이 아니라는 것에 주목하게 되면, 각각의 온도는 이미 차이를 의미한다"라고 쓴다.(DR, 306/507) 들뢰즈의 관점에서 보면, 각각의 온도는 이미 내적 차이를 함축하고 있다. 그렇기 때문에 강도적 크기들은 계산될 수 있는 양으로 환원되지 않는 것이다. 강도의 질서 아래에서 내적 차이들은 서로 비동등한 관계를 맺고 비대칭적으로 결합된다. 그러므로 우리는 강도에 대해서도 즉자적으로 비동등한 차이들 사이의 비대칭적인 관계를 함축하고 봉인하고 있다고 말해야 한다.

이렇게 들뢰즈는 자신의 차이 개념을 칸트적 이념으로 세우고, 그러한 이념이 시·공간적 역동성들을 봉인하고 있는 것이며, 따라서 칸트에서처럼 범주적 규정 아래에 있는 도식의 매개가 필요하지 않음을 보인다. 차이의 형식은 오직 불일치의 형식으로서 강도이며, 그것은 비동등한 차이들이 칸트가 말하는 것처럼 시간규정에 따라 연속량으로 환원되는 양만을 가지지 않는다는 것을 의미한다. 강도적 크기를 가진다는 것은 감각되는 것들을 계산될 수 있는 크기로 환원시킨다는 것이 아니라 내적 차이들을 가지는 것으로 사유하는 것을 뜻한다. 들뢰즈는 이러한 차이들의 근본적인 층위에까지 우리의 경험적 자아들 또한 이끈다. 그것이 시간의 세 가지 종합이 보여주었던 바이다. 칸트는 권리적 차원에서의 분열증을 예감했지만 촉발이라

58　G. Deleuze, "Cours vincennes 21/03/1978".

는 관계로 화해시키는 데에 머문다. 들뢰즈는 그로부터 더 나아가 분열을 가속화한다. 이제 우리는 이념의 현실화의 문제를 다룰 것이다. 들뢰즈는 이미 우리가 살펴본 바 있듯이 자아, 우주, 그리고 신이라는 형상화된 이념들을 비판했다. 그러한 관점에서 들뢰즈가 말하는 이념의 실재성과 현실화는 형상화된 이념들이 실재성을 가지고 현실화된다는 것을 의미하지 않음을 알 수 있다. 오직 차이로서의 이념만이 직접적으로 현실화될 수 있는 것이다.

9장

이념의 현실화

이념의 현실화

　　　　칸트적 이념과 들뢰즈적 이념을 다루면서 들
뢰즈가 어떻게 칸트적 이념을 비판하는지 보았다. 들뢰즈가 보기에
미규정성, 규정 가능성, 그리고 규정이라는 이념의 세 가지 계기들을
통일적으로 사유하지 않았을 때, 이념들은 자아, 우주, 그리고 신에
대한 이념들로 구현된다. 그래서 들뢰즈는 그것들을 차이로서의 이
념의 세 계기들로서 사유하고자 했다. 그리고 차이로서의 이념은 도
식의 '유사물'의 매개를 통해서 경험적 대상과 관계를 맺는 것이 아니
라, 그 자체 안에 시·공간적 역동성을 봉인하고 있다. 그렇다면 이는
이념이 직접적으로 현실화될 수 있다는 것을 의미한다. 들뢰즈에게
중요한 것은 시·공간적 역동성을 봉인하고 있는 이념이 어떤 매개도

없이 현실화되는 방식이다. 들뢰즈는 이를 앞서 본 것처럼 '드라마화 dramatisation'라고 부른다.

> 모든 것은 우리가 역동성들을 제기할 때 뒤바뀌게 된다. 역동
> 성들은 더 이상 개념의 도식들이 아니라 이념의 드라마들이
> 다.(DR, 281/468)

들뢰즈가 도식의 유사물의 매개를 통해서가 아니라 잠재적인 이념들의 현실화를 말한다는 점에서 우리는 그가 포스트칸트주의자들과 유사한 문제의식을 가지고 있다는 것을 알 수 있다.[59] 들뢰즈는 차이라는 이념을 통해 칸트가 현상계와 예지계를 구분하고 그 사이의 건널 수 없는 심연을 만드는 것에 반대하고 있는 것이다. 칸트는 다음과 같이 명시한다.

---

59 들뢰즈와 포스트칸트주의자들의 문제의식 비교는, C. Lundy&D. Voss(eds.) *At the edges of thought: Deleuze and post-kantian philosophy*, Edinburgh: Edinburgh University Press, 2015 참조. 또한 커슬레이크는 들뢰즈와 포스트칸트주의자들의 문제의식의 연관성을 이야기하면서 들뢰즈 연구가들에게서 칸트철학과의 연관성이 간과되어 왔다고 말한다. 그가 보기에 피터 홀워드Peter Hallward는 들뢰즈가 칸트 '이전적인' 형이상학자라고 계속해서 주장하며, 마누엘 데란다Manuel DeLanda는 『강도의 과학과 잠재성의 철학』에서 칸트의 인식론적 문제를 거의 참조하지 않으면서 들뢰즈가 형이상학자라고 주장한다. C. Kerslake, *Immanence and the vertigo of philosophy*, pp. 5-11 참조. 커슬레이크는 칸트의 초월철학에 대한 포스트칸트주의자들의 주장을 심도 있게 조명하면서 들뢰즈의 문제의식이 이와 긴밀히 연결되어 있다고 주장한다. 그러나 다니엘라 보스Daniela Voss는 이러한 커슬레이크의 관점이 들뢰즈의 급진적인 관점을 잃어버리게 만든다고 비판한다. D. Voss, *Conditions of thought: Deleuze and transcendental ideas*, Edinburgh: Edinburgh University Press, 2013, pp. 9-11 참조.

들뢰즈와 칸트

신·예지 세계(신의 나라)·[영혼의] 불사성이라는 이념들이 우리 자신의 본성에서 취해진 술어들에 의해 규정될 때, 이 규정을 저 순수한 이성 이념들의 감성화(신인동형론)나 초감성적 대상들에 대한 초험적/초재적 인식으로 보아서는 안 된다.(KpV, A246)

그럼에도 불구하고 칸트는 『판단력비판』에서 다음과 같이 말한다.

감성적인 것인 자연 개념의 구역과 초감성적인 것인 자유개념의 구역 사이에는 헤아릴 수 없는 간극이 견고하게 있어서, 전자로부터 후자로 (그러므로 이성의 이론적 사용에 의거해서) 건너가는 것이, 마치 한쪽이 다른 쪽에 아무런 영향도 미칠 수 없는 서로 다른 두 세계가 있는 것처럼, 가능하지 않다고 할지라도, 그럼에도 후자는 전자에 대해 어떤 영향을 미쳐야만 한다. 곧, 자유개념은 그의 법칙들을 통해 부과된 목적을 감성 세계에서 현실화해야만 하며, 따라서 자연은 또한 그것의 형식의 합법칙성이 적어도 자유법칙들에 따라서 자연에서 실현되어야 할 목적들의 가능성과 부합하는 것으로 생각될 수 있지 않으면 안 된다.(KU, BXIX~XX)

이로부터 우리는 이념들이 감성과 관계를 맺고 있어야 하며, "감성계와 초감성계 사이의 심연은 진정으로 메워지기 위해서 존재할 뿐"이라는 것을 알 수 있다.(PCK, 57/80)

칸트는 자신이 자연 인과성과 자유에 의한 인과성을 구별하면서 양자 사이의 관계를 설명할 때 의도한 바는 직접적인 영향관계가 아니라고 강조한다. 자연이 도덕법칙에 방해든 촉진이든 어떤 영향을 미친다면, 이는 양자의 직접적인 관계에 의한 것이 아니라 양자의 결과들 사이에서 일어난 것일 뿐이다.

> 자연과 자유 사이에 있는 것이 아니라, 현상으로서의 자연과
> 감성 세계 내의 현상들로서 자유의 결과들 사이에 있는 것이
> 다. 그리고 (순수하고 실천적인 이성의) 자유의 인과성조차도 저
> 자유의 인과성에 종속된 (인간으로서, 따라서 현상으로서 보아진 주
> 관의) 자연원인의 인과성이다.(KU, BLV)

이렇게 칸트는 감성계의 초감성계에 대한 영향은 직접적인 영향관계가 아니라 현상으로서의 자연과 자유 사이의 관계, 그리고 자유의 인과성에 종속된 자연 인과성과의 관계라는 방식으로 설명한다. 자연법칙 아래에 있는 우리 자신이 경향성에 따라 도덕법칙을 따르지 않게 되거나, 또는 오로지 행복을 위해서 덕 있는 행위를 하는 것은 자연법칙이 도덕법칙에 영향을 미친다는 것을 의미하는 것이 아니라, 이성적 존재자로서 우리 자신은 도덕법칙 아래에 있지만 시간상의 현존으로서 우리 자신은 자연법칙의 아래에 있기 때문이다.

그럼에도 불구하고 들뢰즈는 감성계와 초감성계 사이의 심연은 메워져야만 하고, 이념은 직접적으로 현실화되어야 한다고 말한다. 다시 한 번 강조해서 말하자면 들뢰즈가 이렇게 말하는 이유는 자유와 영혼, 그리고 신이 감성 세계에 구현될 수 있다는 의미가 아니라, 차이로서의 이념이 그 자체로 실재하고 현실화될 수 있음을 보이기 위

들뢰즈와 칸트

해서이다. 들뢰즈가 칸트의 도식을 드라마화로 대치하는 것은 바로 이러한 의미에서이다.

> 답변은 아마도 몇몇의 포스트칸트주의자들이 지적했던 방향 안에서 이루어질 수 있을 것이다. 순수한 시·공간적 역동성들 은 이념들을 구현하고 현실화하기 때문에, 개념들을 드라마화 하는 힘을 가진다는 것이다.(MD, 130/499)

즉, 칸트에서처럼 12개의 범주에 따른 시간규정의 매개에 의해서 개념적 규정과 시·공간적 규정이 관계를 맺게 되는 것이 아니라, 이 념 안에 봉인되어 있는 시·공간적 역동성들에 의해 개념들 역시 역 동성들만큼 다양하고 역동적이 된다는 것이다. 그래서 들뢰즈는 "어 떤 사물도 우리가 그것의 현실화된 차원에서 역동적인 시간과 공간 을 발견할 때, 개념 안에 있는 그것의 동일성과 재현représentation 안 에 있는 그것의 유사성을 잃어버리지 않을 수 없다"라고 말한다.(DR, 282/469)

초감성계와 감성계 사이의 심연

『실천이성비판』에는 이러한 초감성계와 감성 계 사이의 심연을 해결할 수 있는 방식들이 등장한다. 먼저 실천이성 과 감성의 관계 문제는 실천이성의 동기로서 존경의 감정으로 이야 기될 수 있다. 『실천이성비판』에서 감성은 직관이 아니라 감정으로서 감성을 가리킨다. 『실천이성비판』의 체계를 살펴보며 이야기한 것처럼 칸트에게는 도덕법칙을 쾌의 감정으로부터 독립시켜 놓는 일이 무엇보다도 중요한데, 그럼에도 불구하고 그가 '순수 실천이성의 동기'라고 부르는 존경의 감정만은 예외이다. 감정이란 대상의 현존에 의존해 있는 것이기 때문에 주관의 수용성에 기초하고 있으므로, 지성에 속하는 것이 아니라 감성에 속하는 것이다. 그러나 존경의 감정은 어떤 객관도 지향하고 있지 않기 때문에 경험적 근원을 가지지 않는다. 존경의 감정은 오직 도덕법칙에 대한 것이며 도덕법칙 외에는 존경의 감정을 불러일으키는 것은 없다. 그래서 칸트는 도덕법칙 자체가 순수 실천이성의 진정한 동기라고 말하는 방식으로, 법칙에 대한 존경의 감정을 예외적으로 결부시켜 놓는다.

칸트에 따르면 도덕법칙에 대한 존경은 우리의 모든 경향성을 방해하는 것이기 때문에 도덕법칙에 따르는 감정은 즐거움보다는 고통이라 불릴 수 있는 감정이다. 물론 존경의 감정은 즐거움도 고통도 아니지만, 모든 경향성들의 충족으로서 자기 행복을 방해한다는 점에서는 그렇다. 칸트는 존경의 작용결과로서 도덕법칙을 따르는 일은 "삶을 쾌적하게 해줄 모든 것과 관련해서는 순전히 부정적이다"라고 말한다.(KpV, A157) 칸트는 이 존경의 감정에 대하여 다른 어떤 수용적인 감정들과도 다른 적극성을 가진다고 강조한다. 자기 행복을 향한 감성의 충동들보다 도덕법칙이 우선하도록 하는 존경의 감정은 스스로 도덕법칙에 따르게 하는 직접적인 동기가 되기 때문에 적극적인 감정인 것이다.

이렇게 칸트에게 있어서 존경의 감정은 도덕을 실현하게 하는 동기가 될 수 있지만, 그것은 오직 도덕법칙이라는 근거에 의한 것이다.

도덕법칙이 자신의 법칙에 반하는 모든 경향성들을 빼앗음으로써 생기는 것이 도덕법칙에 대한 존경의 감정인 것이다. 칸트는 이러한 방식으로 실천이성과 감성의 관계를 설명할 수 있다고 보았다.

> 우리의 모든 경향성의 기초에 놓여 있는 것인 감성적인 감정은 우리가 존경이라고 부르는 그런 감각의 조건이기는 하지만, 이런 감정 규정의 원인은 순수한 실천이성 인에 놓여 있으며, 그래서 이 감각은 그 근원에 있어서 정념적일 수 있는 것이 아니라, 실천적으로 작동된 것이라고 일컬어져야 한다.(KpV, A134)

이러한 문제는 과연 칸트가 의도하는 바와 같이 '칸트의 도덕은 도덕의 고유한 실현(réalisation)에는 무관심한 채로 남아 있다'라는 오해를 불식시킬 수 있는가?(PCK, 57/80) 들뢰즈는 칸트처럼 존경의 감정을 다른 경향성들로부터 분리시켜 생각하는 방식만으로는 실천이성과 감성의 관계 문제에 대해 완전히 설명할 수 없다고 본다. 적극적 감정으로서의 존경이 지성적 원인을 갖는다고 해도, 그것은 어디까지나 현상계에 속하는 감성적인 감정이며, 그것이 예지계적 원인을 갖는다면, 현상계와 예지계 사이의 관계를 설명할 수 있어야만 하는 것이다. 존경의 감정은 양자 사이가 반드시 관계를 맺어야만 한다는 것, 즉 도덕의 실현 문제가 해결되어야 한다는 것을 보여줄 뿐이다. 앞서 말한 바 있듯이 '초감성계와 감성계의 심연'은 제거되어야만 한다.

범형성

　　　　　　칸트는『실천이성비판』에서 초감성적 자연을
다음과 같이 정의한다.

> 동일한 이성적 존재자들의 초감성적 자연이란 일체의 경험적
> 조건에서 독립적인, 그러니까 순수 이성의 자율에 속하는 법칙
> 들에 따르는 사물들의 실존을 말한다.(KpV, A74)

　만일 이성적 존재자가 경험적으로 조건 지어진 법칙에 따라 자연
을 인식한다면, 그러한 인식은 이성의 자율적 인식이라고 말해질 수
없다. 초감성적 자연은 이성의 자율에 속하는 법칙에 따라 사물들의
현존에 대해 인식할 때 그러한 법칙들 아래에 있는 사물들의 실존을
말한다. 그리고 이성의 자율에 속하는 법칙이란 바로 도덕법칙이다.
우리는 앞서 자연으로부터의 원인성뿐만 아니라 자유로부터의 원인
성도, 우리가 그것을 증명할 수는 없지만 반드시 있다고 상정되어야
한다고 말했다. 그리고 그러한 자유로부터의 원인성이 알려주는 자
연법칙과는 다른 법칙은 자유에 대한 인식근거로서 도덕법칙일 수밖
에 없다.

> 사실상 도덕법칙은 그 이념에 따라 우리를, 순수 이성이, 자기
> 에 알맞은 물리적 능력을 동반하고 있다면, 최고선을 만들어
> 냈을 그런 자연 안에 옮겨놓고, 우리의 의지를 이성적 존재자
> 들의 전체인 감성 세계에 그 형식을 나누어 주도록 규정하는

것이니 말이다.(KpV, A75)

칸트는 초감성적 자연을 원본자연이라 부르고, 감성적 자연은 모상자연이라고 부른다. 왜냐하면 초감성적 자연은 마치 '견본을 위한 도안인 양' 놓여 있기 때문이다. 이러한 관계 때문에 초감성적 자연과 감성적 자연은 범형적인 관계를 맺을 수 있다. 초감성적 자연이 감성적 자연의 도안이라면, 역으로도 감성적 자연은 견본으로서 초감성적 자연을 구체적으로 그려보일 수 있는 범형을 제공할 수 있는 것이다. "그러므로 감성 세계의 자연을 예지적 자연의 범형으로 사용하는 것도 허용"된다.(KpV, A124)

칸트에 따르면 이러한 범형적인 관계를 통해 선과 악이라는 실천이성의 대상들을 단지 행복의 결과라고 보거나, 단지 범형적인 관계에 있는 것을 도식이 매개하는 관계로 봄으로써 비감성적 직관들을 도덕의 기초에 두는 것을 막을 수 있다. 칸트는 전자를 '실천이성의 경험주의'라고 부르고, 후자를 '실천이성의 신비주의'라고 부른다.

실천이성의 경험주의는 감성적 자연과 초감성적 자연을 단지 범형적인 관계에 있는 것으로 보는 것이 아니라, 자연법칙으로부터 도덕법칙을 이끌어 낼 수 있는 것으로 보는 것이기 때문에, 행복과 실천이성의 대상으로서 선과 악을 직접적인 인과관계에 놓는 것이다. 칸트가 강조하는 바에 따르면, 행복은 설령 그것이 우리의 마음씨를 고양시킬 수 있다고 하더라도 도덕법칙에 대한 복종이 아니며, 그에 따라 행위하는 것은 우리가 우리의 의무에 따라 도덕적으로 행위하는 것일 수 없다.

실천이성의 신비주의는 우리가 곧 다루어야 할 문제와 관련되어 있는데, 범형적인 관계는 상징적인 관계이지 도식이 매개하는 관계가 아니라는 것을 보여주기 때문이다.

> 이 같은 범형성은 또한, 단지 상징으로만 쓰이는 것을 도식으로 삼는, 다시 말해 (보이지 않는 신의 나라에 대한) 현실적인, 그럼에도 비감성적인 직관들을 도덕 개념들의 적용 기초에 두고, 초험적/초재적인 것으로 넘어 들어가 헤매는, 실천이성의 신비주의를 예방한다.(KpV, A125)

도덕법칙에 따르는 초감성적 자연을 도식이 그렇게 하듯이 구체적으로 감성적 직관이 주어질 수 있는 것으로 그려 보이는 일이 바로 실천이성의 신비주의가 빠지게 되는 오류이다.

이렇게 들뢰즈가 매개 없는 잠재적인 이념의 직접적인 현실화를 말하는 것과 달리, 칸트는 오직 유비, 범형, 상징만이 가능하다고 말한다. 우리는 1장에서 유비와 상징에 대해 언급한 바 있는데, 이제 이념이 현실화되는 모든 방법을 파악하게 된 것이다.

칸트에 따르면 범형적인 관계는 도식이 매개하는 것이 아니므로 이 관계에 상상력이 끼어들 자리는 없다. 그는 이를 다음과 같이 명확히 표현하고 있다.

> 감성적 직관의 대상들이 그 자체로 종속해 있는 법칙으로서의 자연법칙에는 (법칙이 규정하는 순수 지성 개념을 감관들에서 선험적으로 그려내는) 도식, 다시 말해 상상력의 보편적인 수행방식이 부응한다. 그러나 (전혀 감각적으로 조건 지어져 있지 않은 원인성인)

> 자유 법칙의 기초에는, 그러니까 또한 무조건적 선의 개념의 기
> 초에는 어떠한 직관이, 그러니까 그 개념을 적용하기 위한 어
> 떠한 도식이 구체적으로 놓여 있을 수 없다. 따라서 도덕법칙
> 은 지성—상상력이 아니다—이외에 도덕법칙의 자연 대상
> 들에 대한 적용을 매개하는 다른 어떤 인식 능력도 갖지 않는
> 다.(KpV, A122)

칸트가 허용하는 것은 감성과 지성 사이의 상상력이 아니라 지성
과 이성 사이의 판단력이다. 판단력만이 다음의 규칙에 따라 도덕판
단을 가능하게 한다.

> 네가 의도하고 있는 행위가 너 자신도 그 일부일 자연의 법칙
> 에 따라서 일어나는 것이라면, 그 행위를 네 의지에 의해 가
> 능한 것이라고 과연 볼 수 있겠는가를 네 자신에게 물어보
> 라.(KpV, A123)

도덕판단에서는 도덕법칙에 따라 판단하는 능력으로서 판단력만
이 필요하기 때문에, 지성 개념을 감성 중에 현시하는 상상력의 역할
은 필요하지 않은 것이다. 그러나 들뢰즈는 초감성적인 것이 감성적
자연 안에 현시되기 위해서는 감성적 조건이 전제되어 있어야 하기
때문에, 감성 중에 현시하는 능력인 상상력의 역할이 반드시 전제되
어 있어야 한다고 말한다.

> 여전히 감성적 자연 자체에 내재하는 조건들이 있어야만 하고,

이 조건들은 감성적 자연 속에서 초감성적인 어떤 것을 표현하거나 상징화할 수 있어야 한다.(PCK, 62/85)

단지 초감성적인 자연의 관점에서 자유의 실재성과 신과 영혼의 불사성 역시 필연적으로 요청될 수밖에 없다는 것을 주장하는 것만이 문제가 아니라, 감성적 자연의 관점에서 초감성적인 것을 실현할 수 있는 조건들에 대해서도 생각할 수 있어야 하는 것이다. 그렇게 하기 위해서는 지성과 감성 사이에서 감성 중에 현시하는 역할을 하는 상상력이라는 능력이 반드시 고려되어야 한다.

상상력의 개입

들뢰즈가 상상력을 이러한 방식으로 개입시키는 것은 그가 도식을 시·공간적 역동성들로 대치하고, 개념을 드라마화하고자 하기 때문이다. 그는 다음과 같이 말한다.

잠재적인 것을 그것의 반복에까지 깊이 탐구하는 것이 사유의 일이라면, 상상력의 일은 반복을 되찾고 반향을 일으키는 관점에서 현실화의 과정들을 파악하는 것이다. 영역, 질서, 그리고 층위들을 가로지르는 것은 바로 상상력이다. 상상력은 세계와 동일한 외연을 갖는 격벽들을 무너뜨리고, 우리의 몸을 인도하며, 우리의 영혼을 고취하면서 그것들을 가로지른다.(DR, 284/471)

들뢰즈와 칸트

들뢰즈는 『순수이성비판』에서처럼 상상력이 단지 지성의 개념에 따른 인식을 위해 종합을 수행하고, 감성과 지성을 매개하는 도식작용을 하는 방식으로만, 즉 매개의 지위에서만 실행되는 능력이 아니라, 그것이 지성의 속박으로부터 해방될 수 있음을 보임으로써 이념을 시·공간적 역동성으로서 현실화하는 역할을 한다고 말한다. 즉, 드라마화는 상상력이 하는 일이라고 할 수 있다. 이러한 방식으로 상상력이 초감성적인 영역에 끼어들 수 있게 되면 우리 자신에게 명령하는 도덕법칙에 따르는 일에도 상상력이 개입하게 된다. 들뢰즈는 상상력의 개입을 이야기함으로써 바로 이러한 사실을 의도하고 있다. 상상력의 해방 문제와 관련해서는 숭고론에 대한 들뢰즈의 해석 부분을 다루면서 더 자세히 보기로 하자. 숭고론에서 드러나는 상상력과 이성의 불일치라는 근본적인 층위에서 진정한 상상력의 해방이 가능해지기 때문이다. 여기서는 상상력의 개입으로 인하여 도덕법칙의 정언적 명령도 그 행위의 강제의 의미를 잃어버릴 수 있다는 것만을 지적하면서, 도덕법칙의 강제에 대한 들뢰즈의 비판으로 넘어가 보자.

10장

칸트와 들뢰즈의 법(칙) 개념

'텅 빈 형식'으로서의 법 개념

　　　　　　　『실천이성비판』의 체계를 다루며 언급한 바 있
듯이 들뢰즈는 선과 법의 관계를 전복하는 칸트의 사유를 코페르니
쿠스적 혁명이라고 불렀다.[60] 그러나 들뢰즈는 칸트적 혁명에 동의하
기보다는 비판의 대상으로 삼는데, 그렇다고 해서 2장의 끝자락에서
예고한 것처럼 다시 법보다 앞선 선 개념으로 돌아가는 것은 아니다.
　어떠한 내용적 선도 앞서 가지지 않는 텅 빈 형식으로서의 법에 대
해 누구보다 잘 보여준 것은 카프카이다. 가령 카프카의 소설 「유형
지에서」에는 법을 형상화한 기계가 등장한다. 판결을 받는 사람의
몸에 그가 지켜야 할 법의 내용을 새겨 넣는 기계는 형벌 이전에 판
결의 내용을 알게 되는 것이 아니라 형벌의 진행과 동시에 그가 어떤

판결을 받았는지 알게 하도록 되어 있다.

> "그는 판결 내용을 알고 있습니까?"
>
> "아니요." 장교는 이렇게 말하며 설명을 계속하려고 했지만 답
> 사 연구자가 그의 말을 가로막았다.
>
> "자신의 판결 내용을 알지 못한다고요?"
>
> "네." 장교는 다시 동일하게 답하고는, 답사 연구자가 그의 질
> 문에 대해 좀 더 자세히 설명해 주기를 기대한다는 듯 잠시 말
> 을 멈추었다가 말했다.
>
> "알려줘 봐야 아무 의미 없을 겁니다. 직접 피부로 느끼게 될
> 것이니까요."[61]

이러한 카프카의 소설이 알려주는 것은 내용이 알려지지 않고 이
루어지는 법의 형식적 무조건성이 판결을 받는 당사자를 자신의 죄

---

60 칸트적 법 개념에 대한 들뢰즈의 비판에 대해서는 다음과 같은 문헌들 참조.
D.W. Smith, *Essays on Deleuze*, pp. 148-153. C. Colebrook, Legal theory
after Deleuze", *Deleuze and law: Forensic futures*, ed. R. Braidotti, C.
Colebrook&P. Hanafin, New York: Palgrave Macmillan, 2009. 서동욱, 「들뢰
즈의 법 개념」, 『차이와 타자』, 251-269쪽. 김명주, 「'국가-법-폭력'에 대항하는 아
이러니와 유머의 정치학」, 『시대와 철학』 제21권, 2010. 알렉산더 리페브르, 『스피
노자, 베르그송, 들뢰즈: 법-이미지』, 한병준, 허유선 옮김, 치우, 2012. 허유선, 「칸
트의 판단 이론과 사법 판결의 작동: 적용과 창조, 그 사이—리페브르의 『법-이
미지』 독해를 중심으로」, 『철학사상문화』, 제15호, 2013. 이외에도 폴 패튼P. Patton
은 들뢰즈의 인권 비판과 관련하여 법 개념을 설명한다. P. Patton, "Immanence,
transcendence, and the creation of rights", *Deleuze and law*, ed. L. de
sutter&K. Mcgee, Edinburgh: Edinburgh University Press, 2012.

61 F. Kafka, "In the Penal Colony", *The Metamorphosis and Other Stories*, Trans.
J. Crick, Oxford: Oxford University Press, 2009, p. 79.

의 내용을 인식할 수 없는 죄인으로 만든다는 점이다. 들뢰즈는 칸트의 도덕법칙도 이러한 방식으로 법과 판결이 구분되지 않도록 한다는 점을 지적한다.

> 법은 우리의 마음과 우리의 살에 새겨진 자국과 뒤섞인다. 그러나 그렇기 때문에 법은 우리에게 우리의 죄에 대한 궁극적인 인식조차 주시 못한다. 왜냐하면 그것은 법의 바늘이 우리 위에 새기는 것이기 때문이다. 법의 바늘이 새기는 것은 의무에 의해서par 행하라는 것이다(그리고 그것은 단지 의무에 비추어서 행하라는 것을 의미하지 않는다).(CC, 46)

「유형지에서」에서는 자신의 상급자에게 복종하지 않은 자에게 '복종하라'라는 선고가, 이후 장교에게는 '공정하라'라는 선고가 몸에 새겨진다. 칸트의 도덕법칙은 우리의 경향성을 배제하기를 요구하는 객관적인 원칙이므로, 그에 대한 존경과 의무는 불가피한 강제와 실천적 강요를 함축한다. 그러므로 그것은 단지 의무에 비추어서 행하라는 것이 아니라 의무의 강제에 따라서 행해야만 한다는 것을 의미한다. 그러한 강제와 강요가 우리의 이론적이거나 사변적인 인식을 배제한 채로 이루어진다는 것은 바로 칸트의 도덕법칙 역시 카프카의 「유형지에서」의 기계가 가리키는 법의 형식적 무조건성과 같다는 것을 의미하는 것이다.[62]

양심의 역설

칸트는 자신이 전복시킨 이러한 선과 법의 관계에서 선을 제거하지 않는다. 그는 자신의 시스템 속에서 선을 유지시키고 싶어 한다. 그러나 정말로 그것은 가능한가? 들뢰즈가 보기에 내용이 없는 텅 빈 형식만이 강제될 때 그것은 오히려 양심의 역설의 문제를 일으킬 뿐이다.

> 법에 복종하는 자는 그렇다고 해서 정의로워지거나 정의롭다고 느끼지도 않는다. 반대로 죄를 지었다고 스스로 느끼게 되며, 이미 죄를 지은 자가 된다. 그리고 법에 더 엄격하게 복종할수록 그만큼 더 죄의식은 커진다.(PSM, 74/101)

이것이 양심의 역설이다. 더 엄격한 복종이 더 큰 죄의식을 불러온

62 칸트의 도덕적 형식주의에 대한 비판은 당대의 여러 학자들과 독일 관념론자들을 중심으로 이루어졌다. 칸트의 도덕적 형식주의에 대한 당대의 여러 학자들의 비판과 그에 대한 반론은, 김수배, 「칸트의 『도덕 형이상학』과 형식주의」, 『칸트연구』, 제2권, 1996 참조. 특히 헤겔은 칸트가 말하는 것처럼 '사람은 누구나 진실을 말해야 한다'라는 것이 법칙이 될 수 없다고 보는데, 거기에는 '만약 그가 진실을 알고 있다면'이라는 조건이 붙어 있기 때문이다. 그러한 조건에 따라 법칙을 다시 표현하면 '사람은 누구나 그때마다 자기의 지식과 확신에 따라서 진실을 말해야 한다'가 되고, 그렇다면 사람들의 각각의 지식 소유와 확신의 여부에 따라 우연이 개입하게 된다. "도덕적 명제라는 것은 보편적이고 필연적인 내용을 기약하는 것이므로 내용이 우연에 맡겨져 버린다면 명제는 자기모순에 빠질 수밖에 없다."(게오르그 빌헬름 프리드리히 헤겔, 『정신현상학』, 1, 436쪽) 헤겔이 보기에 보편적인 내용을 확보할 수 없는 칸트의 형식주의는 현실성을 결여하고 있는 것이다. 그래서 그는 "기준이 되는 것이 형식적인 동어반복으로서 내용과는 관계가 없으니 정반대의 내용이라도 거리낌 없이 받아들여진다"라고까지 말하기도 한다(위의 책, 440쪽).

다는 것이다. 프로이트는 양심Gewissen이 보여주는 특이한 역설을 최초로 인식했던 사람이다.

> 보다 덕이 높은 사람일수록 그의 양심은 더욱 엄격하고 의심이
> 많기 때문에, 가장 높은 수준의 성스러움에 도달한 사람이야말
> 로 종국에는 자신들을 가장 큰 죄인으로 비판한다.[63]

　프로이트가 이렇게 말하는 이유를 이해하기 위해서는 먼저 그가 말하는 죽음본능Todestrieb을 이해해야 한다. 그는 「쾌락 원칙을 넘어서」에서 어린아이의 포르트-다fort-da 놀이를 보고 우리에게 쾌감으로 감지될 수 없는 다른 종류의 쾌감이 있음을 발견한다. 어머니에 대해서 큰 애착을 가지고 있던 한 어린아이가 나무 실패를 커튼 뒤로 사라지도록 던졌다가fort 다시 실을 잡아 끌어당기는da 놀이를 하는 것을 보고, 그는 거기서 어머니에 대한 포기와 보상이 이루어지고 있음을 본 것이다. 그가 보기에 어린아이가 실패가 다시 눈앞에 나타났을 때 만족을 느끼는 것은 당연하지만, 어린아이가 실패를 던지는 행위 자체를 반복하는 이유는 그 반복이 불쾌함에도 불구하고 거기에 다른 종류의 쾌감이 들어 있기 때문이다. 프로이트는 이렇게 어린아이가 반복을 계속해서 원한다는 사실을 죽음본능을 통해서 이해하고자 한다.

　프로이트는 유기적 생명체 속에는 어떤 관성이 있다고 강조한다. 유기적 생명체는 이전의 상태를 복원하려는 어떤 본능을 가지고 있

63　지크문트 프로이트, 『문명 속의 불만』, 성해영 옮김, 서울대학교출판문화원, 2014, 133쪽.

다는 것이다. 유기적 생명체의 본능이 이전의 상태를 회복하려는 보수적인 성격을 가지고 있다면, 변화나 발전과 같은 것들은 오직 외부의 영향에 의해서만 이루어진다고 말할 수 있다. 만일 생명체가 외부 영향에 의해 변화되는 것이 아니라 처음부터 변화에 대한 의지를 갖고 있다면 모든 생명체가 같은 삶을 되풀이할 수밖에 없을 것이다. 이러한 사실로부터 살아 있는 모든 것이 죽는다는 것, 즉 무기물이 된다는 것이 예외 없는 진리라면 당연히 모든 생명체의 목적은 죽음일 수밖에 없다는 점을 도출할 수 있다. 그러므로 유기적 생명체는 무기물로 돌아가고자 하는 본능을 가지고 있으며, 프로이트는 이를 죽음본능이라고 부른다.

그렇다면 왜 우리가 아는 것처럼 생명체의 삶의 과정은 짧지 않고 쉽게 죽지 않는가? 유기체는 그 자신의 방식대로만 죽기를 바라기 때문이다. 외부의 자극에 의해서 복잡하게 변화하고 발전하기 이전의 생명체는 쉽게 죽었을 것이다. 그러나 더 복잡한 발전을 거듭한 고등 유기체는 바로 이전의 상태, 그리고 다시 그 이전의 상태로 계속해서 돌아가는 기나긴 우회로를 통해서만 죽음이라는 목표에 이를 수 있는 것이다. 프로이트는 이러한 죽음본능을 통해 우리의 공격성을 설명한다. 다시 말해 이러한 죽음본능이 있다는 것을 가정하지 않고서는 우리의 파괴하고자 하는 본능, 불쾌함으로부터 쾌감을 얻는 본능을 설명할 수 없다는 것이다.

프로이트는 『문명 속의 불만』에서 문명이 삶의 본능에 봉사하는 것이라면 죽음본능의 파생물로서 공격본능이 문명의 계획에 끊임없이 반대한다고 설명한다. 그래서 그는 문명의 발달에 대해 "에로스와 죽음 간의, 삶의 본능과 파괴 본능 사이의 투쟁으로 드러나야만 한

들뢰즈와 칸트

다"라고 말한다.[64] 에로스에 봉사하는 문명은 개인에게 자신 안의 공격성을 금지하고 무해한 것으로 만들기 위해서 공격성을 내면화하도록 만든다.

타인에게로 향했을 때에는 그에 대한 공격성이었을 것이 자기 자신으로 향하게 되면 양심의 형태가 된다. 개인이 자신을 감시하는 권위를 내면에 만듦으로써 자신의 공격 본능을 정복하게 되는 것이다. 그러나 자신 위에서 그것을 감시하는 초자아Überich는 본래 다인으로 향했을 공격성이 자기 자신에게로 향하게 된 것이므로, 초자아는 자아를 그가 저지른 나쁜 행위에 대해 발각될 수 있다는 불안으로 괴롭히고 그를 처벌할 수 있을 만한 기회를 노린다. 물론 자아는 자신의 나쁜 행위를 타인에게는 숨길 수 있을지 몰라도 초자아에게는 숨길 수 없다. 프로이트가 덕이 높은 사람일수록 자신을 가장 큰 죄인으로 판단한다고 말한 것은 바로 이러한 이유에서이다. 자아는 자신의 초자아로부터 신뢰를 얻을 수 없으면서도 언제나 그것을 얻으려고 하는 것이다.

들뢰즈는 이러한 양심에 대한 프로이트의 분석을 통해 법에 대해 복종할수록 자신이 정의롭다는 느낌을 가질 수 없다는 점을 강조한다. 법의 무조건성은 선에 대한 어떠한 승인도 보증해 주지 않는 것이다. 칸트는 양심을 우리 안에 있는 고발자라고 말하면서, 경향성에 저항할 수 없었다고 여길 수 있도록 하는 어떠한 핑계도 이 고발자를 침묵하게 만들 수 없다고 말한다.(KpV, A176) 앞서 우리는 자유의 실재성에 대해 말하면서 군주가 요구하는 위증을 두려움 때문에 하

---

64 지크문트 프로이트, 『문명 속의 불만』, 128쪽. 용어 통일을 위하여 '욕동trieb'을 '본능'으로 바꾸었다.

게 되더라도 그것이 도덕법칙에 어긋난다는 것을 모를 수 없다고 이야기했다. 그러한 상황에서 알 수 있는 것처럼 양심은 우리의 경향성에 대한 포기를 요구하는 우리 내부의 고발자이다. 그러나 양심은 선에 대해 어떤 것도 보장하지 않는다. 텅 빈 법의 무조건성 아래에서 우리는 우리가 행하는 것이 선인지 악인지 알 수 없는 채로 처벌받는다. 그리고 양심은 프로이트가 보여주는 것처럼 자기 처벌의 형태를 띠는 것이다.

우울증적 법 의식

이렇게 들뢰즈는 칸트의 텅 빈 법 형식이 가지고 있는 무조건성에 대해 비판적 태도를 취한다. 그는 앞서 「유형지에서」와 같이 카프카의 소설에서 보여주는 법에 대한 의식을 '우울증적 법 의식'이라고 부른다. 카프카의 또 다른 소설 「만리장성의 축조」에서도 내용이 알려지지 않은 채로 우리를 지배하는 법에 대한 우화가 등장한다. 임종을 맞이한 황제가 칙사를 통해 칙명을 보내는데 그 칙명은 결코 어느 곳에도 당도할 수 없다는 것이다. 그것은 우리에게 인식될 수 있는 것으로 주어지지 않는 법을 의미한다. 칙명은 결코 그 내용을 펼쳐볼 수 있도록 주어지지 않지만 그럼에도 불구하고 우리는 그것을 기다릴 수밖에 없다.

칙사는 곧 길을 떠났다. [……] 그는 여전히 궁전의 가장 안쪽 방들만을 통과할 뿐이며, 결코 그 끝에는 도달하지 못할 것이다. 그리고 설령 그가 성공한다고 하더라도 아무것도 시작되지 않을 것이다. 그는 다음 계단을 내려가기 위해 스스로와 싸워야 한다. 그리고 설령 그가 성공한다고 하더라도 아무것도 얻지 못할 것이다. 그는 여전히 궁정을 통과해야 한다. 그리고 궁정을 지나면 두 번째 외곽 궁전, 또다시 계단과 궁정, 또 다른 궁전, 그렇게 수천 년이 이어지다가, 마침내 그가 가장 외곽의 문을 뚫고 나오면—그러니 결코 그런 일은, 결코 일어날 수 없다—세계의 중심인 제국의 수도가 그 앞에 있을 것이다. 그 자신의 침전물들로 가득 쌓인 채로. 아무도 이곳을 통과할 수 없다. 비록 죽은 자의 칙명을 지닌 자라도—그러나 당신도 저녁이 되면 창가에 앉아 그 칙명이 오기를 꿈꾸고 있다.[65]

카프카는 사람들이 어느 황제가 통치하고 있는지도 모르면서, 왕조의 이름마저도 모르면서 그 칙명이 도달하기를 희망한다고 쓴다. 우리는 어떤 법이 어떤 내용을 명령하는지 모르면서도 지배당하고 있는 것이다. 그래서 들뢰즈는 다음과 같이 말한다.

법에 대해 전제되는 초월성의 관점에서 보면, 법은 죄의식과 의식될 수 없음, 그리고 선고 혹은 언표와 어떤 필연적인 관계를 맺고 있을 것이다. 죄의식은 실제로 초월성과 조응하는 선험적인 것이어야 한다. 죄의식은 죄를 지은 자이건 무고한 자이건, 모두에게 혹은 저마다에게 선험적이다. 법은 대상을 가지지 않

---

65 F. Kafka, "The Great Wall of China", *Selected short stories of Franz Kafka*, trans. W. Muir/E. Muir, New York: The Modern Lib., 1952, p. 142.

지만 순수한 형식이며, 인식의 영역이 아니라 오로지 절대적인

실천적 필연성의 영역일 것이다. [……] 결국 법은 인식의 대상

이 아니기 때문에 오직 언표되면서 규정될 뿐이고, 처벌의 행위

안에서만 언표될 뿐이다.(K, 81~82)[66]

칸트의 도덕법칙이 그러한 것처럼 법이 초월적인 지위를 가지게 되면 죄의 행위보다 죄의식이 앞서게 되며, 아무런 내용을 가지지 않으므로 처벌의 당사자에게 이해될 수 없고, 언표됨으로써만 규정되기 때문에 진리인지 아닌지 인식할 수 있는 기회가 먼저 주어질 수 없는 것이다. 칸트의 텅 빈 형식으로서의 법의 무조건성은 바로 이렇게 내용이 알려지지 않은 채로 강제된다는 점에서 '우울증적 법 의식'을 이

---

66 인용문 가운데 생략된 부분은 『소송』에서 「법 앞에서」의 문지기에 대해 신부가 하는 말이다. "모든 걸 진실로 받아들일 필요는 없고, 다만 필연적이라고 생각해야 합니다."(F. Kafka, *The Trial*, Trans. M. Mitchell, New York: Oxford University Press, 2009, p. 159) 「법 앞에서」의 문지기는 시골에서 온 남자를 평생 들여보내 주지 않지만 종국에는 '이 문은 오직 당신만 들어가도록 정해져 있다'라고 말한다. 들뢰즈는 이로부터도 인식될 수 없는 법이 우리에게 처벌을 내림으로써만 언표되고 언표됨으로써만 결정된다는 것을 읽어낸다. 아감벤 또한 『호모사케르』에서 우리가 해석할 수 없으면서도 우리에게 효력을 발휘하는 법의 형식이 칸트와 더불어 최초로 등장했다는 점을 지적한다. 칸트는 『도덕형이상학』에서 자기에 대한 강제를 의미하는 의무와 자유는 모순을 일으키지 않는다고 말한다.(임마누엘 칸트, 『도덕형이상학』, 256-257쪽) 왜냐하면 내가 어떤 것을 나의 목적으로 삼는다는 것은 나에게 그렇게 할 수 있는 자유가 주어져 있다는 것이므로, 의무를 목적으로 삼는 것과 자유는 양립 가능한 것이다. 아감벤은 이것이 결국 우리가 「법 앞에서」의 시골 남자처럼 자유롭지도 자유롭지 않지도 않은 상태에 있다는 것을 의미한다고 본다. 법 앞에서 시골 남자는 들어갈 수 있는 자유가 있음에도 불구하고 들어갈 수 없다. 이는 결국 보편적인 도덕법칙이라는 텅 빈 형식이 해석될 수 있는 내용이 주어져 있지 않음에도 우리를 강제하고 있음을 의미하는 것이다. 아감벤은 이러한 해석될 수 없는 법에 복종하는 삶을 예외상태Stato di Eccezione의 삶과 겹쳐놓는다. 아감벤과 들뢰즈의 법 개념에 대한 비교는 필자의 「들뢰즈와 아감벤의 법 개념」, 『철학연구』, 제68집, 2023 참조.

룬다.

분열증적 법 의식

그런데 이 카프카의 소설 「만리장성의 축조」에
는 법에 대한 또 다른 의식도 묘사된다. 그것은 만리장성이라는 기나
긴 성벽의 축조방식과 관련되어 있다. 카프카는 만리장성의 축조방
식에 대해 다음과 같이 묘사한다.

> 만리장성은 그 최북단에서 완성되었다. 남동쪽과 남서쪽 두 구
> 간에서 지어지기 시작해 마침내 거기서 합쳐진 것이다. 이러한
> 부분 축조 체제는 동쪽과 서쪽의 두 큰 작업 부대에 의해 소규
> 모에도 적용되었다. 그것은 스무 명 정도의 인부들로 한 그룹
> 이 형성되고, 그 그룹이 약 오백 미터 정도 길이의 성벽을 쌓아
> 올리면, 인접 그룹은 같은 길이의 성벽을 쌓아와 만나는 식이
> 었다. 그러나 교차점이 만들어진 후 성벽은 이천 미터 끝 지점
> 부터 계속 축조되는 것이 아니라, 오히려 두 작업대가 서로 다
> 른 지역에서 다시 짓기 시작하기 위해 옮겨졌다. 물론 이런 방
> 식으로 하다 보니 커다란 틈이 여러 군데 생겨났다. 그것들은
> 점차 조금씩 메워졌는데, 일부는 심지어 장성 축조가 이미 완
> 성된 것으로 공표된 다음에야 메워지기도 했다. 실제로는 도무
> 지 막아지지 않은 틈마저 있다고 한다.[67]

이러한 만리장성의 부분 축조 방식은 일관성이 없기 때문에 북방 민족의 침입을 방어하기 위한 효율적인 방안이 될 수 없다. 또한 만리장성을 축조하는 과정 자체도 위험에 처하게 되는데, 넓은 땅에 부분적으로 세워진 성벽의 일부는 언제든지 유목민족들에 의해 파괴될 수 있다. 그러나 카프카는 만리장성이 세심하게 축조되었어야 했으며, 다양한 시대와 민족들의 건축술을 이용해야 했고, 쌓는 사람들의 지속적인 책임감 역시 필요했다는 이유들을 이야기하면서 "축조는 아마도 다른 방법으로는 수행될 수 없었을 것이다"라고 말한다.[68]

들뢰즈는 카프카가 묘사한 바로 이러한 만리장성의 부분 축조 방식이 우울증적 법 의식에 반대되는 분열증적 법 의식을 나타낸다고 보았다.

> 그러한 법 의식 이래에서 법은 전체화할 수도 없고 전체화되지도 않은 부분들을 지배하고, 이 부분들을 분할하고 파편들로 조직하며, 그것들의 거리를 재고 소통을 금한다. 법은 하나의 통일체의 요청으로부터 작동한다. 통일체는 강력하지만 형식적이며 텅 비어 있고, 높은 지위에 있으며, 집합적이지 않고 분배적이다.(AO, 251/362)

카프카가 묘사한 만리장성의 부분 축조 방식은 이러한 전체화할 수 없고 전체화되지 않는 부분들을 지배하는 법의 방식을 보여준다.[69] 그런데 소설 속의 어느 학자의 분석에 따르면 이러한 축조 방식

---

67   F. Kafka, "The Great Wall of China", p. 129.

68   F. Kafka, "The Great Wall of China", p. 130.

에는 하나의 목적이 있는데 새로운 바벨탑을 위한 기초를 마련한다는 것이다. 카프카는 원을 그리며 축조되는 성벽들마저도 도무지 막아지지 않는 틈을 가지고 있는데, 어떻게 그러한 성벽이 탑의 기초가될 수 있었는지 묻는다. 즉, 그것은 다만 하나의 목적에 정신을 쏟는인간들의 정신적인 관점에서만 의미를 가지는 것이었다. 들뢰즈는 이로부터 부분들이 은폐된 제국적 초월성으로 소급되고 있다는 점을발견한다. 그래서 그러한 만리장성의 부분 축조 방식 배후에는 하나의 통일체의 자격을 가진 텅 빈 법이 작동한다고 말하는 것이다. 그럼에도 불구하고 카프카가 발견한 것은 거기에 언제나 도무지 막아지지 않는 실재적인 틈이 있으며, 그들이 막고자 했던 유목민족들은"변경에서부터 수도에 이르기까지 통과하는 모든 곳을 휩쓸고 지나간다"는 것이다.(K, 132/171)

성의 횡단성

이렇게 분열증적 법 의식은 전체화되지 않는부분들을 지배하는 법 의식을 가리킨다. 들뢰즈는 프루스트의 『잃어버린 시간을 찾아서』에서도 이러한 분열증적 법 의식을 발견한다. 프루스트의 소설에서 주인공이 알베르틴에 대하여 결백하다고 믿거나그녀의 죄를 확신할 때 그러한 유죄성은 동성애와 관련되어 있다.

들뢰즈는 먼저 프루스트가 사랑의 층위를 세 가지로 구분하고 있

69　서동욱, 「들뢰즈의 법 개념」, 『차이와 타자』, 2000, 261-262쪽 참조.

다고 말한다. 첫 번째 층위는 이성 간의 사랑의 층위이다. 그리고 두 번째 층위가 동성 간의 사랑의 층위이다. 이 층위에서 여성을 사랑하는 여성들의 계열과 남성을 사랑하는 남성들의 계열은 상호배타적이고 언제나 이 계열 아니면ou bien 저 계열이 양자택일되어야만 한다. 들뢰즈는 이러한 층위보다 더 심층적인 층위인 세 번째 층위를 제시한다. 그것은 바로 '…이든 …이든soit…soit…'이라는 분열증적인 층위이다. 남성과 여성이라는 두 성이 한 사람 안에 존재하면서도 두 성 사이의 차이를 동일한 것으로 환원시키지 않고 차이로서 있는 층위가 바로 이러한 층위이다. 들뢰즈는 이러한 층위를 프루스트의 다음과 같은 구절을 통해 보여준다.

> 어쩌면 가장 소심한 유년 시절을 보낸 어떤 이들은, 남성의 얼굴에 자신의 쾌락을 연관시킬 수 있는 한, 그들이 받아들이는 쾌락의 물질적 종류에는 전혀 신경 쓰지 않는다. [⋯⋯] 후자에 속하는 남성은 여성을 사랑하는 여성을 찾는다. 이 여성은 그들에게 젊은 남성을 갖게 해줄 수 있고, 그들이 젊은 남성과 함께 더 큰 쾌락을 맛보게 해줄 수 있는 것이다. 나아가 같은 방식으로 그들은 남성과 함께 느끼는 동일한 쾌락을 그 여성과 함께 얻을 수도 있다. [⋯⋯] 후자의 남성은 종종 여성과의 사랑을 통해 질투를 불러일으킨다. 왜냐하면 그들은 여성과의 관계에서 여성을 사랑하는 여성을 위해 다른 여성의 역할을 하고, 여성은 그들이 남성에게서 찾은 것을 거의 똑같이 제공하기 때문에, 그 결과 질투심에 사로잡힌 친구는 자신이 사랑하는 남성이 그에게는 남성이나 다를 바 없는 여성에게 빠져 있다고

느끼는 동시에, 그 남성이 자기로부터 빠져나간다고 느끼며 괴로워하는 것이다.[70]

상호배타적인 계열을 이루는 여성을 사랑하는 여성과 남성을 사랑하는 남성은 자신이 사랑하는 사람이 다른 성과 맺는 관계에 대해서는 질투를 느끼지 않는다. 그것은 세상의 관습 때문에 이루어진 일일 뿐이지 쾌락과는 상관없는 일이라고 여기기 때문이다. 그러나 분열증적 층위에서는 위 인용문과 같이 다른 성이 주는 쾌락에 대해서도 질투하게 된다. 이러한 층위에서는 특정한 성으로 전체화되어서 남성은 남성과 여성은 여성과만 관계 맺는 것이 아니라, 전체화되지 않은 채로 남성은 여성에게 남성을 찾으려 하고 여성은 남성에게 여성을 찾으려고 하는 일이 일어난다. 그러므로 이는 남성과 여성을 하나의 성으로 환원시키지 않기 때문에 분리하는 것이면서도, 두 성을 횡단시키는 것transsexuel이다.

프루스트 소설의 주인공이 알베르틴을 감금할 때, 그는 이 횡단적 차원에서 각각의 성들이 서로 소통할 수 없도록 금지하고 있다. 만일 감금이 오직 두 번째 층위에만 관련되어 있는 것이라면, 즉 알베르틴을 동성애의 계열에서 떼어내고자 하는 것이라면, 그것은 그러한 계열 전체에 대해 유죄라고 말하는 것이다. 들뢰즈는 이를 인식될 수 없는 텅 빈 법의 무조건성으로부터 생겨나는 의식으로서 우울증적 법 의식을 형성한다고 말한다.(PS, 170/220) 동성애에 대한 금지는 우리에게 내용 없이 강요되는 법이다. 반면 세 번째 층위에 대한 금지는

---

70   M. Proust, *À la recherche du temps perdu*, Ⅱ, p. 622.

분열증적 법 의식을 형성한다. 이때 법은 동일한 한 세계 안에서 부분들을 통합하거나 결합하는 법칙이 되어줄 수 없고, 그렇기 때문에 도무지 막아지지 않는 틈들을 가진 만리장성의 부분들처럼 그 사이의 횡단적 통일을 가능하게 한다. 가령 주인공이 알베르틴을 완전히 소유했다고 믿는 것은 그녀가 잠에 들어 있을 때인데, 이는 오직 그때에만 그녀가 두 번째 층위에서처럼 어느 특정한 성으로 명시된 자아로, 하나의 고정된 주체로 받아들여질 수 있기 때문이다.

> 눈을 감고 의식을 잃어 가면서 알베르틴은 내가 그녀를 안 그 날부터 나를 실망시켰던 상이한 인간적인 성격들을 하나씩 벗어 나갔다. [……] 내 시선 아래, 내 손안에 붙잡고 있으면, 나는 그녀가 깨어 있을 때는 갖지 못했던, 그녀를 완전히 소유한다는 인상을 가졌다.[71]

그러나 주인공은 또한 무수한 알베르틴을 소유하고 있는 느낌 역시 갖는다.

> 단 하나의 알베르틴에게서 여러 명의 알베르틴을 알고 있던 나는 내 곁에 더 많은 알베르틴이 누워 있는 것 같았다. [……] 그녀의 머리가 움직일 때마다 자꾸만 내가 예상하지 못한 새로운 여성으로 창조되었다. 나는 단 한 명의 소녀가 아니라 무수히 많은 소녀들을 소유하고 있는 것 같았다.[72]

71 M. Proust, *À la recherche du temps perdu*, II, p. 70.

72 M. Proust, *À la recherche du temps perdu*, II, p. 72.

하나의 고정된 주체가 아니라 계속해서 증식하는 새로운 알베르틴에 대한 이러한 서술은 하나의 법이 지배하지 않는 심층적인 층위에서 법들이 지배하는 모습이 어떠한지를 알려준다. 달리 말하면 만리장성의 도무지 막아지지 않는 틈들 사이로 다양한 세계들과 관점들이 끼어들게 되는 것과 같은 것이다. 가장 심층적인 층위에서 법들은 동일한 하나의 법이 가지는 통일성을 가지는 것이 아니라 오직 분열증석인 횡난석 통일성만을 가시는 법으도서 진제 없는 부분들민을 지배하게 된다.

판례법

이렇게 전체 없이 부분들만을 지배하는 법은 '판례법'이라고 말할 수 있을 것이다. 들뢰즈는 파르네와의 대담에서 다음과 같이 예를 들어 설명한다.

> 정의는 존재하지 않아. 인권도 존재하지 않고, 모든 건 판례법jurisprudence에 관한 거지. 그게 법의 발명이라네. 그러니까 인권에 대한 얘기를 하기 좋아하는 사람들. 왜냐면 이 모든 건 인권을 갖다 대는 문제가 아니라고! 판례법의 형태를 발명해서 각 사건을 해결할 수 있도록 하는 것이거든. 원한다면, 내가 좋아하는 예를 하나 들지. [……] 난 택시에서의 흡연이 금지되었을 때가 생각나네. 사람들은 택시 안에서 담배를 피우곤 했지. 그리고 그들이 더 이상 택시 안에서 담배를 피우지 못하게 된 때

가 왔어. 택시 기사들이 승객들이 담배를 피우는 것을 막기 시작하자 시위를 해대는 사람들 때문에 난리가 났지. [……] 택시가 판결에서 졌다네. 오늘 같았으면 그렇게 되지 않았겠지, 똑같은 재판이라고 하더라도 택시 기사는 지지 않았을 거야. 하지만 택시가 졌고 그 근거는 어디에 있었는가? 어떤 사람이 택시를 타게 되면 그는 그걸 빌리는 것이고, 그래서 택시를 빌린 사람이 마치 임차인이나 세입자와 비슷한 상태에 놓이게 되고, 세입자는 자신이 빌린 땅에서 흡연을 하고 그 공간을 사용할 권리가 있는 것이지. [……] 십 년 후, 이런 관습은 완전히 바뀌어서, 타있는 도중 담배를 피울 수 있는 택시는 전혀, 혹은 거의 없지. 어떠한 근거로? 택시는 더 이상 집을 빌리는 것에 비유되지 않거든. 공공 서비스는 흡연을 금지할 권리를 가지고 있지. 이 모든 게 판례법이야.[73]

이렇게 모든 것은 법의 발명의 문제이다. 그리고 도무지 막아지지 않는 틈, 분열증적인 횡단적 통일성만을 가지는 법에 대한 사유만이 우리를 끊임없는 법의 발명으로 이끈다. 그래서 법은 "더 이상 이것 혹은 저것을 할 권리에 대한 문제가 아니"며, "자유를 위해 싸운다는 건 사실 판례법에 관심을 가지는" 것이다.[74] 들뢰즈는 "법의 생성은 인권의 공표가 아니라 [……] 판례법이고, 그것만이 존재하며, 우리는 판례법을 위해 싸워야 한다"고 말한다.[75] 그렇지 않다면 내용을 모르

73 G. Deleuze&C. Parnet, *L'abécédaire de Gilles Deleuze*.

74 G. Deleuze&C. Parnet, *L'abécédaire de Gilles Deleuze*.

75 G. Deleuze&C. Parnet, *L'abécédaire de Gilles Deleuze*.

는 채로 강제되는 우리는 텅 빈 법 형식 아래에서 계속 살아가게 될 것이다.

11장

법과 시간

무죄 판결과 칸트

들뢰즈는 「칸트 철학을 간추린 네 개의 시구」에서 칸트의 『실천이성비판』에서의 혁명에 대해 말하면서 법의 문제를 시간의 문제와 연결시킨다. 이는 카프카의 소설 『소송』에 등장하는 장면을 경유하여 이루어지는데, 바로 다음과 같은 문장이다.

무죄 판결은 '사변적 이성의 무능력을 치유하는' 희망이 될 수 있을 뿐이며, 그 순간은 주어지지 않고, 법과 더불어 언제나 더욱 엄격한 일치 속에서 무한으로 나아가는 연장prolongation의 관점만 있다.(CC, 47/66)

카프카의 소설에서 판사들의 초상화를 그려주는 일명 티토렐리라는 화가는 주인공 K에게 세 가지 석방의 가능성을 설명한다. 실제적 무죄 판결, 외견상의 무죄 판결, 그리고 판결 지연이 그것들이다. 화가는 실제적 무죄 판결에 대해서 법률에는 당연히 죄가 없는 자는 무죄 판결을 받는다고 쓰여 있지만, '그가 경험하기로는' 실제적 무죄 판결은 단 한 번도 없었다고 말한다.[76] 과거부터 전설처럼 내려오는 실제적 무죄 판결의 판례들은 단지 믿을 수 있을 뿐 입증할 수 없다. 이는 앞서 이야기했던 우리에게 인식되지 않고 우리를 강제하는 텅 빈 법의 무조건성과 맞닿아 있는 설명이다. 화가의 말에 따르면 어떤 개인도 이러한 실제적 무죄 판결이 내려지도록 영향을 미칠 수 없으므로, 그가 K에게 도움을 줄 수 있는 것은 남은 두 가지이다.

먼저 외견상의 무죄 판결은 그가 K에 대한 무죄 확인서를 들고 판사들을 만나고 다니면서 K에 대한 무죄를 보증하는 것이다. 그러면 K에 대한 소송을 담당하는 판사가 다른 판사들이 확인서에 한 서명들을 보고 무죄 판결을 내리는 것이다. 하지만 이러한 무죄 판결은 '일시적으로' 자유를 줄 뿐이다.

> 실제적 무죄 판결의 경우 소송 서류는 완전히 폐기되며, 소송 절차에서 영원히 사라집니다. 기소장뿐만 아니라 소송 기록, 심지어는 무죄 판결문까지 모든 것이 파기되는 겁니다. 외견상의 무죄 판결의 경우는 다릅니다, 이 경우 서류에 대한 유일한 변화는 무죄 확인서, 무죄 판결문, 무죄 판결 사유서가 추가되

---

76 F. Kafka, *The Trial*, p. 110.

는 것뿐입니다. 그런데 그 외에도 서류는 계속 수속 중인 상태로 유지되고, 법원 사무처들의 끊임없는 교섭에 따라 상급 법원으로 이송되었다가 다시 하급 법원으로 반송됩니다. 그리고 그 간격이 커졌다 작아졌다 하며, 지체되는 기간 역시 길어지기도 짧아지기도 하면서 위아래로 왔다 갔다 합니다. 그 방식을 예측하는 건 불가능합니다. 외부에서는 모든 것이 오래전에 잊힌 것처럼 보이고, 서류는 사라져, 무죄 판결이 완전히 확정된 것처럼 보일 때도 있습니다. 법원이 어떻게 작동하는지 아는 사람이라면 누구도 그걸 믿지 않을 겁니다. 서류는 절대 분실되지 않으며, 법원에서는 결코 잊지 않아요.[77]

외견상의 무죄 판결을 받은 사람은 이렇게 계속 상급 법원과 하급 법원 사이를 지속적으로 오가는 서류만을 가지고 언제든지 새롭게 체포되고 다시 언제든지 소송이 시작될 수 있는 상황에 놓이게 된다.

석방의 세 번째 가능성인 판결 지연도 역시 마찬가지이다. 판결 지연은 화가와 K가 지속적으로 법원에 접촉하여 담당 판사와 친분을 유지하면서 소송을 가장 낮은 단계에 있도록 계속 붙잡아 두는 것이다. 유죄 판결을 받지 않는다는 점에서 자유로운 신분을 유지하는 방식이지만, 지속적으로 심문을 받고 판사에게 접촉을 하면서 노력을 기울여야 한다.

화가가 제안하는 두 가지는 모두 판결을 지연시키는 방식이다. 그래서 들뢰즈는 이렇게 말한다. "시간은 우리에게 카프카의 『소송』에

---

77 F. Kafka, *The Trial*, p. 113.

나오는 '외견상의 무죄 판결'이나 '판결 지연' 외에 다른 법적 대안을 남겨주지 못한다."(CC, 47/66) 그리고 칸트의 도덕법칙이 이념들과 화해하는 방식 역시 이러한 화가의 제안과 다르지 않다고 강조한다. 우리는 앞서 칸트가 자유, 영혼 불사성, 그리고 신이라는 이념들에 대하여 그것들이 도덕법칙을 통해 실천적 실재성을 가지게 하는 방식을 살펴보았다. 다시 앞서 인용한 문장을 보자.

> 무죄 판결은 '사변적 이성의 무능력을 치유하는' 희망이 될 수 있을 뿐이며, 그 순간은 주어지지 않고, 법과 더불어 언제나 더욱 엄격한 일치 속에서 무한으로 나아가는 연장의 관점만 있다.(CC, 47/66)

칸트는 영혼의 불사성에 대하여 그것이 도덕법칙을 향한 무한한 전진을 위해 필연적으로 요청되어야 하는 이념이라고 말했다. 사변적 이성으로는 인식될 수 없는 도덕법칙과 일치될 수 있기를 기대하는 것, 그리고 그로부터 영혼이 불사한다는 것을 이끌어 내는 것은 오직 희망일 수 있을 뿐이다.

> 바로 그래서 이 무한한 유예는 우리를 천국으로 인도하기보다는 이미 현세의 지옥에 가둬놓는다. 그러한 유예는 우리에게 불사성을 예고해 준다기보다는 '더딘 죽음'을 만들어 내고, 끊임없이 법의 판단을 지연시킨다.(CC, 47/66)

신의 이념도 마찬가지이다. 그것은 희망사항이므로 믿을 수 있을 뿐이며, 도덕법칙이 그 자신이 내리는 무죄 판결을 계속해서 미루는 방식으로만 그러한 믿음은 유지될 수 있는 것이다.

칸트에서 칸트로

이러한 점에서 들뢰즈는 칸트가 비판에 실패했다는 니체의 생각에 동의한다. 그는 이렇게 말한다.

> 진실로 독자들은 『순수이성비판』에서 '신학자들의 독단론(신, 영혼, 자유, 불사성)에 대한 칸트의 승리가 그에 상응하는 이상을 부숴버렸다'는 것을 믿는가? 그리고 우리는 칸트가 그런 의도를 가지고 있었다고까지 생각할 수 있는가? 『실천이성비판』으로 말하자면, 칸트는 첫 페이지들에서부터 그것이 전혀 비판이 아님을 고백하고 있지 않은가? 칸트는 비판의 적극성을 비판된 것의 권리들을 겸허하게 재인식하는 것과 혼동한 것으로 보인다.(NP, 102/165)

칸트는 『실천이성비판』에서 자신이 행하는 비판은 '순수실천이성'에 대한 비판이 아니라 '실천이성'에 대한 비판이라고 말한 바 있다. 자유로운 존재자로서 인간의 순수한 이성은 무조건적으로 실천적일 수 있기 때문에 순수한 이성에 대한 비판은 필요하지 않으며, 오직 경험적으로 조건지어진 이성의 사용만이 비판되어야 하는 것이다. 도덕법칙으로부터 자유의 실천적 실재성이 증명되자마자 『순수이성비판』에서 비판되었던 월권적 사용은 실천적 차원에서 아무런 문제를 일으키지 않게 되는 것이다.

그런데 들뢰즈는 바로 이러한 것이 비판된 것을 다시 불러와 재인식하는 것임을 지적하고 있다. 그가 보기에 칸트는 참된 인식, 참된 도덕, 참된 종교의 방식으로 인식, 도덕, 종교를 재인식할 뿐이며, 그것은 단지 "정당화의 대상 외에 다른 어떤 대상도 가지지 않으며, 비판이 자신이 비판하는 것을 믿으면서 시작한다는 것이다."(NP, 102/166) 니체는 칸트의 실천이성이 철학의 역사 전체를 관통하는 허위 또는 위조 중 하나인 어떤 고안물에 불과하다고 말한다.

> 모든 시대에 '아름다운 감정'은 논거로, '고양된 가슴'은 신성의 통풍구로, 확신은 '진리의 규준'으로, 대적(對敵)의 욕구는 지혜에 대한 의문 부호로 간주되었다 : 이런 허위, 위조 짓거리가 철학의 역사 전체를 관통한다. [……] 결국 칸트마저 천진하게 이런 사유가-부패를 '실천이성'이라는 개념을 가지고 학문화하는 시도를 했다 : 그는 사람들이 이성을 염려할 '필요'가 없는 경우들을 위해 이성 하나를 특별히 고안해 냈다 : 말하자면 마음의 욕구가, 도덕이, 의무가 소리를 낼 경우를 위해.[78]

---

78 프리드리히 니체, 『유고(1888년 초~1889년 1월 초)』, 백승영 옮김, 책세상, 2005, 266-267쪽; "Nachgelassene Fragmente 1888" 15[28], in *Friedrich Nietzsche: Nietzsche Source—Digitale Kritische Gesamtausgabe Werke und Briefe(=eKGWB)*, auf der Grundlage der *Kritischen Gesamtausgabe Werke*, herausgegeben von G. Colli&M. Montinari, Berlin/New York: Walter de Gruyter, 1967ff. und *Nietzsche Briefwechsel Kritische Gesamtausgabe*, Berlin/New York: Walter de Gruyter, 1975ff., herausgegeben von Paolo D'Iorio.

우리는 더 이상 신이나 국가, 부모에게 복종하는 것이 아니라 우리 자신에게 복종하지만, 니체에 따르면 그렇게 우리 자신을 복종시키는 것으로 상정된 실천이성은 하나의 고안물에 불과한 것이다. 그래서 니체는 다음과 같이 말한다.

> '참된 세계'라는 개념과 세계의 요체로서의 도덕 개념이(ㅡ오
> 류들 중 가장 사악한 이 두 가지 오류들이!) 영리하고도 교활한 회의
> 덕분에 증명은 불가능하더라도 더 이상은 논박할 수 없는 것이
> 다시 되어버렸다. [……] 칸트의 성공은 단지 신학자의 성공에
> 불과하다.[79]

들뢰즈는 바로 이러한 니체의 생각에 동의하면서 칸트에게서 능력들의 올바른 사용이 언제나 기존의 가치들, 참된 인식, 참된 도덕, 참된 종교와 맞물리는 것은 이상한 일일 수밖에 없음을 지적한다.[80] 앞서 말한 것처럼 그것은 희망사항이며 희망은 무한히 지연됨으로써만 지속적인 믿음을 낳을 수 있다. 그러므로 법의 해방의 문제는 시간의 해방의 문제이다.

> 시간이 그 자신의 경첩에서 빠져나올 때, 우리는 더딘 죽음의
> 끝없는 길, 지연된 판단 또는 무한한 부채의 끝없는 길을 따라

---

79 프리드리히 니체, 「안티크리스트」, 『바그너의 경우·우상의 황혼·안티크리스트·이 사람을 보라·디오니소스 송가·니체 대 바그너』, 백승영 옮김, 책세상, 2002, 224쪽; "Der Antichrist" 10, eKGWB.

80 칸트에서 능력들의 올바른 사용은 능력들 사이의 일치 문제와 동일한 문제이다. 이 문제에 대해서는 들뢰즈의 공통감각 비판 부분에서 다시 다룰 것이다.

가기 위한 죄와 속죄의 아주 오래된 순환을 끊어내야만 한다

(CC, 47/66)

법이 시간을 무한히 지연시키는 방식으로 우리를 복종시키므로, 시간이 경첩으로부터 빠져나온다는 것은 우리 자신을 죄와 속죄의 순환으로부터 해방시키는 것을 의미하게 된다. 여기서 경첩이라는 표현은 들뢰즈가 『햄릿』에서 가져온 표현으로, '시간이 경첩에서 빠져나간다(the time is out of joint)'에서 비롯된 것이다. 경첩은 문이 그것을 중심으로 회전하는 축을 가리킨다. 세계라는 문이 하나의 축을 중심으로 회전한다면, 그로부터 동서남북이라는 방위는 특권적 좌표를 차지하게 된다. 그러한 경첩으로부터 빠져나간다는 것은 시간을 해방시키는 일이 된다. 들뢰즈는 놀랍게도 이러한 시간의 해방의 문제를 칸트의 시간론과 연관시킨다.

칸트적 시간과 아리스토텔레스적 시간

시간의 해방 문제에서 중요한 것은 시간을 '무엇으로부터' 해방시키는가이다. 칸트에서 그것은 시간의 운동으로부터의 해방으로 표현된다.

운동이라는 것은 움직이는 어떤 것에 대한 지각을 전제로 하는 것이다. 그러나 그 자체로 고찰된 공간상에는 아무런 움직이는 것도 없다. 그러므로 움직이는 것은 공간상에서 오로지 경험에

의해서만 발견되는 무엇, 그러니까 경험적 자료이어야만 한다. 이와 마찬가지로 초월적 감성학은 변화라는 개념을 선험적인 자료로 계산에 넣을 수 없다. 왜냐하면, 시간 자체는 변화하는 것이 아니고, 시간상에 있는 무엇인가가 변화하는 것이니 말이다. 그러므로 이를 위해서는 여느 현존하는 것과 그것들의 연이음에 대한 지각, 그러니까 경험이 요구된다.(KrV, A33/B50)

칸트는 시간과 공간이 운동이나 변화와 동일시되거나 그에 귀속된 것으로 보는 것에 반대하고 있다. 그에게 시간과 공간은 우리가 시·공간상의 사물을 받아들이는 선험적인 형식이며, 운동과 변화는 그 시·공간상의 사물이 움직이고 변화하는 경험적인 자료를 나타내는 것이기 때문이다. 우리는 칸트가 반대하는 이러한 운동과 변화에 귀속된 시간이라는 고전적인 사고방식을 아리스토텔레스로부터 찾을 수 있다.

아리스토텔레스는 『자연학』에서 '시간은 존재인가, 비-존재인가'라는 문제제기를 통해 시간에 대해 서술한다.[81] 시간이 비-존재라고 생각되는 것은 우리에게 과거와 미래가 더 이상 존재하지 않는다고 생각되기 때문인데, 존재하지 않는 것으로 구성된 존재라는 것은 있을 수 없으므로 시간은 존재해야만 한다는 것이 그의 생각이다. 사람들이 과거와 미래가 더 이상 존재하지 않는다고 생각하는 것은 시간을 '지금들'로 구성된 것으로 여기기 때문이다. 그러나 아리스토텔레스가 보기에 시간은 연속적이므로 나누어질 수는 있지만 '지금들'을 부

---

[81] Aristoteles, *Physics*, 217b31; trans. E. Hussay, Oxford: Clarendon Press, 1983, p. 41.

분으로서 가지지 않는다. 왜냐하면 지금들은 과거와 미래의 한계일 뿐, 크기를 가질 수 없기 때문이다. 가령 우리가 지금인 1초와 다음에 오는 지금인 1초를 생각한다고 해도 그 사이에는 셀 수 없이 많은 지금들이 있다. 그러므로 하나의 크기를 가지는 지금이 다른 지금의 옆에 있다고 할 수 없는 것이다. 아리스토텔레스는 이러한 논의를 통해 시간은 존재하지만 지금들로서 존재하는 것이 아니라고 설명한다. 그는 이렇게 고전적인 시간 개념의 오류를 드러내면서 시간이 '운동의 수'라는 것을 이끌어 낸다.

먼저 시간이 그 자체로 운동 혹은 변화의 한 종류인 것은 아니다. 운동 혹은 변화는 변화하는 것 안에만 있으나 시간은 정지해 있는 것과도 함께 있기 때문이다. 그리고 운동 혹은 변화가 빠르거나 느릴 수 있는 것은 시간 때문이지, 시간이 운동이나 변화에 따라 빠르거나 느려지는 것이 아니다. 그래서 아리스토텔레스는 시간이 곧 운동이며 변화라고 말할 수는 없다고 설명한다. 그러나 우리는 시간이 변화 혹은 운동이 없이 존재할 수 있다고도 말할 수 없다. 아리스토텔레스의 예에 따르면, 잠에서 막 깨었을 때 우리는 잠들기 이전과 잠든 이후 사이의 간격을 의식할 수 없기 때문에 잠이 들었을 때로부터 얼마나 시간이 경과했는지를 알 수 없다. 이는 단지 잠에서 깨었을 때 비몽사몽으로 변화를 눈치 채지 못했다는 것을 의미할 것이다. 그러나 만약 실제로 이전의 지금과 이후의 지금이 지금과 동일한 하나라서 변화를 감지할 수 없는 것이라면, 시간이란 존재할 수 없는 것이 된다. 즉, 우리가 시간이 경과했다는 것을 알 수 있는 것은 운동이나 변화를 지각했을 때이다. 이러한 예로부터 시간은 운동이나 변화와 동일한 것은 아니지만 그로부터 독립되어 있는 것이 아님을 알 수 있다. 시간은 운동과 변화에 동반되는 것이다.

아리스토텔레스에 따르면, 운동은 연속적인 것이므로 나누어질 수 있고, 따라서 모든 운동하는 것들은 크기를 가진다. 그는 연속성이 가능해야 운동이 가능하다고 생각했는데, 그렇지 않으면 운동에 대하여 어떤 순간에 한 지점에 있다가 다른 순간에는 다른 지점으로 연속 없이 도약할 수 있는 것처럼 여기게 되기 때문이다. 그리고 크기를 가지지 않는 것은 연속적일 수 없는데, 이는 앞서 말한 '지금'이 과거와 미래의 한계로서 크기를 가지지 않는다는 것을 생각해 보면 알 수 있다. 시간은 크기를 가지지 않으면 과거에서 현재로, 현재에서 미래로 연속성을 가지고 지나갈 수 없는 것이다.

아리스토텔레스에 따르면 시간의 크기는 운동의 크기와 동일하다. 하나의 운동을 기준으로 그 이전과 이후를 지각했을 때에만 우리는 시간이 경과했다고 말할 수 있기 때문이다. 이로부터 '시간은 이전과 이후의 관점에서 본 운동의 수'라는 아리스토텔레스의 시간에 대한 정의가 나온다. 과거와 미래의 한계로서 지금은 시간과 운동에서 이전과 이후를 매개한다. 시간이 지금을 부분으로 가지는 것은 아니지만 지금은 존재의 기반이 되어주는 것이다. 이러한 의미에서 아리스토텔레스는 시간을 지금이라는 척도가 부여하는 한계를 통해 크기를 가지게 되는, 즉 이전과 이후로 세어질 수 있는 것으로 이해해야 한다고 말한다.[82] 그에 따르면 운동과 시간은 서로를 규정 짓기 때문에, 우리는 운동으로 시간을 셀 뿐 아니라 시간으로 운동을 셀 수 있다. 그래서 그는 '시간은 운동과 변화의 척도이다'라고 말하기도 한

---

82   Aristoteles, *Physics*, 219b1; 44.

다.[83] 이를 통해 아리스토텔레스는 정지해 있는 것 역시 시간 안에 있음을 도출해 낸다. 시간이 운동의 척도라면 정지의 척도이기도 하기 때문에, 정지 역시 운동의 수로서 이해될 수 있는 것이다. 이러한 방식으로 아리스토텔레스는 정지해 있는 것을 통해 시간을 그 자체로 운동·변화와 동일시하지 않을 수 있도록 하면서도, 정지해 있는 것을 시간 안에 있는 것으로 포섭시킨다.

아리스토텔레스의 시간에 대한 사고방식은 시간과 운동의 떼어놓을 수 없는 결합 때문에 가능한 것이다. 이에 비추어 들뢰즈의 '시간이 경첩에서 빠져나간다'라는 말을 생각해 볼 때, 그것은 동서남북이라는 특권적 좌표로부터 생겨나는 운동의 크기와 시간의 크기를 동일시하는 것으로부터 벗어난다는 것을 의미한다. 들뢰즈는 이러한 일이 칸트로부터 일어난다고 말한다.

> 빠르게 지나가면서 말하자면, 모든 고대의 철학은 매우 복잡한 형식에서조차 시간의 자연에 대한 종속을 유지했다고 할 수 있습니다. 아무리 시간에 관한 개념들을 까다롭게 만들었다고 하더라도, 고전적인 철학은 이 아주 일반적인 원리에 대해 결코 문제 삼지 않았습니다. 그것은 '시간은 운동의 수이다'라는 유명한 정의입니다. 이루 말할 수 없는 새로움이 칸트와 더불어 생겨납니다. 처음으로 시간이 풀려나 자유로워지고, 우주적이거나 심리적인 시간이 되는 것을 그만둡니다. 어떤 형식적인 시간, 펼쳐진 순수한 형식으로 생성된다면, 그것이 세계이건 영

---

83 Aristoteles, *Physics*, 220b33; 47.

혼이건 상관없습니다. 그리고 그것은 현대적인 사유를 위해 더
할 나위 없이 중요한 현상이 될 것입니다. 이것이 최초의 위대
한 시간론에서의 칸트적 전회가 될 것입니다.[84]

칸트가 거부하고 있는 것은 바로 시간과 운동의 불가분리성이다.
그에게 시간과 공간은 선험적 형식으로서 경험적인 시·공간상의 사
물과는 분리되어 있다. 칸트적 관섬에서 보면 아리스토텔레스가 운
동과 시간의 불가분리한 관계를 이야기하는 것은 오직 시·공간상의
사물에 대한 경험과 그것을 받아들이는 우리의 직관의 형식을 구분
하지 않았기 때문이다. 그러므로 칸트 철학에서 시간은 시·공간상의
사물들의 운동으로 채워지지 않은, 그 자체로서는 텅 빈 형식이다.
들뢰즈는 자신의 시간론을 전개하면서 이러한 칸트의 시간의 텅 빈
형식에 주목한다. 텅 빈 형식으로서의 시간만이 시간을 운동으로부
터 해방시켜 줄 수 있기 때문이다. 하지만 그가 시간을 우리의 감성
형식으로 보는 것은 아니다. 들뢰즈는 시간의 세 가지 종합을 다루며
이야기했던 세 번째 종합의 층위, 즉 차이 나는 것들의 영원한 회귀
가 바로 칸트가 말하는 시간의 텅 빈 형식이라고 말함으로써 칸트적
시간과 니체적 시간을 겹쳐놓는다.

---

84   G. Deleuze, "Cours vincennes: Synthèse et temps 14/03/1978".

칸트적 시간과 니체적 시간

들뢰즈는 '시간이 경첩에서 빠져나간다'라는 것에 대해 "시간이 그 자신이 아닌 다른 어떤 것의 계산에 종속되는 방식으로 감겨 있지 않다는 것"을 의미한다고 말한다.[85] 칸트와 더불어 시간은 운동의 크기를 재기 위한 것이거나 운동의 크기로 잴 수 있는 것이 아니라, 운동의 종속으로부터 벗어난 텅 빈 순수한 시간이 된다. 그러한 시간은 고유한 측정불가능성을 가진다. 시간이 운동의 수라면 그것은 시간이 기수적cardinal이라는 것을 의미한다. 이는 일정한 크기를 가리키는 1로부터 그와 동일한 크기들이 연속되어 1, 2, 3…이라는 순서를 가지는 것을 의미한다. 그러나 시간이 경첩에서 빠져나갈 때 "시간은 기수적이기를 멈추고 서수적ordinal으로 변하여 텅 빈 시간의 질서가 된다."(CC, 41/58) 시간이 첫째, 둘째, 셋째…라는 순서를 가질 때 그것은 하나의 측정 가능한 크기를 요구하지 않는다. 그러므로 칸트가 감성의 형식으로서 시간을 말할 때 그것은 이제 더 이상 시간의 순서가 기수적인 것이 아니라 서수적인 것임을 의미하는 것이다.

이렇게 될 때 시간은 아리스토텔레스가 말한 것처럼 더 이상 운동의 연속성에 의해 규정되지 않는다. 그러한 연속성은 시간의 한 양태에 불과한 것이며, 그것에 의해 시간이 규정되는 것이 아니다.

베르그손의 시계의 예는 시간이 하나의 양적인 크기로 계산되기 이전에 근본적으로 질적인 크기를 가진다는 것을 알려주었다. 아리스

---

85 G. Deleuze, "Cours vincennes: Synthèse et temps 14/03/1978".

토텔레스는 시계추의 60번의 진동을 1분으로 환산시키는 것과 같이 운동을 계산할 수 있는 수로 시간을 만든다. 그러나 우리가 시계추의 진동에 의해 지루하다거나 졸린 느낌이 드는 것에서 알 수 있는 것처럼 시간은 근본적으로 양적인 크기가 아니라 질적인 크기를 갖는 것이다.

앞서 우리는 차이와 강도 문제를 다루면서 들뢰즈가 공간을 깊이로 이해하고자 한다고 말했다. 그것은 연상적 크기로 환원되지 않는 강도적 크기를 가진 것으로 공간을 이해하기 위해서였다. 그리고 시간의 문제 역시 마찬가지였다. 영원회귀는 강도적인 것이다. 칸트가 강도적 크기에 대해 말한 것처럼 1과 0 사이에는 작은 도들의 무한한 단계들이 있다. 그는 시·공간을 채우는 실재적인 것들이 언제나 이러한 강도적 크기를 가진다고 말함으로써 빈 공간이나 빈 시간을 주장하는 기존의 주장들에 반대할 수 있었다. 어떤 연장적 크기를 가진 사물이 시·공간을 채우고 있지 않더라도 시·공간은 강도적 크기로 채워져 있는 것이다. 그러나 들뢰즈는 진정으로 중요한 것은 딩 빈 공간이나 시간이 있는지를 아는 것이 아니라, 공간과 시간의 텅 빈 '의식'이라는 점을 지적한다. 칸트에서 강도적 크기 0이라는 것이 있을 수 있다면 그것은 텅 빈 의식을 의미하는 것이다. 왜냐하면 칸트에서 시간과 공간은 어디까지나 선험적 직관이기 때문에, 텅 빈 것일 수 있는 것은 그 자체로 있는 시간과 공간이 아니라 직관이어야 하는 것이다. 그래서 들뢰즈는 이 텅 빈 의식을 직관=0이라고 표현하기도 한다.

그렇다면 들뢰즈가 직관=0으로 말하고 싶은 것은 무엇인가? 앞서 이야기한 바 있듯이 영원회귀의 종합은 와해이면서 동시에 가장 근본적인 층위가 된다. 세 번째 종합의 층위에서 순수 과거의 지위는 그 원본적인 지위를 잃어버림으로써 동일성이나 유사성의 질서에 따르는 것이 아니라 오직 차이 나는 것들만을 매개하는 차이 그 자체, 어떤 것=X로서 있는 것이었다. 직관=0이라는 것은 그러한 원본으로서의 순수 과거와의 관계를 끊어낸 '텅 빈 현재'를 가리킨다. 시간의 세 번째 종합에서 순수 과거와 현재는 비-관계의 관계, 차이 나는 관계만을 맺게 된다. 비-관계에 있는 것, 즉 차이 나는 것만이 계속해서 돌아오는 영원회귀의 종합은 이러한 의미에서 미래로서 과거와 현재를 종합하는 하나의 차원이다.[86] 동일한 것, 동등한 것은 돌아올 수 없고 오직 차이 나는 것만이 차이 나는 것으로서 돌아올 수 있는 것이다. 그래서 들뢰즈는 이를 "동등하지 않은 것의 순수하게 형식적인 분배"라고 말한다.(DR, 120/209) 순수 과거와의 관계를 끊어내는 0도의 텅 빈 현재를 기점으로 오직 차이 나는 관계만을 맺는 동등하지 않은 시간들이 분배되는 것이기 때문에 이렇게 말하는 것이다.

그러므로 들뢰즈가 영원회귀를 강도적이라고 말할 때, 이는 텅 빈

---

86 니체는 다음과 같이 말한다. "미래적인 것은 과거적인 것과 마찬가지로 현재적인 것의 한 조건이다. '생성되어야만 하고 생성될 수밖에 없는 것이 존재하는 것의 근거다.'" '되어야만 하고'와 '될 수밖에 없는'이라는 표현에서 영원회귀가 미래의 차원임을 알 수 있다.(프리드리히 니체, 『유고(1882년 7월~1883/84년 가을)』, 박찬국 옮김, 책세상, 2001, 282쪽; "Nachgelassene Fragmente 1882" 5[1]241, eKGWB)

87 들뢰즈는 『시네마II: 시간-이미지』에서 텅 빈 현재를 기점으로 분열되는 시간을 다음과 같이 그림으로 표현한 바 있다.(G. Deleuze, Cinéma II : L'imagetemps, Paris: Éd. de Minuit, 1985, p. 295)

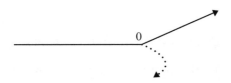

들뢰즈와 칸트

현재를 기점으로 차이 나는 것들이 분배되는 형식이 차이들 간의 불일치의 형식으로서 강도와 동일하다는 것을 의미한다. 우리가 앞서 강조했던 바를 다시 이야기하자면, 시간의 세 번째 종합으로서의 영원회귀는 대자적인 반복이다. 그리고 대자적 반복이 즉자적인 차이의 층위와 동일한 모습을 가지게 된다는 것이 중요한 함축이었다. 이 와해된 층위에서만 순수 과거와 현재는 완전히 분열되고, 차이 나는 것들만을 지금-0을 기점으로 형식적으로 분배되는 일이 일어날 수 있다.[87]

들뢰즈는 바로 이러한 차이 나는 것들의 영원회귀와 칸트의 시간의 텅 빈 형식을 겹쳐놓고 있다. 칸트에서 다양은 선험적인 순수 직관의 다양이기 때문에, 외부로부터 주어지는 표상들이 아니며, 공간과 시간은 다양을 내용으로 가지는 우리 마음의 수용성의 조건들이다. 칸트에서 사물 자체는 우리에게 주어질 수 없는 것이기 때문에, 그는 다양을 이러한 방식으로 우리에게 주어질 수 있는 현상으로 만든다. 그러나 들뢰즈가 말하는 차이는 이러한 다양이 아니다. 오히려 다양이 주어질 수 있는 것은 이 차이에 의해서이다. 왜냐하면 차이는 문제제기적인 이념이기 때문이다.

칸트는 문제성 있는 이념이 규제적인 원리로서 경험을 필연적으로 우리의 선험적 표상들에 종속시키는 초월적 원리가 될 수 있다고 말했다. 그리고 들뢰즈는 규제적 사용과 문제제기적 사용을 동일한 것이라고 보았다. 그러므로 문제제기적 이념으로서의 차이는 주어진 다양이 아니라 다양이 주어지는 '조건'의 지위에 있는 것이다. 그럼에도 불구하고 우리는 칸트 철학에서의 다양이 감성 형식으로서의 시간에 따라 주어지는 것이며, 시간이 그 자체로는 '텅 빈 형식'이라는 것을 의미한다면, 차이가 영원회귀의 형식에 따라 주어지는 것과 동일한 구조를 가지고 있다는 점을 알 수 있다.

차이 나는 것들의 끊임없는 반복으로서 영원회귀는 하나의 텅 빈 형식이다. 오직 차이 나는 것을 차이 나는 것으로 돌아오게 한다는 점에서 하나의 형식인 것이며, 어떤 정체성을 확인할 수 있는 동일한 것이 그러한 형식의 내용으로 채워져 있지 않다는 점에서 텅 빈 형식이다.

> 영원회귀는 그 자체로는 동일한 것, 유사한 것, 그리고 동등한 것이다. 그러나 바로 그래서 영원회귀는 그것이 언명되는 것 안에서는 전혀 그 자신을 전제하지 않는다. 영원회귀는 동일성도, 유사성도, 동등성도 갖지 않는 것으로부터 언명된다.(DR, 311/515)

차이 나는 것을 차이 나는 것으로 돌아오게 하는 형식이라는 점에서 영원회귀에는 어떤 동일성이 있다고 말할 수 있다. 그러나 영원회귀를 언명하는 차이는 그 어떤 동일성이나 유사성으로도 환원될 수 없는 것이다. 그러므로 차이로부터 언명되는 영원회귀는 동일성을 기준으로 차이가 산출되는 것을 의미하지 않는다. 차이를 통해 산출되는 동일성이 영원회귀이자 반복인 것이다. 이를 통해 우리는 운동에 종속되지 않는 시간은 정태적이지만 가장 역동적인 시간임을 알 수 있다.

> 그것은 가장 급진적인 변화의 형식이지만, 그 변화의 형식은

변하지 않는다.(DR, 120/209)

　　회귀하는 형식으로서 반복은 변하지 않는 것이지만, 그것이 언제나
차이 나는 것만을 돌아오게 한다는 점에서 가장 급진적일 수 있는
것이다.

행위의 조건인 반복

　　　　　　　　들뢰즈는 이러한 영원회귀 또는 반복이 필연적
이라고 말하는데, 그것은 반복이 반성의 개념이 아니라 행위의 조건
을 이루기 때문이다.[88] 가령 역사가들이 그렇게 하듯이 현재의 어떤
사건이 일어났을 때 그에 상응하는 과거의 사건을 찾아내는 것은 반
성의 차원에서 일어나는 일이다. 마르크스는 『루이 보나파르트의 브

---

88 이러한 의미에서 제임스 윌리엄스James Williams는 들뢰즈가 칸트적 의미에서 '초월적
　　연역'을 시도하고 있다고 말한다. "철학사의 고전적인 논의 측면에서 볼 때, 들뢰즈
　　는 초월적 연역을 개공한다. 그것을 주어진 것 혹은 있는 그대로 나타나는 것을 위
　　해 어떤 조건이 있어야 하는지 물음으로써 나타남의 형식을 연역하는 논의이다."(J.
　　Williams, *Gilles Deleuze's Difference and Repetition: A critical introduction and guide*,
　　Edinburgh: Edinburgh University Press, 2003, p. 17) 그러나 엄밀한 의미에서 들뢰즈가
　　말하는 조건과 칸트가 말하는 조건은 다르다. 들뢰즈는 다음과 같이 말한다. "사실
　　조건은 실재적 경험의 조건이어야 하며, 가능한 경험의 조건이지 않아야 한다. 조건
　　은 어떤 내부적인 발생을 형성하는 것이지 어떤 외부적인 조건화를 형성하는 것이
　　아니다. 진리는 모든 점에서 생산의 문제이지 일치의 문제가 아니다."(DR, 200/340)
　　안 소바냐르그는 이 실재적인 경험이 곧 차이에 대한 경험이라는 점에서 들뢰즈가
　　칸트의 가능한 경험의 조건을 실재적 경험의 조건으로 변형시키는 것은 '경험의 잠
　　재적 조건'을 보인다는 것과 같다고 말한다.(A. Sauvagnargues, *Deleuze. L'empirisme
　　transcendantal*, p. 114)

뤼메르의 18일』에서 이렇게 말한다.

> 헤겔은 어디선가 세계사에서 막대한 중요성을 지닌 모든 사건
> 과 인물들은 반복된다고 언급한 적이 있다. 그러나 그는 다음
> 과 같은 말을 덧붙이는 것을 잊었다. 한 번은 비극으로 다음은
> 소극笑劇으로 끝난다는 사실 말이다.[89]

그리고 그는 삼촌 나폴레옹이라는 구 혁명의 유령을 배회시킴으로
써 조카 나폴레옹이 쓴 역사는 소극으로 끝나고 말았다는 것을 보
여준다. 그런데 그가 만일 삼촌 나폴레옹과 조카 나폴레옹 사이에
서 단지 어떤 유사성이나 유비만을 발견한다면, 그것은 두 인물 혹은
두 사건 사이의 우연한 일치일 뿐이다. 이때 반복은 원리가 될 수 없
다. 중요한 것은 과거의 사건이 현재의 사건의 조건을 이룬다는 점이
다.

> 인간은 자신의 역사를 만들어 가지만, 그들이 바라는 꼭 그대
> 로 역사를 형성해 가는 것은 아니다. 다시 말해서, 그들 스스로
> 선택한 환경 아래서가 아니라 과거로부터 곧바로 맞닥뜨리게
> 되거나 그로부터 조건 지어지고 넘겨받은 환경하에서 역사를
> 만들어 가는 것이다. 모든 죽은 세대의 전통은 악몽과도 같이
> 살아 있는 세대의 머리를 짓누르고 있다.[90]

---

89 카를 마르크스, 『루이 보나파르트의 브뤼메르의 18일』, 최형익 옮김, 비르투, 2012,
10쪽.
90 카를 마르크스, 『루이 보나파르트의 브뤼메르의 18일』, 11쪽.

현재 우리의 행위의 조건의 되는 과거의 반복이 있고, 그것을 조건으로 해서만 현재의 반복이 있으며, 미래의 반복이 세 번째 반복이 될 때 반복은 그 자체로 원리가 되고 필연적인 것이 된다. 근거와해로서의 세 번째 종합이 있지 않고서 반복은 언제든 다시 반성적인 차원에서의 유사성으로 환원될 것이다. 그러므로 세 번째 반복의 차원에서만 영원회귀로서의 반복은 차이 나는 것들을 도래하게 하고 새로움을 생신하고 창조적일 수 있게 하는 원리가 될 수 있다. 이것이 비로 들뢰즈가 칸트의 시간의 텅 빈 형식과 니체의 영원회귀를 통해 이야기하는 반복의 의의이다.

시간의 해방

이렇게 들뢰즈가 칸트의 시간의 텅 빈 형식과 니체의 영원회귀를 겹쳐 놓을 때 시간은 새로운 실천적 함의를 가지게 된다.[91] 들뢰즈는 칸트가 『실천이성비판』을 통해 말하고자 했던 도덕법칙의 무조건성을 비판하면서 새로운 실천적 함의를 그의 시간론에서 발견하고자 했다. 시간이 모든 종속으로부터 풀려나가게 되

---

91 앤드류 커트로펠로Andrew Cutrofello는 라캉의 「사드와 함께 칸트를」을 매개로 칸트와 라캉, 그리고 들뢰즈·가타리를 비교하는 흥미로운 작업을 수행한다. A. Cutrofello, *On the idea of a critique of pure practical reason in Kant, Lacan, and Deleuze, Gilles Deleuze: The intensive reduction*, ed. C.V. Boundas, London: Continuum, 2009, pp. 59-69 참조. 또한 A. Cutrofello, *Discipline and critique: Kant, poststructuralism, and the problem of resistance*, New York: SUNY Press, 1994 참조. 실제로 들뢰즈는 법과 선의 관계를 다룰 때 언제나 라캉의 논문을 염두에 두고 있다.(DR, 12/33; PSM, 73/100 참조)

는 것을 의미하는 시간의 텅 빈 형식은 영원회귀와 함께 실천적인 의
미를 가지게 되는 것이다.

들뢰즈는 차이 나는 것들의 끊임없는 반복을 말할 때 겪게 되는
가장 큰 위험을 '아름다운 영혼schöne Seele'이라고 말한다.(DR, 2/19)
그가 이러한 용어를 사용하는 이유는 헤겔이 이 용어를 사용하여 비
판하는 맥락과 자신이 비판하고자 하는 맥락이 맞닿아 있기 때문이
다. 헤겔은 『정신현상학』에서 칸트처럼 도덕적 자기의식과 자연을 외
적으로 조화시키는 것을 비판한다. 우리가 앞서 보았던 것처럼 칸트
에서는 도덕과 행복의 조화로서 최고선이 필연적으로 있어야만 하는
것으로 요청된다. 헤겔은 행복이라는 감각적인 것과 도덕의 통일은
요청된 것이지 실제로 거기 있는 것은 아니며, 양자의 조화가 정말로
이루어진다면 도덕의식은 소멸되어 버릴 것이라고 비판한다.

> 우리가 자연과 도덕의 일치라는 '최고선'을 세계의 본질로 여
> 긴다고 한다면 의식은 더 이상 도덕의 문제를 놓고 진지하게
> 고구할 필요가 없어져 버린다. 왜냐하면 최고선의 경지에서는
> 자연의 법칙도 도덕이 지니는 법칙과 다를 바가 없기 때문이
> 다.[92]

헤겔이 보기에 도덕과 행복의 조화의 완성은 무한한 저편으로 상
정되어 있을 뿐인 미완의 과제에 불과하며, 따라서 언제나 미완의 상
태에 있는 도덕의식은 행복을 우연적인 은총으로서만 기대할 수 있

---

92 게오르그 빌헬름 프리드리히 헤겔, 『정신현상학』, 2, 임석진 옮김, 한길사, 2005, 187
쪽.

다. 그래서 결국 도덕의식은 그러한 조화를 마련해 주는 '세계의 주인이며 지배자'로서 신이라는 존재를 요청하게 되는 것이다.[93] 헤겔은 이렇게 칸트에서처럼 내적으로는 여전히 분열되어 있기 때문에 현실의식과 대립되는 공허한 기준만을 마련하는 도덕적 자기의식이 아니라, 내적인 분열을 극복하고 구체적인 현실을 살아가는 도덕적 정신으로서 양심을 이야기한다. 그런데 양심이 여전히 추상적인 의식의 차원에서만 통일을 이루고 스스로를 외화하는 힘은 결여하고 있을 때, 그것은 '아름다운 영혼'이라고 불린다. 아름다운 영혼은 마음의 순수함을 보존하기 위해서 현실과의 접촉을 피하고 극단적인 추상으로 치닫는 것을 가리키는 것이다.

들뢰즈가 아름다운 영혼이라는 말을 자신의 철학의 위험성이라고 말하고 있는 것도 이러한 추상성 때문이다. 들뢰즈는 이렇게 표현한다.

> 우리는 서로 다르지만 대립하지 않는다.(DR, 2/19)

아무런 투쟁 없이 추상적으로 이루어지는 화해가 차이 나는 것들만이 끊임없이 돌아오는 반복의 철학으로서 이야기되어 버릴 위험이 있는 것이다. 그러나 이러한 위험은 니체의 영원회귀가 파괴적이며 선별적인 역량puissance을 가진다는 점을 생각해 보면 고려될 만한 것이 아님을 알 수 있다. 먼저 차이 나는 것들의 끊임없는 회귀로서 반복은 어떤 최종적인 상태나 균형적인 상태에 대한 비판을 전제하고

---

93   게오르그 빌헬름 프리드리히 헤겔, 『정신현상학』, 2, 179쪽.

있다. 니체는 이렇게 묻는다.

> 영겁의 시간이 벌써 지나갔다면, 형성된 모든 것은 왜 이미 오
> 래 전에 소멸하지 않았는가? 항상 새롭게 시작하는 생성의 물
> 결은 어디에서 유래하는가?[94]

생성은 어느 한 지점에서 시작되거나 끝나는 것이 아니라 끊임없이 생성되는 유일한 형식으로서만 있을 수 있는 것이다. 앞서 우리는 칸트의 시간의 텅 빈 형식이 동등하지 않은 것을 분배하는 것이라고 말했다. 니체의 영원회귀 역시 차이들을 형식적으로 분배하는 형식으로서 어떤 특정한 시작과 끝을 가지는 것이 아님을 알 수 있다. 니체는 이를 결코 감소하지 않는 힘들의 분배로 설명한다.

> 힘들의 세계는 감소하는 법이 없다 : 그렇지 않으면 무한한 시
> 간 속에서 무력해졌을 것이고 사라졌을 것이다. 힘들의 세계는
> 정지하는 법도 없다 : 그렇지 않으면 다 성취되었을 것이며, 존
> 재자의 시계는 멈추어 서 있을 것이다. 따라서 힘들의 세계는
> 결코 균형에 이르는 법이 없고, 한시도 휴식하는 법이 없으며,
> 그 힘과 운동은 매시마다 똑같이 크다. [……] 모든 힘들은 지
> 금과 똑같이 분배되어 있다.[95]

---

94 프리드리히 니체, 「그리스 비극 시대의 철학」, 『유고(1870년~1873년)』, 이진우 옮김, 책세상, 2001, 376쪽; "Die Philosophie im tragischen Zeitalter der Griechen" 4, eKGWB.

니체가 말하는 결코 균형에 이르지 않는 힘들의 세계가 들뢰즈가 말하는 차이들의 세계이며, 이는 하나의 법칙에 따르는 질서, 즉 그 것이 자연법칙에 따르는 것이든 도덕법칙에 따르는 것이든 모든 질 서를 파괴하는 세계이다. 그러므로 이는 모두가 다르기 때문에 대립 하지 않는 세계를 가리켜 보이는 것이 아니라, 조화를 가장한 세계에 대해 문제를 제기하는 세계이며, 따라서 차이의 철학은 파괴적인 역 량을 가지는 철학이 되는 것이다.

또한 들뢰즈가 니체의 영원회귀를 해석함에 있어서 중요하게 다루 는 것은 그것이 모든 것들을 돌아오게 하는 것이 아니라 회귀해야만 하는 것을 선별한다는 것이다. 그는 니체의 영원회귀의 규칙은 칸트 의 규칙만큼이나 엄격하다고 말한다.(NP, 77/132) 칸트의 법칙이 '너 의 의지의 준칙이 항상 동시에 보편적 법칙 수립의 원리로서 타당할 수 있도록, 그렇게 행위하라'라는 것이었다면, 이제 영원회귀의 법칙 은 "네가 무엇을 의지하든 그것의 영원회귀를 의지하는 방식으로 그 것을 의지하라"라는 것이다.(DR, 15/38) 니체가 '너는 이 삶을 다시 한 번, 그리고 무수히 반복해서 다시 살기를 원하는가' 묻는 것은, 그에 대해 사유하게 될 때 지금의 나를 변화시키지 않을 수 없기 때문이 다.[96] 이러한 니체의 법칙은 칸트식으로 나의 의지의 준칙이라는 개 별적인 것을 보편적인 법칙에 비추어 보게 하는 것이 아니라, 반복의

95 프리드리히 니체, 『즐거운 학문·메시나에서의 전원시·유고(1881년 봄~1882년 여름)』, 안성찬·홍사현 옮김, 책세상, 2005, 492~493쪽; "Nachgelassene Fragmente 1881" 11[148], eKGWB.

96 프리드리히 니체, 『즐거운 학문·메시나에서의 전원시·유고(1881년 봄~1882년 여름)』, 315쪽; "Die fröhliche Wissenschaft" Viertes Buch. Sanctus Januaris 341, eKGWB.

형식을 통해 모든 보편적이고 일반적인 법칙들의 특권적인 지위를 빼앗는 것이다. 니체는 다음과 같이 말한다.

> 최초에 혼돈이 있었고, 그다음에 차츰 더 조화로운 운동이 생겨났으며, 마지막에 완전하고 원형인 모든 힘의 운동이 생겨난 것은 아니다 : 오히려 모든 것은 영원하고 아직 끝나지 않았다 : 만약 힘의 혼돈 상태가 있다면 그것은 혼돈 역시 영원한 것이며, 모든 원에서 회귀하는 것이다. 순환은 변화를 거쳐 생성된 것이 아니다. 순환은 본래의 법칙이다. 마치 힘의 덩어리가 본래의 법칙인 것과 마찬가지이다. 이 법칙에는 예외도 없고 위반도 없다.[97]

'지금의 현재가 끊임없이 반복된다면'이라는 영원회귀의 법칙은 오직 차이 나는 것들만을 돌아오게 하는 차이의 선별의 법칙이다. 차이만이 반복된다는 의미에서 선별이며, 따라서 생성 혹은 변화만이 유일한 법칙이다. 그러므로 이는 생성이 유일한 법칙으로서 생성을 생산한다고 말해야 한다.

> 영원회귀가 동일자 일반을 돌아오게 하는 것이 아니라 선별하는 힘을 지닌 것임을 잊는다면, 창조하는 힘으로서 추방하고 생산하는 힘으로서 파괴하는 힘을 지닌 것임을 잊는다면, 영원회귀는 무엇이란 말인가?(DR. 20/46)

---

97 프리드리히 니체, 『즐거운 학문·메시나에서의 전원시·유고(1881년 봄~1882년 여름)』, 498쪽; "Nachgelassene Fragmente 1881" 11[157], eKGWB.

이러한 니체의 영원회귀의 선별적이고 파괴적인 역량을 통해 들뢰즈는 차이의 철학의 역동적인 실천적 함의를 강조한다. 그것은 양적으로 동등한 것들, 질적으로 유사한 것들을 돌아올 수 없게 하기 때문에 선별적이며, 질서와 법칙의 세계를 파괴하는 새로운 세계를 창조하는 것이다. 이것이 바로 반복의 실천적 의의이며, 들뢰즈가 차이의 철학을 통해 강조하는 바이다.

12장

『판단력비판』으로 삼비판서 다시 읽기

공통감각의 전제

이제 여러 남겨두었던 문제를 『판단력비판』과 함께 종합적으로 해소해 보자. 먼저 3장에서 칸트 역시 전제하고 있었다고 분석한 공통감각의 문제를 다루어야 한다. 들뢰즈에 따르면 철학은 공통감각에 대한 전제를 오래전부터 유지해 왔다. 가령 아리스토텔레스는 공통감각aisthēsis koine을 개별적인 감각들을 하나로 통합하는 공통의 능력으로 이야기한 바 있다. 그는 달콤함과 흼이 다르다는 것을 미각만으로 또는 시각만으로는 판단할 수 없기 때문에, 모든 감각 기관에 공통적인 감각, 즉 감각함에 대한 감각으로서의 공통감각이 전제되어 있어야지만 판단이 가능해진다고 전제한다.

칸트는 인식판단과 도덕판단을 가능하게 하는 능력들 사이의 주관적 일치를 전제한다는 점에서 이러한 공통감각 이론의 전통에 따르고 있다고 말할 수 있다.[98] 칸트에게 직접적으로 공통감각을 주관적 조건으로서 이야기하게 한 것은 흄의 영향이 크다고 할 수 있다. 왜냐하면 칸트가 공통감각을 연역할 때 강조해서 이야기하는 바는 그것이 하나의 '감각Sinn'으로서 전제되어서는 안 된다는 것이기 때문이다. 흄은 인식판단에 있어서의 확실한 진리의 가능성에 대해 의심하면서도, 도덕판단과 취미판단에서의 기준을 마련하는 데 있어서 공감sympathy의 원리나 공통정감common sentiment을 주장한다.[99]

> 인간 본성의 성질 가운데 그 자체에서나 귀결에서 가장 두드러진 것은 바로 다른 사람에게 공감하는 성향이다. 즉 다른 사람들의 소감이나 의향이 자기 것과 아무리 다르거나 정반대라도, 그것을 공감과 소통을 통해 수용하는 것을 능가하는 것은 없다.[100]

흄이 말하는 공감은 지성이나 판단력에 의해서 일어나는 것이 아닐 뿐 아니라, 판단이 아닌 정서를 산출한다. 그래서 그는 한 국가의 구성원들이 유사한 성향을 가지는 것은 불변적인 풍토나 기후의 영

---

98 가다머는 『진리와 방법』에서 아리스토텔레스부터 키케로, 아퀴나스, 섀프츠베리, 흄, 허치슨 등 칸트에 이르기까지 공통감각의 역사를 추적하고 있다. 한스 게오르크 가다머, 『진리와 방법』, 1, 이길우·이선관 등 옮김, 문학동네, 2000, 43-58쪽 참조.

99 공감의 원리에 대해서는, D. Hume, *A treatise of human nature*, p. 206 참조. 취미판단에 있어서의 공통정감에 대해서는, D. Hume, "Of the standard of taste", *Essays Moral, Political and Literary*, ed. E. F. Miller, Indianapolis: Liberty Fund, 1985, p. 232 참조.

100 D. Hume, *A treatise of human nature*, p. 352.

향 때문이 아니라 가변적인 성격을 가진 사람들 사이의 공감 때문이라고 말하기도 한다. 그의 표현에 따르면 '두 개의 현이 똑같이 울릴 때 한 현의 운동이 다른 현에게 전달되는 것처럼' 작동하는 공감의 원리에 의해 불변하는 기준은 아니지만 어떤 '공통의' 기준을 마련할 수 있다는 것이다.[101]

칸트는 이렇게 흄처럼 공통감각을 하나의 감각들 사이의 원리로 보게 되면, 감각들은 경험적인 것이기 때문에 내외를 허용하게 되고, 그렇다면 보편적 규칙이 될 수 없다는 점에서 감각이 아니라고 강조하고 있다. 들뢰즈는 자신의 흄에 관한 책에서 긍정적인 의미로 흄의 공감이 편파성에 근거한다는 점을 지적하기도 했다.[102] 칸트는 이러한 문제 때문에 논리적 공통감각이나 도덕적 공통감각을 감각의 차원으로 환원되지 않는 선험적인 원리로서 전제하고 있는 것이다.[103]

공통감각을 단지 감각으로만 이해하는 것은 그것을 결과의 차원에서만 이해했기 때문이다. 왜냐하면 감정의 소통가능성은 경험적인 차원에서가 아니라 능력들 사이의 선험적 일치라는 주관적 조건의 차원에서 이해되어야 하는 것이기 때문이다. 다시 말해 공통감각이

---

101 D. Hume, A treatise of human nature, p. 368.

102 G. Deleuze, *Empirisme et subjectivité: Essai sur la nature humaine selon Hume*, Paris: P.U.F., 1953, pp. 23-27 참조.

103 "판단력의 반성보다도 오히려 순전히 그 반성의 결과만이 주목될 때에는, 사람들은 흔히 판단력에게 감각이라는 이름을 붙여, 진리감각, 예절감각, 정의감각 등에 대해 이야기한다. 그러나 물론 사람들은, 이러한 개념들이 자리를 가질 수 있는 곳은 감각이 아니며, 더욱이 감각은 보편적 규칙들을 표명할 최소한의 능력도 가지고 있지 않다는 것, 오히려 만약 우리가 감각들을 넘어 보다 상위의 인식들로 올라갈 수 없다면, 우리의 생각 속에 진리, 예의 바름, 미 또는 정의에 대한 이러한 종류의 표상이 떠오를 수 없을 것이라는 것을 알고 있으며, 적어도 당연히 알고 있어야 마땅하다."(KU, B156)

전제되어야만 인식이 보편성을 가질 수 있기 때문에 공통감각은 주관적인 조건으로서 상정되어야 하는 것이지, 심리적 관찰의 결과로서 주어지는 것이 아니다. 흄의 공감이 감정이입을 통해 일어나는 것이라면 칸트에서 공통감각은 선험적인 주관적 원리로부터 비롯된 결과이다.(KU, B157)

그럼에도 불구하고 들뢰즈가 보기에 칸트의 이러한 능력들의 일치로서 공통감각에 대한 전제는 모두 암묵적이고 임의적인 것이다. 능력들의 일치가 어떻게 무엇으로부터 발생하는지에 대해서는 사유하지 않고, 우리 모두에게 일치가 전제되어 있다고 가정하고 있기 때문이다.

1장에서 보았듯 칸트는 이성을 구성적으로 사용할 때 그것을 전도된 이성이라고 불렀다. 신이라는 이념으로부터 자연에 목적들을 집어넣는 것은 '원래 증명되었어야 할 것을 전제하고 있는' 일이라는 것이었다.(KrV, A693/B721) 자연에 목적들이 있다는 것은 반성적으로 판단되는 것이지 그로부터 자연을 규정할 수 있는 것이 아니다. 들뢰즈가 보기에 칸트는 자신이 경계하고 있던 그러한 위험에 다시 빠지고 있다.

> 칸트는 세 비판의 개념적 체제를 위태롭게 하면서까지 암묵적 전제들을 포기하려 하지 않았다. 사유는 계속 올바른 본성을 소유해야 했고, 철학은 공통감각 그 자체나 '공통의 대중적 이성'과 다른 방향들로 나아갈 수도 없고 그보다 더 멀리 나아갈 수도 없어야 했다.(DR, 178/305)

칸트는 세 겹의 종합과 능력들의 조화를 동일시했다. 세 겹의 종합은 순차적으로 일어나는 종합의 시간상의 순서를 가리키는 것이 아니라 논리적 질서이다. 종합의 세 측면은 불가분하게 결합되어 있는 것이다. 그래서 들뢰즈는 "재인식은 동일한 것으로 전제된 하나의 대상에 일치하는 모든 능력들의 실행으로 정의된다"라고 말한다.(DR, 174/298) 직관이 부분들을 포착하고 상상력이 이전의 부분들을 재생하는 것은 하나의 표상으로 동일하는 개념의 재인식과 일치해야만 하기 때문이다. 그러므로 재인식은 능력들의 일치로서 공통감각을 가리킨다.

이러한 관점에서 초월적 통각의 상관자로서 어떤 것=X라는 텅 빈 형식은 동일성의 형식이 된다. 직관의 대상과 상상력의 대상, 그리고 재인식의 대상을 모두 하나의 동일한 대상으로 만드는 형식인 것이다. 그러나 앞서 살펴본 바와 같이 그것은 언제나 변화하고 수적인 동일성으로 환원되지 않는 경험적 자아들을 계속해서 돌아오게 하는 영원회귀와 같은 형식 또한 될 수 있다. 차이의 형식으로서 강도는 $E\text{-}E'$ 배후의 $e\text{-}e'$, 그리고 다시 $\varepsilon\text{-}\varepsilon'$로 끊임없이 반복되는 분열의 형식이었다. 칸트 철학에서 초월적 통각과 내감 사이의 분열은 메워질 수 없이 끊임없이 일어나는 분열을 가리킨다. 능력들의 조화와 일치 문제도 이러한 방식으로 사유되어야 한다. 그것들은 근본적으로 불일치의 관계에 있는 것이다.

공통감각의 문제

들뢰즈는 이렇게 능력들을 불일치의 관계에 있는 것으로 사유하지 않고 공통감각을 전제할 때, 그것이 봉사하고 있는 재인식이 대상뿐만 아니라 대상의 가치들마저도 결정하게 된다는 중대한 문제가 있음을 지적한다.

재인식되는 것은 하나의 대상이지만, 또한 그 대상에 실린 가치들이기도 하다.(DR, 177/303)

이러한 방식으로 들뢰즈는 재인식이라는 인식판단의 문제를 기존에 통용되어온 가치에 따라서 대상의 이미 확립된 가치를 재확인하기만 한다는 가치 판단의 문제와 겹쳐놓고 있다.[104]

거기서 사유는 국가를 '재발견'하고, '교회'를 재발견하며, 한 없이 축복받는 영원한 어떤 대상의 순수한 형식 아래에서 그 자신이 교묘하게 통과시켰던 시간의 모든 가치들을 재발견한다.(DR. 177/303)

들뢰즈가 칸트의 이념을 문제제기적인 것으로 이해하는 것은 이념

---

104 제임스 윌리엄스는 새로운 것을 언제나 이미 알려진 것과 비교함으로써만 동일화할 수 있다면 그것이 보수주의에 빠지게 된다고 지적한다. 들뢰즈가 보여주는 것은 바로 철학적인 의미를 가지는 재인식이 정치적 형태인 보수주의와 결합하게 된다는 것이다. J. Williams, *Gilles Deleuze's Difference and Repetition: A critical introduction and guide*, pp. 117-119 참조.

이 해가 미리 주어지지 않은 문제를 제기하기 때문이었다. 들뢰즈는 칸트가 가상의 지위를 초월적인 것으로 격상시킬 때, 그가 진리의 문제에 있어서 언제나 배제되는 거짓과 오류를 보편적이고 선험적인 것으로 여긴다는 점에서 미리 주어진 해를 가정하고 문제를 제기하지 않는다고 본다. 오류를 초월적인 지위로 승격시킴으로써 언제나 어떤 공동체의 틀 안에서 성립할 뿐인 미리 주어진 참과 거짓의 기준을 가정하지 않기 때문이다. 그러나 다시 칸트가 『실천이성비판』에서 이념들의 실천적 실재성을 다시 주장할 때, 그는 범주의 잘못을 되풀이하게 된다. 범주처럼 해를 정해놓고 그것에 맞추어 질문을 하는 셈이 되는 것이다. 해를 가정하는 질문은 결국 '어떤 대상', 대상=X라는 동일성의 형식 아래에서 오직 동일한 가치만을 재발견한다. 동일성의 형식 아래에서 사유한다는 것은 능력들의 통일로서 초월적 통각이 함축하는 공통감각을 전제하는 것이고, 이는 우리가 언제나 한 공동체의 틀 안에서 통용되는 답만을 내놓을 수 있다는 것을 의미한다.[105]

---

105 가다머는 공통감각에 대하여 전제될 수 있는 것이 아니라 다만 요구될 수 있을 뿐이라는 점을 지적한다. "판단능력이 지니고 있다고 생각되는 보편성은 칸트가 말하는 것처럼 그렇게 '공통적인' 것은 결코 아니다. 판단력은 능력이라기보다는 오히려 모든 사람에게 제기될 수 있는 요구이다. 모든 사람은 '공통의 감각', 즉 판단력을 충분히 갖고 있기 때문에 우리는 그들이 '공통감각', 다시 말해 진정한 윤리적인 시민적 연대의식을 지녔다고 믿을 수 있는데, 이 감각은 결국 올바름과 올바르지 않음에 대한 판단과 '공통의 이익'에 대한 관심을 의미한다."(한스 게오르크 가다머, 『진리와 방법』, 1, 61쪽) 가다머는 이렇게 공통감각이 단지 전제될 수 있다고 말하는 것에 대해 비판하고 있다. 그러나 또한 『판단력비판』에서 칸트는 취미라는 새로운 관점에서 공통감각에 접근하면서 "공통감각의 개념이 지닌 도덕적이고 정치적인 위대한 전통을 더 이상 고려하지 않는다."(한스 게오르크 가다머, 『진리와 방법』, 1, 76쪽) 이러한 의미에서 가다머는 칸트의 전통과의 단절을 높이 평가한다.

이를 이념의 세 가지 계기들에 대해서 이야기한 바와 연관시켜 표현하면, 칸트는 결국 이념의 미분적 요소, 즉 dx와 dy라는 문제들을 $\frac{dy}{dx}$의 값들에 의존하게 만들어 버린다. 참과 거짓의 문제를 위해서는 "어떤 해를 받아들일 가능성을 통해 문제들의 진리를 정의하는 것처럼, 가능한 명제들에 의지하여 문제들을 복사하는 것을 그만두는 것으로 충분하다."(DR, 210/357) 문제제기적인 이념을 사유하는 방법은 미리 주어진 해를 받아들일 수 있는 가능성을 사유하고 그것을 문제에 알맞은 답으로서 제시하는 것이 아니라, 해가 주어지지 않은 문제를 문제 그 자체로서 사유하는 것으로 충분한 것이다.

들뢰즈는 이러한 사유를 수영에 비유한다. 우리는 앞서 라이프니츠가 파도를 무수히 많은 물방울들의 집적이라고 말하면서 물방울들은 동일한 것이 아니라 차이적 관계를 맺고 있다고 이야기한 바 있다. 수영은 서로 차이적 관계를 맺고 있는 물방울들과 관계를 맺는 것이다. 우리는 동일한 파도를 멀리서 조망하듯이 지각하는 방식으로는 수영을 배울 수 없다. 오직 차이 나는 물방울들을 그 자체로서 지각할 수 있을 때에만 우리는 수영을 배울 수 있다. 그래서 들뢰즈는 "그런 까닭에 '배움'은 언제나 무의식적인 것을 경유하고, 언제나 무의식적인 것 안에서 일어나며, 자연과 정신 사이에 깊은 공모 관계를 수립한다"라고 말한다.(DR, 214/363)

배움은 우리의 의식적인 앎이 동일성의 형식 아래에서 대상을 재인식하는 방식과는 다르다. 그것은 우리 자신을 무한한 물방울들만큼 분열시키는 일이며, 따라서 이는 무의식적인 단계에서만 일어날 수 있는 것이다. 그러므로 들뢰즈가 '가능한 명제들에 의지하여 문제들을 복사하는 것을 그만두는 것만으로 충분하다'라고 말하는 것은,

'나는 생각한다'라는 모든 능력들의 통일과 대상=X라는 동일성의 형식으로 모든 것을 환원시키지만 않는다면 충분하다는 것을 의미한다. 우리가 그러한 동일성의 형식 아래에 모든 것을 두지 않기만 하다면 언제나 문제제기적인 이념을 사유할 수 있다. 왜냐하면 이념은 그 자체로 문제로서 존재하며, 문제제기적인 것을 자기 안에 품고 있기 때문이다.

공통감각과 양식

들뢰즈가 칸트의『판단력비판』에서 능력들 사이의 일치와 조화의 전제를 발견하고 그것을 칸트의 비판철학을 해석하는 주요한 축으로 여기는 것은, 단지 칸트 해석에 국한되는 문제가 아니라 들뢰즈의 철학사 전반에 대한 핵심적인 비판과 연관된다. 들뢰즈는『차이와 반복』에서 철학에서의 임의적이고 암묵적인 전제들을 비판하면서 그것들을 사유의 공리들postulats이라고 부르는데, 공통감각 역시 그러한 공리로서 다룬다. 들뢰즈가 칸트의 능력들 사이의 일치와 조화를 비판함에 있어서 그것을 '공통감각'이라는 용어를 사용하여 부르는 것 역시 철학사 전반에 대한 비판과 맞닿아 있다.

칸트가 능력들 사이의 일치와 조화를 전제하는 것은 그것이 바로 전달 가능해야만 하기 때문이다. 그러한 의미에서 칸트가 능력들 사이의 일치와 조화를 말할 때 언제나 인식의 전달 가능성에 대한 고려가 있다고 말해야 한다. 그래서 들뢰즈는 칸트에 있어서 능력들 사이의 일치와 조화 문제를 '공통감각'이라고 부르면서 그것의 임의적이고 암묵적인 전제를 비판한다. 앞서 이야기한 바 있듯이 칸트는 공통감각이 우리에게 어떻게 주어지는 것인지 그 원인에 대해서 근거를 제시하지 않으면서 전제한다.

들뢰즈는 이러한 공통감각 안에 자리 잡고 있는 '사유에 보편적인 본성이 있다는 것'은 고대 이래로 암묵적으로 전제되어 왔다고 말한다. 가령 아리스토텔레스가 '모든 사람은 본성적으로 알고 싶어 한다'라고 말하는 것도 그러한 것이며,[106] 데카르트가 '양식bon sens은 세상에서 가장 잘 분배되어 있는 것이다'라고 말하는 것도 그러한 것이다.[107] 데카르트는 모든 사람이 보편적이고 선험적인 원리를 본성상 가지고 있다고 전제하고, 그렇기 때문에 모든 사람이 양식에 대해서는 자신이 갖고 있는 것보다 더 바라지 않는다고 말한다. 그가 보기에 사람들 간의 의견이 다른 것은 어떤 사람이 더 이성적이고 덜 이성적이라서 생기는 문제가 아니다.

> 그것은 오히려 잘 판단하는 그리고 참된 것을 거짓된 것에서 구별하는 힘이, 이것이 바로 사람들이 양식 혹은 이성이라고 부르는 것으로서, 모든 인간에게 자연적으로 동등하다는 것을 보여준다.[108]

---

106 Aristoteles, *Metaphysica*, 980a22; 조대호 옮김, 길, 2017, 31쪽.
107 르네 데카르트, 『방법서설』, 이현복 옮김, 문예출판사, 2019, 144쪽.
108 르네 데카르트, 『방법서설』, 144쪽.

역설감각 para-sens

들뢰즈는 바로 이러한 의미에서 능력들의 통일과 동일한 대상으로 나아가는 올바른 방향을 의미하는 양식bon sens이 아니라, 반대의para 방향sens으로 나아가는 역설감각para-sens만이 차이를 소멸시키지 않고 사유할 수 있도록 해준다고 말한다. 그는 이리한 공통감각과 상식의 상호보인적인 관계를 통해 능력들이 하나로 통일되는 것으로부터 벗어나는 것을 앞서 언급했던 시간에 대한 표현과 동일한 표현을 사용한다.

> 각각의 능력은 경첩들에서 빠져나간다.(DR, 184/314)

시간이 경첩에서 빠져나간다는 것은 운동의 종속에서 해방된다는 것을 의미했다. 운동의 종속에서 해방된 시간의 텅 빈 형식은 차이들을 차이로서 돌아오게 하는 형식이다. 능력들이 경첩에서 빠져나간다는 것도 동일한 함축을 지닌다.

> 이 경첩들이 모든 능력들을 회전시키고 한 축으로 모이게 만드는 공통감각의 형식이 아니라면 무엇인가?(DR, 184/314)

공통감각이라는 하나의 축으로부터 능력들을 해방시킨다는 것은 능력들이 '나는 생각한다'라는 하나의 동일성의 형식에서 벗어나 차이 나는 것들로서 서로 차이적인 관계, 불일치의 관계만을 맺는다는 것을 의미한다.

칸트는 궁극적으로는 일치라는 방식으로 자신이 발견한 근본적인 층위를 하나의 동일성으로 환원시켜 버렸지만, 들뢰즈는 조화와 협력의 관계로 나아가지 않는 층위에서 각각의 능력들이 경첩으로부터 풀려난 극단적인 지점을 그 자체로 사유해야 한다고 강조한다.

> 능력들로 하여금 자신들 각각의 한계에 이르도록 할 수 있는 것은 이미 매개되고 표상과 관계된 형태들이 아니라, 반대로 차이 그 자체의 자유롭거나 야생적인 상태들이기 때문이다.(DR, 187/320)

그래서 들뢰즈는 공통감각과 그것에 공조하는 양식이 아니라 역설 감각을 강조하는 것이다.

역설감각과 시간

들뢰즈는 『의미의 논리』에서 다시 이러한 역설 감각을 시간의 문제와 연결시킨다. 이는 앞서 본 것처럼 칸트적 의미에서 초월적 통각과 내감의 분열을 능력들을 통일시키고 하나로 수렴하는 방향으로 나아가는 방식이 아니라, 능동적인 지성 아래에서 일어나고 있는 근본적인 시간의 종합을 이야기함으로써 발산의 방향으로 나아가는 것과 동일한 함축을 지닌다. 들뢰즈는 다음과 같이 말한다.

> 의미sens의 특성은 방향을 가지지 않는 것, '양식'을 가지지 않

는 것이지만, 무한히 재분할되며 이어지는 과거-미래 안에서
언제나 동시에 두 방향을 가지는 것이다.(LS, 95/158)

우리는 앞서 영원회귀의 형식이 텅 빈 현재를 기점으로 차이 나는
것들이 분배되는 형식이라고 말했다. 차이 나는 것들이 차이 나는 것
으로서 돌아오는 기점이 바로 직관=0으로서 텅 빈 현재라는 것이다.
들뢰즈는 이와 동일하게 과거와 미래로는 두 방향을 동시에 가지는
것이 바로 그가 말하는 '역설'의 의미라고 이야기한다. 하나의 방향을
가지지 않는다는 것은 곧 방향을 가지지 않는다는 것이지만, 동시에
양 방향으로 나아가는 것을 의미하는 것이다.

이렇게 칸트적 의미에서는 공통감각이라는 한 축으로부터 풀려난
능력들을 가리키는 역설감각이 시간의 차원에서는 텅 빈 현재의 과
거와 미래로의 분열을 의미하고, 더 나아가 이것이 의미sens의 차원에
서 조명될 때는 역설적인paradoxal 의미를 가리키게 된다. 이는 루이스
캐럴이 보여준 신조어에서 잘 드러난다. 가령 「재버워키」에 등장하는
'wabe'는 닦다swab와 젖다soak로부터 파생된 것이며, 비에 젖은 언
덕 주변을 의미한다.[109] 그것은 또한 그로부터 앞쪽으로 먼 길a long
way before, 뒤쪽으로 먼 길a long way behind, 그 너머로 먼 길a long way
beyond을 의미하는 way-be를 가리킨다.[110] 들뢰즈는 이러한 캐럴의
조어로부터 하나의 고정된 장소를 의미하는 단어가 모든 방향으로

---

109 L. Carroll, *The rectory umbrella and mischmasch*, London: Cassell&
Company, 1932, p. 140.

110 L. Carroll, "Through the Looking-Glass and What Alice Found There", *The
complete works of Lewis Carroll*, London: Nonesuch Press, 1939, p. 199.

나아가는 단어를 의미할 수 있음을 발견한다. 그것은 하나의 장소에 국한되지 않는 것처럼 하나의 의미에 국한되지 않는 의미이며, 그것이 바로 들뢰즈가 강조하는 '역설'이다.

이렇게 들뢰즈는 '감각'을 의미하기도 하고 '의미'를 의미하기도 하며 '방향'을 의미하기도 하는 'sens'를 통해 다양한 의미로 뻗어나간다. 그리고 그 모두는 궁극적으로 하나의 방향으로 수렴하는 양식에 대해 반대한다. 들뢰즈는 칸트에게서도 이러한 하나로 통일되지 않는 능력들을 발견하는데, 바로 『판단력비판』의 숭고론이다. 칸트의 숭고가 보여주는 것은 이성과 상상력의 부조화와 싸움이기 때문이다. 칸트에서는 궁극적으로 이성과 상상력이 화해로 나아감에도 불구하고 들뢰즈는 이로부터 역설감각 또는 그가 능력들의 '초재적 실행'이라고 부르는 능력들의 발산 관계를 발견한다. 이러한 들뢰즈 철학에서의 능력들의 초재적 실행을 살펴보기에 앞서 들뢰즈의 칸트의 숭고론에 대한 해석과 그가 어떻게 자신의 해석을 통해 『판단력비판』을 근본적인 지위에 두고 칸트의 삼비판서의 판단들을 근거 짓게 되는지 보자.

칸트의 숭고론이 알려주는 것

들뢰즈가 주목하는 것은 숭고론이 상상력과 이성의 불일치의 관계를 보여주고 있다는 점이다.[111]

칸트는 숭고 속에서 실행되는 상상력과 사유의 관계의 경우와

　　　　　　　　　　　　　　　　　　　들뢰즈와 칸트

더불어, 그러한 불일치에 의한 일치의 예를 처음으로 제시했다.(DR, 190/324)

수학적 숭고에서 상상력은 그 자신의 총괄을 넘어서도록 강요받으며, 역학적 숭고에서 또한 그 자신을 넘어서는 힘을 현시하도록 요구받는다. 이러한 점에서 상상력과 이성은 근본적으로 불일치의 관계에 있다. 그러나 이념의 요구에 따라 상상력은 무한한 것을 향해 그 자신을 넘어섬으로써 이성과 일치하게 된다.

> 상상력은 감성적인 것 너머에서는 자기가 의지할 수 있는 아무런 것도 발견하지 못하지만, 그럼에도 불구하고 바로 자기의 경계를 이렇게 제거함으로써 자기가 무제한적임을 느끼기 때문이다.(KU, B124)

이념은 상상력에게 현시할 수 없는 것을 현시하도록 요구하고, 상상력은 그것을 이념의 요구에 부응할 수 없다는 방식으로 소극적으로 현시한다.

> 이 현시는 바로 그 때문에 결코 한낱 소극적인 현시 이외의 것일 수 없지만, 그럼에도 그것은 영혼을 확장키는 것이다.(KU, B124)

111 들뢰즈의 숭고에 대한 해석은 다음과 같은 저작들 참조. 서동욱, 『차이와 타자』, 60-63쪽. Beth Lord, "Deleuze and Kant's *Critique of Judgment*", *At the edges of thought: Deleuze and post-kantian philosophy*, pp. 85-102.

상상력은 이성의 이념 아래에서 소극적인 방식이기는 하지만 무한한 것의 현시로 나아갈 수 있다. 상상력은 전체성의 이념에 다가갈 수 없으면서도 불가능성이라는 부정적인 방식으로 현시를 가능하게 하는 것이다.

상상력의 무한한 것에 대한 현시는 소극적일 수밖에 없지만 그럼에도 아무것도 현시되지 않는 것이 아니다. 상상력이 자연법칙에 따르는 우리의 능력으로서는 이념을 현시하기에 부족하다는 것을 지각하고, 이념과 일치하도록 자신을 고양시키고 그 자신의 무제한적임을 느낌으로써 현시에 이를 수 있기 때문이다. 들뢰즈는 이렇게 상상력과 이성이 불일치의 관계로부터 일치의 관계를 맺게 된다는 점에서 그것이 발생적 일치를 표현하고 있음을 읽어낸다.

> 숭고에서의 이러한 조화는 매우 역설적이다. 이성과 상상력은
> 긴장과 모순, 고통스러운 균열의 한 가운데에서만 서로 일치할
> 수 있을 뿐이다.(IGEK, 87/195)

들뢰즈는 칸트의 숭고론이 보여주는 불일치로부터의 일치의 발생에 주목하며, 칸트의 삼비판서 전체에서 전제된 능력들 사이의 일치를 떠받치고 있는 근본이 바로 이러한 불일치라는 것을 보인다.

사슬 풀린 작품

들뢰즈는 칸트가 숭고판단에 관해서 쉽게 다

른 사람들의 동의를 구할 수 없을 것이라고 말한 데에 주목한다. 칸트에 따르면 우리에게 위력으로 다가오는 것에 대해 두려움을 넘어서 숭고한 감정을 느끼기 위해서는 이념들에 대한 감수성이 필요하다. 즉, 도덕법칙에 대한 존경과 경향성을 극복하는 우리의 인격성은 우리에게 공통감각처럼 전제되어 있는 것이 아니라 개발되는 것이다.

앞서 보았듯 칸트적 이념들의 과제는 이성의 본성으로부터 주어지는 것이다. 그것은 전통적인 특수 형이상학의 과제들로서 신, 자유, 영혼의 불사성과 같은 이성의 본성으로부터 주어지는 피할 수 없는 과제들이다. 그래서 칸트는 이를 '소질로서의 형이상학'이라고 부르기도 한다. 문제성 있는 이념들에 대해서 사유하지 않을 수 없는 것은 그것이 자연 소질로서 주어져 있기 때문이다. 칸트는 숭고한 감정에 대해서도 이러한 방식으로 설명한다. 숭고판단은 모든 사람들에게 자신이 느낀 흡족을 요구할 수 있는 것이 아님은 분명하다.

> [그러나] 인간의 자연본성에 그 토대를 두며, 그것도 사람들이
> 공통의 지성을 가지고서 동시에 누구에게나 강요할 수 있고 요
> 구할 수 있는 것에서, 곧 (실천적) 이념들에 대한 감정의 소질에
> 서, 다시 말해 도덕적 감정의 소질에서 갖는다. (KU, B111~112)

도덕법칙에 대한 존경의 감정이 우리의 자연본성에 토대를 두고 있는 것이지만 개발하지 않으면 언제든지 경향성의 지배 아래로 들어갈 수 있는 것처럼, 숭고한 감정 역시 그것을 개발하지 않으면 우리에 대한 자연의 강제력으로서 두려움의 대상으로만 여기게 된다. 칸트는 이러한 방식으로 숭고한 감정과 문화를 뗄 수 없는 관계에 놓

는다. 이념에 대한 감수성은 개발되어야 하는 것이며 그것을 통해서만 경향성에 머물지 않고 숭고한 감정으로 나아갈 수 있다.[112]

그런데 들뢰즈가 보기에 이러한 개발과정에 대한 전제는 오히려 불일치가 가장 근본적인 층위에 있고 그로부터 일치의 발생이 있다는 것을 가장 정확하게 제시한다.

> 자연 상태에서 사유는 자신의 관심들을 혼동하고 자신의 영역
> 들을 서로서로 침범하도록 방치한다.(DR, 179/307)

이념에 대한 감수성의 개발 과정이 전제되어 있다면 가장 처음에 놓이는 것은 자연 상태로서 두려움에 빠져 있는 상태인 것이다. 어떤 사람이 자연의 위력을 보고 그것을 숭고하다고 판단하지 못하고 두려움이나 비참함과 같은 경향성에만 빠져 있는 것은 상상력이 이성과의 일치로 나아가지 못했기 때문이다. 이것이 알려주는 것은 능력들 사이의 불일치의 상태가 근본적으로 있어야만 능력들은 자유롭게 일치로 나아갈 수 있다는 것이다. 칸트는 이렇게 말한다.

> 자연의 숭고한 것에 관한 판단이 (미적인 것에 관한 판단보다도 더)
> 문화를 필요로 한다고 해서 이 판단이 바로 문화로부터 처음으

---

112 이렇게 숭고의 감정을 문화와의 관계 속에서 파악할 때 칸트의 문제적인 표현들이 등장하게 된다. "사실 윤리적 이념들의 발전이 없으면, 문화에 의해 준비가 된 우리가 숭고하다고 부르는 것이 미개인에게는 한낱 겁먹게 하는 것으로 나타날 것이다."(KU, B111) 이러한 방식으로 문화의 위계를 이야기하게 되기 때문이다. 그러나 이로부터도 우리는 불일치의 근본성을 발견할 수 있다. "미개인은 '불일치'에 그냥 머무는 것이다."(IGEK, 89/198)

로 산출되거나 가령 한낱 인습적으로 사회에 도입되는 것은 아니다.(KU, B111)

이는 앞서 말한 것처럼 도덕 감정이 하나의 '소질'로서 주어진다고 말하기 위해서이다. 이는 칸트가 "언제든 인간이 놓일 수 있는 도덕적 상태는 덕, 다시 말해 투쟁 중에 있는 도덕적 마음씨"라고 말하는 것과 동일한 의미에서이다.(KpV, A151) 도덕적 소질이 개발되지 않으면 언제든 경향성의 지배를 받게 된다는 것이다. 그러나 들뢰즈는 우리의 능력들을 일치로 나아가게 하는 개발이 이루어지지 않은 자연 상태로부터 능력들 사이의 근본적인 불일치가 엿보이고 있다고 말한다.

이러한 관점에서 들뢰즈는 숭고론이 알려주는 불일치의 층위가 가장 근본적인 층위라는 점에 주목한다.

결과적으로 『판단력비판』은 다른 비판들 속에서 나타났던 조건적인 관점에 매여 있지 않다. 그것이 우리를 발생 속으로 들어가게 하기 때문이다.(IGEK, 98/213)

들뢰즈가 『판단력비판』을 '사슬이 풀려버린 작품'이라고 부르는 것은 바로 이러한 이유에서이다.

칸트의 『판단력비판』은 노년의 작품으로서, 그의 후학들에게 끊임없이 그것을 뒤쫓는 일을 그만둘 수 없게 하는 사슬이 풀려버린 작품이다. 거기에서 정신의 모든 능력들은 그것들의 한계들을 뛰어넘는다. 그것들은 칸트가 그의 전성기의 책들에서 그토록 철저하게 세워놓았던 한계들과 동일한 것이었다.(QP, 8/8)

『판단력비판』에서 능력들은 한 지배적인 능력 아래에서 조화를 이루기에 앞서 근본적으로 불일치하고 있음이 밝혀진다. 들뢰즈는 이러한 능력들의 근본적인 불일치를 중심에 놓고 칸트의 철학을 종합적으로 다시 읽어낸다. 들뢰즈는 칸트가 마지막 비판서에서 보여주는 능력들의 관계 문제를 통해, 앞선 두 비판서에 임의적으로만 전제되어 있던 일치에 대한 근거를 마련하고 있는 것이다.[113]

---

113 서동욱에 따르면 들뢰즈는 『칸트의 비판철학』과 「칸트 미학에서의 발생의 이념」에서는 "이론철학에서 능력들의 일치를 숭고에서 능력들의 발생적 일치를 통해 근거지음으로써 전자가 맞닥뜨린 임의성의 혐의를 벗겨내 주자는 것"을 의도하였다면, 『차이와 반복』에서는 "숭고에서 발견한 발생적 사유 '자체'를 인식론적 모델로 발전시키려고 시도한다."(서동욱, 「칸트와 들뢰즈 — 선험적 종합에서 경험적 종합으로」, 179쪽) 서동욱은 '두 사람의 들뢰즈'가 있다고 말하면서, 한 사람은 "칸트 주석가로서 삼비판서의 통일성을 해명하는 들뢰즈"이며, 다른 한 사람은 "칸트의 경쟁자로서, 임의적인 공리에 의존하는 인식론과는 다른 새로운 인식론적 모델을 숭고로부터 발견"하는 들뢰즈라고 표현한다(서동욱, 「칸트와 들뢰즈 — 선험적 종합에서 경험적 종합으로」, 172쪽).

13장

들뢰즈의 초월적 경험론

『순수이성비판』의 상상력의 해방 / 『실천이성비판』의 상상력의 해방

능력들의 초재적 실행 / 기호론과 배움론 / 능력들의 해방 / 초월적 경험론

감성적인 것의 존재 / 감각의 논리 / 프루스트와 베이컨

이론에서는 옳을지 모르지만 실천에는

쓸모없다고 하는 속설

『순수이성비판』의 상상력의 해방

들뢰즈는『판단력비판』의 숭고론에 나타난 상상력과 이성의 불일치가『순수이성비판』의 인식판단과『실천이성비판』의 도덕판단에서 단지 전제되고만 있는 능력들의 일치에 대해 근거를 마련해 준다는 점에서, 칸트의 마지막 비판서『판단력비판』을 가장 근본적인 지위에 놓는다.

> 『판단력비판』은 그것의 미학적 부분에 있어서 다른 두 비판을 단순히 보완하는 데 이르지 않는다. 실제로는 두 비판을 근거 짓는다.『판단력비판』은 다른 두 비판에 의해 전제되는 근거로서 능력들의 자유로운 일치를 발견한다.(IGEK, 82/187)

우리는 앞서 『순수이성비판』에서는 지성의 입법에 따라 이성과 상 상력이 지성과 일치함으로써 판단이 내려진다고 말했다. 이는 보다 정확히 말하면 이성의 사변적 관심에 따라 능력들 사이의 관계가 결 정된다는 것을 의미한다. 칸트는 이성의 관심에 대해 다음과 같이 말 한다.

> 마음의 각 능력에는 각기 하나의 관심을, 다시 말해 그 아래에 서만 그 능력의 실행이 촉진되는 조건을 함유하는 원리를 부여 할 수 있다. 원리들의 능력으로서 이성은 마음 능력들의 관심 을 규정하고, 그러나 그 자신의 관심은 스스로 규정한다.(KpV, A216)

즉, 마음의 능력들은 이성이 규정하는 관심에 따라 원리들을 부여 받을 수 있는 것이다. 칸트에 따르면 이성의 관심은 사변적 관심과 실천적 관심으로 구분되는데, 전자는 객관의 인식에 관한 것이고 후 자는 의지의 규정에 관한 것이다. 그러므로 『순수이성비판』과 『실천 이성비판』은 '나란히 전개된' 이성의 관심에 따라, 최고의 선험적인 원리들과 궁극적이고 완전한 목적을 규정하고자 했다고 말해야 한 다.(PCK, 12/26)

『순수이성비판』에서는 이성의 사변적 관심에 따라 지성이 대상에 대해 입법하는 능력을 '위임'받음으로써 입법적 지위가 지성에 부여 되는 것이다.

> 순수 이성은 모든 것을 지성에 위임하는데, 지성은 먼저 직관

의 대상들과, 아니 오히려 상상력에서의 그것의 종합과 관계
맺는다. 그러나 순수 이성은 지성 개념들의 사용에서 절대적
전체만은 자기 수중에 남겨 놓고, 범주에서 사고되는 종합적
통일을 단적으로 무조건자에게까지 끌고 가려 추구한다.(KrV,
A326/B382~383)

이렇게 『순수이성비판』에서는 지성이 입법하고 판단하며, 그 아래
에서 상상력은 종합의 역할을 수행하고, 이성은 전체성을 추구하는
역할을 수행한다. 이것이 『순수이성비판』에서 상상력과 지성, 그리고
이성의 관계가 사변적 관심에 따라 결정되는 방식이다.

들뢰즈가 보여주는 것은 이러한 인식판단에서의 규정된 일치의 바
탕에 숭고론이 보여주는 불일치가 있다는 것이다. 앞서 이야기한 바
있듯이 숭고판단은 반성적 판단이며, 반성적 판단이 의미하는 바는
상상력이 개념의 규정으로부터 자유를 얻는다는 것이다. 그러므로
숭고판단에서 이성과 일치되기 이전의 불일치를 이루고 있는 층위에
서 상상력은 자유로운 상상력이다. 이러한 상상력이 자유를 얻는 근
본적인 층위가 무엇보다 중요한 이유는, 『순수이성비판』에서 종합하
고 도식화하는 상상력의 역할에 있어서 그것이 지성의 속박으로부터
풀려나게 되는 것을 의미하기 때문이다.

도식론은 하나의 비밀이지만, 상상력의 가장 깊은 비밀은 아니
다. 왜냐하면 상상력을 그 자체로 내버려 둔다면 상상력은 도
식화와는 완전히 다른 일을 할 것이기 때문이다.(IGEK, 81/185)

이것이 들뢰즈가 차이로서의 이념을 현실화하는 드라마화를 상상력의 일이라고 말하는 이유이다. 지성의 속박으로부터 해방된 상상력은 그 아래에서 종합하고 도식화하는 역할만을 하는 것이 아니라, 개념이나 범주들로 환원되지 않는 근본적인 시·공간적 역동성으로 잠재적 이념으로서의 차이를 현실화하는 일을 할 수 있게 된다. 이러한 상상력이 풀려난 세계는 '주체 없는 운동들과 배우 없는 배역들의 세계들'이다.(DR, 282/469) 잠재적인 이념들이 현실화되는 방식은 어떤 주체의 표상으로도 환원되지 않는 역동성들의 발산인 것이다.

들뢰즈는 상상력뿐만 아니라 이성 역시 지성의 속박에서 벗어날 때, 우리가 앞서 이야기한 합법적인 사용으로부터 벗어난다고 강조한다. 그것을 보여주는 것이 바로 『실천이성비판』에서 입법적인 능력을 되찾는 이성이다. 칸트는 숭고가 존경의 감정을 일깨우고 우리 안에 있는 자연의 위력에 버금가는 힘을 일깨운다는 것을 보여주었다. 이는 이성 역시 숭고한 것과 마주할 때 지성의 속박으로부터 벗어나 초감성적인 것을 사유하게 된다는 것을 의미한다. 들뢰즈는 『순수이성비판』에서의 능력들 사이의 규정된 일치를 근거 짓는 것이 바로 숭고론이 보여주는 불일치라고 말함으로써, 지성의 규정 아래에 있지 않은 상상력과 이성의 진정한 자유로운 본모습이 그것들의 근본적인 층위에 자리 잡고 있음을 보인다. 그러한 자발적이고 자유로운 능력들 사이의 관계로부터 규정된 일치는 발생할 수 있는 것이다.

들뢰즈와 칸트

『실천이성비판』의 상상력의 해방

『실천이성비판』에서는 이성의 실천적 관심에 따라 이성과 지성의 관계가 결정된다. 즉, 이성이 입법적 지위를 가지고 그 아래에서 지성을 자신과 일치시키는 것이다. 『실천이성비판』에서 지성의 역할은 이념과 경험 사이를 매개하는 것이었다. 그것이 바로 '범형적 관계'가 의미하는 바였다. 그런데 앞서 본 바 있듯이 들뢰즈는 이러한 범형적 관계에서도 상상력이 역할을 지닌다고 말했다. 이념이 감성적 자연에서 '현시'되기 위해서는 감성적 자연에 내재하는 조건 역시 있어야 하기 때문이다. 그렇다면 우리는 『실천이성비판』 역시 이성의 입법 아래에서 지성과 상상력이 그에 일치한다는 것을 보여준다고 말해야 한다.

숭고론이 보여주는 상상력과 이성 사이의 불일치는 바로 이러한 점에서 도덕판단에서도 일치의 근거로서 자리하고 있다. 숭고가 일깨우는 존경의 감정과 도덕적 존재자로서의 우리 안에 있는 힘에 대해 말하면서 칸트가 의도하고 있는 바는 상상력이 '마음의 초감성적 사명'을 위해 사용된다는 것이다.(KU, B115) 상상력은 이성이 요구하는 바를 현시할 수 없다는 데에서 오는 자신의 부적합함을 느끼고 이성과의 일치로 나아간다. 칸트에게서 중요한 것은 그것이 궁극적으로 일치로 나아간다는 바로 그 점이다.

반면 들뢰즈에게 중요한 것은 도덕판단에 자유로운 상상력이 개입한다는 것이다. 어디까지나 규정된 일치에 대해서만 말한다면, 도덕판단에 있어서 상상력은 그것이 설령 판단에 개입할 수 있다고 하더라도 인식판단에서와 마찬가지로 지성의 속박으로부터 자유로울 수 없을 것이다. 들뢰즈는 근본적인 층위에서 상상력은 자유로워야 한다고 말함으로써 도덕판단의 바탕을 뒤흔든다. 도덕법칙에 대한 존경의 감정은 자유로운 상상력이 이성과의 불일치하는 층위로부터 무한한 것의 현시로 나아갈 때 개발되는 것이며, 이것이 의미하는 것은 도덕적 공통감각이 임의적으로 전제되어 있을 수는 없다는 것이다.

이렇게 들뢰즈는 숭고가 보여주는 근본적인 층위에서의 능력들의 불일치로부터 하나의 입법적인 능력 아래에서 규정된 일치가 가능해진다고 말함으로써, 칸트가 임의적으로 전제하고 있는 공통감각에 대한 근거를 마련한다. 인식은 소통될 수 있어야 하기 때문에 그 능력들 사이의 조화가 있고 그것이 전달될 수 있어야 한다고 전제하는 것이 아니라, 그것이 어떻게 발생적으로 조화와 일치의 관계에 들어가게 되는지를 보여줌으로써 규정된 일치 자체를 가능하게 만드는 근거가 있을 수 있게 되는 것이다. 들뢰즈는 다음과 같이 말한다.

> 모든 것은 두 능력들이 서로를 풍요롭게 만들고 그들의 발생의 원리를 되찾는 것처럼 일어난다. 하나는 그 자신의 한계에 근접하고 다른 하나는 감성적인 것을 넘어서, 양자 모두는 모든 능력들의 초감성적 통일로서 가장 깊은 핵심을 정의하는 하나의 '집중점' 안에서 일어난다.(IGEK, 88/197)

이것이 숭고론이 보여주는 바이며, 이러한 발생의 원리에 따라서만 능력들 사이의 규정된 일치 또한 있을 수 있게 되는 것이다. 이렇게 들뢰즈가 『판단력비판』을 다른 두 비판서를 근거 짓는 마지막 비판서로 보고자 하는 것은 칸트가 능력들 사이의 일치의 발생 문제를 마지막 비판서에 이르러 사유할 수 있었다고 생각하기 때문이다.

능력들의 초재적 실행

우리가 3장에서 살펴보았던 것처럼 능력들의 일치를 다루었던 『판단력비판』은 다른 두 비판서처럼 시성 개념에 의한 규정된 일치가 아니라 규정되지 않은 일치를 보여주었다. 그런데 이것이 취미판단에서는 자유로운 상상력이 규정된 개념 없이 자유롭게 지성과 관계 맺는다는 것이었다면, 목적론적 판단에서는 규정되지 않은 일치에 이르는 것이 상상력이 아니라 판단력이다. 어떻게 그러한가?

목적론적 판단을 다루며 이야기했듯이 자연목적 개념은 하나의 이념이기 때문에 오직 규제적인 사용(마치 ~처럼)만을 가지는 것이지만, 그럼에도 다른 이념들과는 구분된다.

> 이 이념에 의거해 나온 결과(즉 산물 자체)는 그럼에도 자연 안에 주어져 있어서, 자연의 인과성이라는 개념은, 목적들에 따라 행위하는 존재자 개념으로서, 자연목적의 이념을 자연목적의 구성적 원리로 삼고 있는 것처럼 보인다. 그리고 이 점에서 자연목적의 이념은 다른 모든 이념들과는 구별된다.(KU, B345)

자연목적이라는 개념은 목적에 따르는 결과가 자연 안에 사실로서 주어지기 때문에 다른 이념들(자유, 영혼의 불사성, 신)과 구분되는 것이다. 이렇게 자연목적 개념이 우리의 감성 중에 주어지는 대상을 가지며 또한 그것을 규정하지 않는다면, "규정되지 않은 방식으로 상상력이 대상을 '반성'할 수 있도록 하기 위해 개입"하는 것이라고 말해야 할 것이다.(PCK, 90/118) 그러나 칸트는 목적론적 판단에 있어서만큼은 자연의 객관적인 합목적성을 판단력이 현시한다고 말한다.

> 사물에 대한 개념이 주어져 있다면, 그것을 인식을 위해 소용함에 있어 판단력의 과업은 현시에, 다시 말해 그 개념에 상응하는 직관을 함께 세우는 것에 있다. 이런 일이 예술에서처럼 우리가 우리에게는 목적인, 대상에 대한 선파악한 개념을 실재화할 때, 우리 자신의 상상력을 통해서 일어나든지, 아니면 [······] 우리가 자연의 근저에 그것의 산물을 평가하기 위해 우리의 목적 개념을 놓을 때, 자연을 통해 일어나든지 간에 말이다.(KU, BXLIX)

이로부터 우리는 칸트가 반성적 판단력이 상상력을 통하지 않고 직접적으로 자연을 통해 자연목적 개념을 현시하는 일 또한 일어날 수 있다고 본다는 것을 알 수 있다. 그러나 들뢰즈는 자연목적 개념 또한 '감성 중에' 주어지는 대상이므로 상상력을 통하지 않고서는 그러한 현시가 불가능하다고 본다. 판단력은 어디까지나 지성과 이성 사이에 있는 능력이므로, 자연목적 개념을 감성 중에 현시하는 일은 상상력에 맡겨질 수밖에 없는 것이다. 그래서 들뢰즈는 목적론적 판단에서도 규정되지 않은 개념을 반성하는 역할을 하는 것은 상상력이라고 본다. 이로써 모든 판단에는 상상력이 개입하며, 모든 문제는

　　　　　　　　　　　　　　　　　　　　들뢰즈와 칸트

상상력의 다른 능력과 규정되지 않은 일치의 문제가 된다.

　이제 보겠지만 그가 이러한 방식으로 계속해서 상상력을 개입시키는 것은 상상력의 초재적 실행을 염두에 두고 있기 때문이다. 상상력이 초재적으로 실행될 때 우리는 하나의 동일성의 형식으로 수렴되지 않는 차이의 형식을 사유할 수 있다. 보다 정확히 표현하면 모든 능력들이 초재적으로 실행될 때 사유는 사유할 수 없는 것을 사유할 수 있고, 상상력은 상상될 수 없는 것을 상상할 수 있으며, 감각은 감각될 수 없는 것을 감각할 수 있다. 공통감각이 전제되어 있는 곳에서 우리는 사유 불가능한 것, 상상 불가능한 것, 감각 불가능한 것이 있다는 사실 자체를 이해할 수조차 없다. 차이로서의 이념을 사유하기 위해서는 능력들은 발산되는 관계에 있어야 한다.

　우리는 이렇게 물을 수 있다. 들뢰즈가 칸트의 숭고로부터 읽어낸 능력들 사이의 불일치의 일치는 궁극적으로는 일치이지 않은가? 우리는 결국 상상력의 다른 능력과의 일치를 통해 공통감각이라는 귀결로 나아가지 않는가?[114] 들뢰즈는 『칸트의 비판철학』과 「칸트 미학에서의 발생의 이념」에서는 숭고론을 세 비판을 근거 짓는 층위에 놓으면서 규정된 일치에도 근거를 마련해 주는 방식을 택했다면, 『차

---

114 에가와 다카오江川隆男는 들뢰즈가 이렇게 숭고론에서의 불일치에 주목하고 있지만, 그 역시 일치를 전제하고 있다는 점에서 근본적일 수 있는가 묻는다. 상상력이 아무리 자신의 '초감성적 용도'를 찾아내더라도, "이는 도덕적 존재와의 관계로 회수되는 한에서이기 때문이다."(에가와 다카오, 『존재와 차이』, 이규원 옮김, 그린비, 2019, 77쪽) 이렇게 문제제기를 하면서 그는 들뢰즈가 '초재적 실행'을 말할 때 그것이 더 이상 현상과 사물 자체에 대한 구분을 전제하고 있지 않다는 점을 강조한다. 모든 능력들이 초재적으로 실행되는 층위는 현상이라는 단 하나의 층위이며, 따라서 이성 개념으로서 이념을 위한 '초감성적 용도'를 말하더라도 그것은 예지적인 것으로 돌아가는 문제일 수 없는 것이다.

이와 반복』에서는 '능력들의 초재적 실행'이라는 이름으로 칸트가 구획 지어놓은 능력들의 한계를 완전히 와해시키는 방향으로 나아간다.

들뢰즈는 능력들의 실행에 있어서 초재적transzendent이라는 용어를 쓰면서 이것이 더 이상 칸트적 의미에서 생각되어서는 안 된다고 말한다.

> 초재적이라는 것은 결코 능력이 세계 밖의 대상들과 관계한다는 것을 의미하지 않으며, 반대로 세계 안에서 능력이 자신과 절대적으로 관련된 것을, 그리고 자신을 세계에 낳는 것을 파악한다는 것을 의미한다.(DR, 186/318)

칸트적 의미에서 초험적/초재적이라는 것은 가능한 경험의 한계를 넘어 우리 밖에 있는 사물 자체를 사유할 수 있다고 여기는 것이었다. 들뢰즈가 능력들이 '초재적으로' 실행된다고 말하면서 의도하는 바는 가능한 경험과 사물 자체를 구분하는 것이 아니라 초재적으로 실행된 능력들이 이 세계 '안에' 낳는 차이를 사유하는 층위로 나아간다는 것이다.

기호론과 배움론

그렇다면 어떻게 차이를 사유할 수 있는가? 이 문제를 다루는 것은 들뢰즈의 기호론과 배움론이다.[115] 우리는 앞서 미리 주어진 해가 존재하지 않는 문제에 대해 사유하는 것은 수영과 같다는 것을 보았다. 들뢰즈는 이것이 수영하는 사람의 운동이 물결의 운동과 닮아 있다는 것을 말하는 것이 아니라고 강조한다.

> 우리가 실천적으로 기호들처럼 파악함으로써 오직 대비하기 위해 배울 뿐인 물결의 운동과 모래 위에서 우리에게 흉내 내는 수영 교시의 운동은 아무런 관계가 없다. 누군가가 어떻게 배우는가를 말하는 것이 그토록 어려운 것은 바로 이 때문이다.(DR, 35/72)

차이로서의 이념에 대해 사유한다는 것은 그것에 대한 앎을 얻는 것이 아니라 배운다는 것이다. 왜냐하면 우리가 무언가에 대해 앎 또는 지식을 습득한다는 것은 의식이 그것을 표상할 수 있는 능력을 가지고 있다는 것을 의미하기 때문이다. 칸트 철학에서 재인식은 어떤 대상을 '나의 표상'으로 만드는 것이었다. 그것이 바로 대상에 대한 앎이 의미하는 바이다. 재인식은 그 말의 뜻에서 알 수 있는 것처럼 '다시' 인식함을 의미하는 것이다. 그것은 나의 표상이기 때문에 다시 알아보고 다시 인식할 수 있는 것이다.

> 표상représentation이라는 말에서 접두사 재RE-는 차이들을 종속시키는 동일자의 개념적 형식을 의미한다.(DR, 79/144)

---

115 기호론과 배움론에 대해서는 다음과 같은 문헌들 참조. 서동욱, 『차이와 타자』, 60-65쪽. A. Sauvanargues, *Deleuze. L'empirisme transcendantal*, pp. 69-84, 123-147. D. W. Smith, *Essays on Deleuze*, pp. 92-94.

차이에 대해 사유한다는 것은 지식을 우리의 소유로 만드는 어떤 앎이 아니라 배움을 의미한다.

들뢰즈에 따르면, 배움은 우리를 사유하도록 강제하고 폭력을 행사하는 기호와 마주침으로써 일어난다. 그는 기호에 대해 다음과 같이 정의한다.

> 우리는 비대칭적 요소들을 지니고 불균등한 크기의 질서들을 갖춘 하나의 체계를 '신호signal'라 부른다. 그리고 그런 체계 안에서 발생하는 것, 불균등한 것들 사이에서 성립하는 하나의 소통과 같이 간격 안에서 섬광처럼 빛나는 것을 '기호'라고 부른다.(DR, 31/66)

즉, 기호란 차이의 체계 안에서 발생하는 것이며, 그 소통은 조화와 협력을 통해서가 아니라 계속되는 불일치를 통해서만 일어난다.[116] 이는 칸트의 숭고론이 보여주는 것처럼 종국에는 화해로 나아가는

---

116 앞서 본 바와 같이 이러한 계속되는 불일치는 차이를 긍정하는 강도의 형식이었다. 그리고 이러한 강도적 장 위에서만 차이들을 시·공간적 역동성들로서 현실화하는 드라마화가 이루어질 수 있었다. 프랑수아 졸라비흐빌리는 이러한 드라마화의 문제와 사유를 강제하는 기호를 다음과 같이 연결지어 설명하고 있다. "사유를 강제하는 기호는 사유가 안에 하나의 드라마를 생겨나게 하고, 그것은 하나의 개념 안에서 보존되는 지점까지 나아가지 않으면 안 된다."(F. Zourabichvili, *Deleuze. Une philosophie de l'événement*, p. 119) 즉자적인 차이로서의 이념이 현실화되는 차원과 마찬가지로 우리 안에서도 드라마화가 일어나게 되는데, 그것이 바로 기호가 우리를 사유하도록 강제할 때 일어나는 일이다. 칸트의 도식화가 드라마화로 대체될 때 개념은 더 이상 그 자신의 규정 아래에 시·공간적 규정을 자신과 일치시키는 방식으로 둘 수 없고, 시·공간적 역동성들은 역동성들로서 발산되는 관계에 있게 되는 것이다.

들뢰즈와 칸트

것이 아니기 때문에, 들뢰즈는 이러한 끊임없는 불일치의 관계를 폭력과 강제의 관계라고 부른다. 우리는 바로 이러한 폭력을 행사하고 강제하는 기호와의 마주침을 통해서만 배울 수 있다. 공통감각과 같은 것으로부터는 배울 수 있는 것이 없고 오직 이미 알고 있는 것에 대해 다시 인식할 뿐이다. 수영을 배운다는 것은 이러한 기호들과의 마주침처럼 일어나는 것이다. 그것은 하나의 물결의 운동을 표상하는 것이 아니라 물방울들 각각을 불일치의 관계 안에서 마주하는 것을 의미한다. 그러한 배움을 위해서는 우리의 능력들 역시 물방울들만큼이나 불일치의 관계를 맺어야 하는 것이다. 그래서 들뢰즈는 다음과 같이 말한다.

> 배운다는 것은 하나의 능력을 그것의 초월적이고 탈구적인disjoint 실행으로까지 끌어올린다는 것이며, 다른 능력들과 소통하고 있는 마주침과 폭력으로까지 끌어올린다는 것이다.(DR, 251/421)

이렇게 들뢰즈가 능력들이 초재적으로 실행될 때에만 차이를 사유할 수 있다고 말할 때, 이는 단지 이성에 의해 사유될 수 있다는 것만을 의미하지 않는다. 물론 이성 역시 초재적으로 실행됨으로써 자신의 문제성 있는/문제제기적인 개념으로서 이념 자체를 사유할 수 있게 된다. 앞서도 인용한 바 있듯이 칸트는 "우리는 곧 사물로부터 우리 자신이 그것들 안에 집어넣은 것만을 선험적으로 인식한다"라고 말한다.(KpV, BXⅧ) 들뢰즈는 칸트의 이러한 방식이 범주라는 미리 정해진 해에 맞춰 질문하는 방식이라고 비판했다. 그에게 있어 진정

한 문제제기는 차이로서의 이념만이 할 수 있는 것이다. 능력들의 초
재적 실행은 바로 이러한 문제제기적 이념을 사유하게 만든다. 하지
만 초재적으로 실행되는 것은 '능력들'이다. 이성이 자신을 제한하는
감성의 한계를 마주하여 그것을 넘어서는 것처럼, 상상력은 이성이
가하는 폭력과 마주하여 그 자신의 한계를 넘어서고, 감성 또한 자
신의 수용적 한계를 넘어선다. 우리는 앞서 들뢰즈가 상상력을 그 자
체로 둔다면 더 이상 지성 아래에서 종합하고 도식화하는 일만을 하
지 않는다고 말했다. 상상력은 지성의 매개 없이 이념을 현실화하는
능력인 것이다. 또한 능력들의 초재적 실행은 감성 역시 자신의 수용
적 한계를 넘어서는 것을 의미한다.

능력들의 해방

이렇게 감성 역시 자신의 한계를 넘어서 초재
적으로 실행된다고 말함으로써 들뢰즈는 칸트 철학에서 드러난 두
개의 감성론 가운데 『순수이성비판』의 감성론을 『판단력비판』의 감
성론으로 대체하고자 한다. 『순수이성비판』의 감성론에서 감성은 오
직 수용성을 통해 정의되고, 그에 따라 촉발되고 종합되기를 기다리
고 있을 뿐인 능력으로서만 남아 있다. 물론 우리가 앞서 살펴본 것
처럼 들뢰즈는 경험적 자아에 종합의 능력을 부여함으로써 하나의
수적인 동일성으로 환원되기만을 기다리고 있는 자아의 지위로부터
해방시킨다. 이것이 시간의 종합이 근본적으로 의미하는 바였다. 그
리고 놀라운 점은 이러한 시간의 종합과 칸트의 시간의 텅 빈 형식이

다시 만날 수 있다는 것이었다. 그런데 능력 이론의 차원에서도 들뢰즈는 또 다른 수동적 자아의 해방의 길을 찾는다. 그것이 바로 『판단력비판』의 감성론이다.

> 칸트는 감성론을 공간의 형식에 의해 보장되는 감각의 객관적 요소와, 쾌와 고통 안에서 구현되는 감각의 주관적 요소라는 두 부분으로 나누었다.(DR, 130/224)

『판단력비판』에서 감성은, 보다 정확히 말해서 숭고론에서 감정은 『순수이성비판』에서의 직관과 달리 지성의 규정으로부터 벗어나 있다. 그것은 더 이상 범주적 규정 아래에 포섭되기 위한 것이 아니라 규정되지 않은 개념과 관계하고 그 자신의 한계를 넘어서 초감성적인 것, 이념으로서의 차이를 감각하기에 이른다. 바로 이러한 점에서 『판단력비판』의 감성론은 『순수이성비판』의 감성론을 대체해야 한다. 이러한 방식으로 들뢰즈는 『차이와 반복』에서 칸트가 구획 지어 놓은 모든 능력들의 해방으로 나아간다.

초월적 경험론

들뢰즈는 칸트적 의미에서 초감성적인 것이자 이념으로서의 차이를 감각하고 상상하고 사유할 수 있기 위해서는 능력들을 초재적으로 실행하는 일이 일어나야만 한다고 말한다. 그러나 이는 차이가 경험될 수 있다는 것을 의미하는 것이 아니다. 차이를 감각한다고 할 때 이는 칸트가 『순수이성비판』에서 말하는 것처럼 시·공간 속에서 어떤 대상에 관계할 수 있다는 의미에서 감각을 의미하지 않는다.

> 마주침 안에서 그것을 직접적으로 포착하는 초재적 감성의 관점에서 보면, 이 요소는 동시에 오로지 감각밖에 될 수 없다.(DR, 187~188/321)

경험적 차원의 감성이 아니라 초재적으로 실행되는 감성에 의해서만 차이는 포착될 수 있는 것이다. 차이의 체계 안에서 발생하는 기호와의 마주침을 통해 감성은 그것을 감각하기를 강요받는다. 그리고 감성은 상상력에게 그 강제력을 전달하고, 그로 인해 상상력이 초재적으로 고양될 때 상상력은 경험적으로는 상상될 수 없는 것을 상상한다. 그리고 그러한 상상력을 통해 이성의 사유 역시 강제된다.

> 사유되어야 할 것에 이르는 길 위에서 진실로 모든 것은 감성으로부터 시작된다.(DR, 188/322)

들뢰즈가 이렇게 감성으로부터 사유에 이르는 과정을 강조하는 것은 차이의 질서가 바로 강도이기 때문이다.

> 우리에게 사유가 일어나는 것은 언제나 강도에 의해서이다.(DR, 188/322)

들뢰즈와 칸트

그러므로 들뢰즈가 자신의 철학을 '초월적 경험론'이라고 부를 때, 이것의 진정한 의미는 차이의 존재를 포착하는 것이 감각이며, 사유가 시작되는 곳은 바로 감성론이라는 것이다.

> 우리가 오직 감각밖에 할 수 없는 감성적인 것, 감성적인 것의 존재 자체를 직접적으로 포착할 때, 실제로 경험론은 초월적인 것이 되며, 감성론은 필연/필증적인apodictique 분과학문이 된다.(DR, 79~80/145)

칸트는 자신의 철학을 초월적 관념론이라고 말하면서 이렇게 설명한다.

> 우리가 그 현상들을 모두 사물들 자체가 아니라 순전한 표상들로 보며, 따라서 시간과 공간은 단지 우리 직관의 감성적 형식일 따름이고, 사물 자체로서의 객관들의 그 자체로 주어진 규정들이거나 조건들이 아니라고 하는 이론으로 이해한다.(KrV, A369)

우리는 칸트의 이러한 표현으로부터 사물 자체가 주어지는 것이 아니라 오직 현상만이 우리의 표상이 될 수 있다는 것을 다시 확인할 수 있다. 칸트는 이러한 초월적 관념론의 방식이 아니라 우리에게 주어지는 현상들을 사물 자체로서 주어지는 것으로 보게 되면 그것은 초월적 실재론이 된다고 말한다. 그리고 초월적 실재론은 경험적 관념론과 마찬가지인데, 사물들이 그 자체로서 실존한다고 전제하게 되면 표상들은 그것들의 현실성을 확신하기에 불충분한 것이 되어버리고 말기 때문이다. 그래서 칸트의 초월적 관념론은 경험적 실재론과 동일시된다. 초월적 관념론의 관점에서 보면 시간과 공간은 우리 안에 있는 것이기 때문에 표상들의 확실성에 대해 말할 수 있는 것이다. 경험적 실재론은 물질의 실존에 대하여 우리의 감성을 떼어 놓고서는 아무것도 아닌 현상들로 보기 때문에, 그것이 직접적으로 지각되는 현실성을 인정한다는 의미에서 실재론이라고 불릴 수 있는 것이다.

이러한 칸트의 초월적 관념론에 대하여 피히테는 칸트가 그 자신이 비판하고 있는 독단적 관념론에 빠지고 있다고 지적한다. 칸트가 사물 자체를 우리 바깥에 남겨둠으로써 더 이상 그가 바라는 것처럼 경험적 실재성을 주장할 수 없게 되었다고 보기 때문이다. 피히테는 사물 자체를 우리 바깥에 정립하면서 동시에 그것이 우리에 '대해' 존재한다는 것이 일종의 순환에 빠지게 만든다고 본다. 그는 칸트가 이념들의 실천적 실재성을 증명하고 그것을 아무리 확장한다고 하더라도 결코 그러한 순환으로부터 벗어날 수 없다고 상소한다.

> 이 순환에 대해 전혀 고려하지 않는 체계는 독단적 관념론이다. 왜냐하면 우리를 제한하고 또 유한한 존재로 만드는 것은 본래 이러한 순환이기 때문이다.[117]

그렇다면 초월적 실재론이라면 이러한 순환에서 벗어날 수 있는

---

117   요한 고틀리프 피히테, 『전체 지식론의 기초』, 한자경 옮김, 서광사, 1996, 222쪽.

들뢰즈와 칸트

가? 초월적 실재론 역시 우리를 유한한 존재로 만드는 것이기 때문에 단지 그 순환에서 벗어났다고 생각할 뿐이지 실제로 벗어난 것은 아니다. 그래서 피히테는 이러한 두 체계 사이에 있는 자신의 철학을 '관념적 실재론'이라고 부르기도 한다.

들뢰즈는 이러한 피히테의 비판과 완전히 반대방향으로 나아간다. 그가 자신의 철학을 '초월적 경험론'이라고 부르는 것은 관념론을 근거 짓는 것이 실재적인 경험이기 때문이나. '나는 생각한나'라는 능력들을 통일시키는 원리는 감각밖에 될 수 없는 차이로서의 이념에 대한 실재적인 경험에 의해 조건지어지는 것이다. 이러한 방식으로 들뢰즈는 이념의 직접적인 현실화를 이야기한다는 점에서 포스트 칸트주의자라고 불릴 수 있으면서도, 독일관념론의 방식과 정반대로 나아간다.[118]

감성적인 것의 존재

이러한 의미에서 들뢰즈는 차이를 감성적인 것'의' 존재라고 부른다. 문제로서 실재하는 것인 차이는 경험될 수 있는 것으로서 주어지는 것이 아니지만, 우리에게 감각밖에 될 수 없는 존재이다.

---

118 그럼에도 불구하고 칸트는 초월적인 것을 단지 발견했지만 피히테는 '초월적 발생'을 요구한다는 점에서 들뢰즈는 피히테를 긍정적으로 평가한다. G. Deleuze, "Qu'est-ce que fonder?", *Cours hypokhâgne, Lycée Louis le Grand 1956-1957*, www.webdeleuze.com.

감성적인 것의 존재는 무엇인가? 이러한 물음의 조건들에 의하면, 그 답은 (경험적 실행의 관점에서는) 감각될 수 없는 동시에 (초재적 실행의 관점에서는) 감각밖에 될 수 없는 '어떤 것'이라는 역설적인 존재를 가리켜야 한다.(DR, 304/504~505)

경험적 실행의 관점에서는 감각될 수 없다는 것은 차이로서의 이념이 지성 개념에 의해 규정될 수 있는 가능한 경험이 아니라는 것을 의미한다. 다시 말해, 재인식의 관점에서는 감각 불가능한 것이다. '나는 생각한다'라는 모든 능력들의 통일 아래에서 감성은 그러한 초감성적인 것을 직관할 수 없다. 재인식에서 '나의 표상'으로 규정되는 감성적인 것은 오로지 감각밖에 될 수 없는 것이 아니라 우리의 직관에서 포착되고 상상력에서 재생되며 개념을 통해 규정되는 것이다. 초감성적인 것은 그러한 방식으로 우리의 규정 안에 들어오지 않는다. 그러므로 초감성적인 것을 마주하게 될 때 감성은 그 자신의 한계를 넘어서야만 한다. 그래서 들뢰즈는 능력들이 초재적으로 실행되는 근본적인 층위에서만 사유는 사유될 수 없는 깃을 사유하고 김긱은 감각될 수 없는 것을 감각하게 된다고 강조한다. 이것이 감성적 한계를 넘어서 초감성적인 것, 즉 차이를 마주할 때 일어나는 일이다.

차이의 존재는 감각 불가능한 것이면서 감각밖에 될 수 없는 것이고, 사유 불가능한 것이면서 사유되어야만 하는 것이며, 상상될 수 없는 것이면서 동시에 상상밖에 될 수 없는 것이다.

들뢰즈는 『차이와 반복』에서 상상력에 대하여 "칸트가 공통감각의 형식에서 해방된 하나의 능력을 고려하고 이 능력에 대해 진정으로 '초재적인' 합법적 실행을 발견하는 유일한 경우"라고 말한다.(DR,

들뢰즈와 칸트

187/320) 숭고와 더불어 상상력은 더 이상 공통감각 아래에 종속되어 있지 않게 되는 것이다. 그리고 이러한 상상력이 감성으로부터 전달된 강제력을 사유에 전달함으로써, 더 이상 재인식이나 공통감각이 아닌 사유에 대하여 완전히 새로운 방식으로 생각할 수 있는 기회가 주어진다고 강조한다. 감성으로부터 상상력으로, 상상력으로부터 이성으로 강제력이 전달된다는 것은 기호의 폭력이다. 초재적으로 실행되는 능력들은 소통과 협력이 아니라 오직 불화의 폭력의 관계만을 맺는 것이다.

> 감각되어야 할 것에서부터 사유되어야 할 것에 이르기까지 개봉되고 전개되는 것은 사유하도록 강요하는 것의 폭력이다.(DR, 184)

들뢰즈에서 능력들은 칸트에서처럼 일치와 화합으로 나아가는 것이 아니라 서로 불화하고, 서로 간에 소통은 오직 폭력을 전달하는 방식으로만 이루어진다.

감각의 논리

들뢰즈는 「칸트 철학을 간추린 네 개의 시구」에서 랭보의 「견자voyant의 편지들」을 인용하여 능력들의 초재적 실행을 표현한다.

'모든 감각들의 무질서dérèglement에 의해 미지의 세계에 도달하는 것 [······] 모든 감각들의 오래되고 광대하며 논리적인 무질서.' 보다 정확히 말해서 모든 능력들이 고장난 채로 실행되는 것이다.(CC, 47/67)

모든 능력들이 자신의 한계를 넘어서 초재적으로 실행되고 폭력적인 관계만을 맺는다는 것은 질서지어지기만을 기다리고 있는, 그래서 비논리적인 것이라고 취급되어야 하는 것이 아니라 그 자체로 독자적인 논리를 가지고 있는 것이다. 이것이 들뢰즈가 프랜시스 베이컨에 관해 쓴 책의 제목이기도 한 '감각의 논리logique de la sensation'라는 말로 표현하고자 하는 바이다. 들뢰즈는 모든 감각들을 하나의 축에 묶어두는 공통감각이라는 경첩으로부터 풀려난 능력들이 그 자체로 하나의 논리를 가지고 있다고 말함으로써 칸트와는 다른 새로운 사유의 모델을 제시하고 있다.

칸트는 능력들의 통일로서 초월적 통각 없이는 경험은 언제나 '지각들의 광상곡'에 머물 것이라고 말했다.

종합적 통일이 없다면 경험은 결코 인식이 아니라, 지각들의 광상곡일 것이다. 지각들은 일관되게 연결된 (가능한) 의식의 규칙들에 따라 함께한 문맥 안에 정돈되어 있지 않을 것이고, 그러니까 또한 통각의 초월적이고 필연적인 통일에 함께 정돈되어 있지 않을 것이다.(KrV, A156/B195)

그러나 들뢰즈는 바로 이 광상곡rapsodie이 근본적이라는 것을 이야기하는 것이다.

이것이 들뢰즈가 플라톤 이래로 전제해 왔던 로고스와 논리의 근친성에 문제를 제기하고, 감각들만의 논리가 있음을 보이는 방식이다. 로고스에 포섭되지 않은 감각들만의 논리가 있다는 것은 그 자체로 반로고스적이다. 가장 근본적인 층위에 그 자체의 논리가 마련되어 있다면 로고스의 층위가 보장하고 있는 능력들 간의 일치는 근본적인 층위에서 발생한 부수적인 효과에 불과한 것이 된다. 들뢰즈는 로고스의 문제에 대하여 '언제나 지성이 먼저 오고, 전체가 이미 존재하며, 법칙이 그것을 적용할 대상보다 앞서 인식된다는 데' 있다고 말한다.(PS, 128/156)

칸트는 전체성과 통일성을 미리 전제하고 있다. 칸트가 전제하는 동일성의 형식, 초월적 통각과 대상=X는 모두 선험적인 형식이며, 따라서 경험에 앞서 있는 통일성이다. 그렇기 때문에 칸트는 '우리는 곧 사물로부터 우리 자신이 그것들 안에 집어넣은 것만을 선험적으로 인식한다'라고 말할 수 있었다. 다시 한 번 강조해서 말하자면 이는 해를 정해놓은 질문을 던지는 일일 뿐이다.

칸트는 차이를 다양이라고 부르고 감성 형식 아래에서 포착되고 상상력에서 재생되고 지성의 개념 아래 놓임으로써 비로소 우리의 표상이 될 수 있는 것이라고 말할 것이다. 그러나 앞서 시간의 세 번째 종합을 다루면서 이야기한 바 있듯이 들뢰즈에서 차이의 층위는 즉자적인 층위이며 대자적 층위에서도 그와 동일한 차이 나는 것들의 끊임없는 도래를 발견할 수 있었다. 그러한 시간의 수동적 종합은 능동적 종합 아래에 근본적인 층위에서 종합이 일어나는 층위가 있음을 보여준다. 들뢰즈에서 차이들의 층위는 단지 재인식이라는 동일성의 형식으로 포섭되기만을 기다리고 있는 층위가 아닌 것이다. 들뢰즈는 반-로고스적인 감각의 논리를 통해 이러한 미리 주어져 있는 전체성과 통일성이란 존재하지 않으며, 오직 감각의 파편들만이 근본적인 층위에 있음을 보인다. 그리고 능동적인 지성의 활동으로만 여겨졌던 종합의 능력을 수동적인 감성에 부여함으로써 독자적인 '감각의 논리'가 있음을 보여준다. 들뢰즈는 이를 공명résonance의 종합이라고 부른다.

프루스트와 베이컨

우리는 앞서 이미 공명의 종합의 한 예를 보았다. 바로 프루스트의 마들렌 체험이다.[119] 마들렌 체험을 가능하게 하는 콩브레는 이데아와 같이 원본의 지위를 가진 것이 아니라, 그 역시 하나의 시간의 파편으로서 차이 나는 것들을 차이 나는 것으로서 생산히는 것이다. 그래서 들뢰즈는 콩브레를 하나의 무규정적인 차이 그 자체로 사유하고자 한다.

> 그 맛은 오직 동일성을 통해서는 도저히 정의될 수 없는 어떤 것=X를 봉인하고 있기 때문에, 힘을 가질 수 있는 것이다. 그것은 콩브레를 봉인하고 있다.(DR, 160/274)

---

119 서동욱은 공명 효과의 발생을 추적하고 프루스트의 비자발적인 기억과 숭고에서의 상상력의 유사함을 밝히고 있다. 서동욱, 『들뢰즈의 철학』, 45-52쪽 참조.

과거에 맛보았던 마들렌 조각의 맛과 현재의 마들렌 조각의 맛은 차이 그 자체로서 콩브레가 차이 나는 관계에 놓는 한에서만 서로 공명하는 두 개의 감각이 될 수 있다. 들뢰즈는 바로 두 감각들의 이러한 관계를 공명이라고 부른다.

> 비자발적인 기억은 우리 신체 속에서 서로 다른 층위에 존재하고 있으며 두 격투사처럼 서로 부둥켜안고 있는 두 개의 김직, 즉 현재의 감각과 과거의 감각을 짝짓는다. 이는 현재와 과거 어느 것으로도 환원될 수 없는 어떤 것, 바로 형상이 솟아나도록 하기 위해서이다.(FB, 46/81)

이러한 감각들의 짝짓기로부터 비롯되는 것이 내적인 공명이다. 감각들 사이의 공명의 종합이 일어남으로써 콩브레는 '결코 체험된 적이 없었던 어떤 광채 안에서' 다시 나타난다.(DR, 115/200)

이러한 공명의 종합의 예들은 프루스트의 소설에서뿐만 아니라 여러 예술 작품에서 나타난다. 가령 베이컨은 종교적인 삼면화와는 다른 삼면화를 그렸는데, 성당의 제단화처럼 각각의 면들이 삽화적이거나 서술적인 관계 또는 인과적인 관계를 가지는 것이 아니라 어떤 메시지나 이야기가 끼어들 수 없는 관계만을 맺도록 그렸다. 들뢰즈는 이렇게 말한다.

> 세 그림은 분리되어 있다. 하지만 그들은 더 이상 고립되어 있지 않다. 한 그림의 프레임과 가장자리는 더 이상 각각의 제한적인 통일성으로 되돌려지지 않고, 세 개의 분배적인 통일성으

로 되돌려진다.(FB, 56/99)

　베이컨의 삼면화를 관계 맺도록 하는 것은 어떤 정체성을 가지는 형상들의 연속성이 아니라 오직 색과 빛뿐인데, 그것들은 어디까지나 우연적인 터치에 맡겨져 있다.

> 그리는 행위란 시각적 총체 안에서의 손에 의한 자유로운 터치의 통일성, 그것들이 반응의 통일성이자 그것들을 재주입하는 행위의 통일성이다. 이러한 터치를 경유하여 되찾은, 재창조된 구상은 시작할 때의 구상과 닮아 있지 않다.(FB, 62/114)

　우연적인 터치들은 콩브레가 새로운 광채 안에서 나타나는 것처럼 시각적 총체를 처음 구상되었던 것과 완전히 다른 것으로 만든다. 색과 빛의 동일성과 유사성이 삼면을 닮음의 관계에 놓는 것이 아니라 정체성을 가지지 않는 우연적인 터치가 삼면을 관계 맺게 하는 것이다. 이러한 방식으로 베이컨은 삼면화를 하나의 전체성과 동일성으로 환원시키지 않으면서도 각각의 면들을 관계 맺게 만든다. 각각의 면들은 단일한 색과 빛을 공유하고 있기 때문에 독립적으로 있을 수 없지만, 그러한 색과 빛은 표상할 수 있는 색과 빛으로 환원되지 않으며, 이러한 관계 속에서 각각의 면들은 어떤 하나의 이야기로도 환원될 수 없는 상태로 분리되어 있는 것이다. 이러한 분배적인 통일성은 지성의 사유로는 그 관계를 설명할 수 없는 감각들 간의 공명의 종합을 보여준다. 그것들은 지성의 개입 없이 이러한 차이 나는 것들로서 내적인 관계를 맺고 있으며, 이것이 감각들이 가지는 독자적인

　　　　　　　　　들뢰즈와 칸트

논리이다.

들뢰즈는 베이컨의 삼면화가 보여주는 감각의 논리를 통해 그것이 단지 광상곡을 연주하는 파편들로서만 남아 있지 않다는 것을 보여준다. 그는 베이컨의 회화를 액션 페인팅과 비교하는데, 액션 페인팅은 우연적인 터치들을 통해 고전적인 재현représentation으로서의 회화에서 벗어나고 있지만 거기에는 어떤 종합도 존재하지 않는다.

> 막대, 솔, 빗자루, 낡은 헝겊, 그리고 제과점의 주사기까지 액션 페인팅이 사용하는 모든 난폭한 수단들은 회화의 파국에서 벗어난다. 이때 감각은 훌륭하게 돌파하지만 돌이킬 수 없이 혼란스러운 상태로 남아 있게 된다.(FB, 71/127)

감각들은 오직 파편화된 채로만 존재하며 그로부터는 어떤 독자적인 논리도 발견할 수 없다. 반면 베이컨의 회화는 감각들이 독자적으로 종합의 관계를 맺고 있음을 보여준다.

> 회화가 하나의 순수한 논리의 문제를 자기 자신의 근거에서, 그리고 그 자신의 방법에서 발견하는 것은 바로 그 점에서이기 때문이다.(FB, 102/181)

이렇게 들뢰즈는 근본적인 층위에서 시간의 종합과 감각의 종합이 있음을 보임으로써 지성만이 능동적으로 종합할 수 있는 능력을 가지는 것이 아님을 보여준다. 그것은 파편화하는 종합이며 종합하는 파편화이다. 원본적인 것의 지위를 무너뜨리고 지성적인 사유로 포섭할 수 있는 어떤 인과적이고 서술적인 관계도 허용하지 않음으로써 파편화를 하는 것이며, 파편화되어 있는 감각들이 공명의 관계를 맺게 함으로써 종합하는 것이다.

이러한 층위에 대해 사유하기 위해서는 시간을 운동으로부터 해방시키듯이 능력들을 공통감각으로부터 해방시켜야 한다. 이것이 앞서 인용한 바 있듯이 들뢰즈가 '각각의 능력은 경첩들에서 빠져나간다'라고 말하는 이유이다.(DR, 184/314) 칸트가 숭고론을 통해 보여준 것은 바로 이러한 사유의 실마리이다. 능력들은 그 자신을 넘어서 초재적으로 실행될 때에만 근본적인 차이들을 사유할 수 있고 감각할 수 있으며 상상할 수 있다. 차이는 정체성을 가지지 않는 미규정적인 것이기 때문에 지성의 사유로는 사유될 수 없는 것이며, 지성의 규정하는 활동과 일치하는 감성적 조건 아래에서도 감각될 수 없는 것으로 남아 있다.

이론에서는 옳을지 모르지만 실천에는 쓸모없다고 하는 속설

이러한 차이의 사유는 그 자체로 실천적인 사유이다. 다시 '아름다운 영혼'을 상기해 보자. 들뢰즈가 『차이와 반복』에서 가장 먼저 '아름다운 영혼'을 언급하는 것은 차이의 철학이 단지 대립하지 않는 조화를 이야기하는 것이 되어버릴 위험이 있기 때문이다. 게다가 차이가 어떤 조화를 의미하는 것이 아니라고 하더라도, 그것은 오직 잠재적 실재성을 가지는 것이기 때문에, 현실화된

들뢰즈와 칸트

차원에서는 아무런 힘도 발휘할 수 없는 것처럼 보일 수 있다. 그러한 의미에서 바디우는 들뢰즈가 말하는 역량 또한 잠재적이며, 그는 결국 잠재적인 것을 플라톤의 이데아의 자리에 가져다놓고 그것의 현실성을 빼앗았을 뿐이라고 비판한다.

> 그는 플라톤으로부터 일자의 일의적인 통치권은 받아들이지만, 이데아가 언제나 현실적이어야 한다는 점은 희생시킨다.[120]

들뢰즈는 이데아가 미규정적인 지평을 열어준다는 점에서 긍정적으로 평가하기도 하지만, 구체적인 현실화를 보여주지 못하고 아포리아에 빠지게 된다는 점에서 비판한다. 바디우의 비판은 들뢰즈가 말하는 이념의 잠재성이 그 자신이 비판하는 이데아처럼 결국 현실화된 차원에서는 아무런 역할도 할 수 없다는 것이다. 이는 잠재적인 실재성을 가지는 차이의 이론을 아무리 이야기한다고 하더라도 실천적인 차원에서 아무런 쓸모가 없다는 것을 의미한다.

칸트 역시 이러한 비판으로부터 자유롭지 않았다. 그래서 그는 「이론에서는 옳을지 모르지만 실천에는 쓸모없다고 하는 속설」이라는 논문에서 그 제목이 지칭하는 자신에게 가해진 비판에 대해 그것이 오해로부터 비롯된 것임을 밝힌다. 그가 지칭하여 답변하고 있는 사람은 크리스티안 가르베Christian Garve이다.[121] 그는 칸트가 자기 행복을 향한 감성의 충동들을 분리하고 도덕법칙을 의무로서 따라야 한다고 주장하는 것에 대하여, 오직 머릿속에서만 이해할 수 있을 뿐이

---

120 A. Badiou, *Deleuze: La clameur de l'Être*, Paris: Ed. Hachette, 1997, p. 69.

라고 비판한다. 칸트는 이에 대하여 어떤 사람도 완전히 이기적인 마음을 버리고 자신의 의무를 이행했다는 것을 확실하게 인식할 수 없다는 것에 동의한다. 그러나 인간은 그 '해야 함'에 대해서는 의식하고 있지 않을 수 없다. 군주의 위협에 두려움을 느끼고 어쩔 수 없이 위증을 할 수는 있지만, 그는 자신이 해야 하는 것이 무엇인지 모르고서 그렇게 하는 것은 아니다. 칸트는 그렇지 않다면 그것은 결국 도덕성의 죽음을 의미할 뿐이라고 말한다.

> 인간의 본성이 하나의 그러한 순수함을 허락하지 않는다는 구실 하에서 준칙에 대한 그러한 동기들의 영향을 우대하는 것(그렇다고 그는 그러한 것을 확실하게 주장할 수는 없다); 그것은 모든 도덕성의 죽음이다.[122]

칸트는 가르베의 비판에 이러한 방식으로 답함으로써 자신의 이론이 실천에 대해서는 타당성이 없다고 말하는 것에 대해 해명한다.

---

121 「이론에서는 옳을지 모르지만 실천에는 쓸모없다고 하는 속설」에서 칸트는 가르베를 언급하며 답변하고 있지만, 도덕법칙의 형식이 내용적으로 의지의 도덕성을 확립할 수 있도록 해주지 않는다고 그에 앞서 비판한 것은 헤르만 안드레아스 피스토리우스Hermann Andreas Pistorius이다. 그가 '도덕원리에 앞서 선의 개념이 정초되어 있지 않다'고 비판한 것을 염두에 두고 칸트는 『실천이성비판』에서 "진리를 사랑하는 예리한, 그러므로 응당 언제나 존경을 표해야 할 한 서평자의 비난"이라고 언급하고 있다.(KpV, A15) 피스토리우스는 내용적으로 선의 개념이 정초되어 있어야만 의지의 도덕성에 대한 실재적인 규정이 있을 수 있다는 방식으로 칸트를 비판한다. 이는 '텅 빈 법칙'의 무조건성에 대한 들뢰즈의 비판과도 맞닿아 있다고 할 수 있다. 그러나 들뢰즈는 칸트에게 형식에 앞선 선의 내용을 제시할 것을 요구하는 것이 아니라 그 무조건성 자체의 불가능함을 카프카의 소설 속에 등장하는 만리장성의 축조 모습을 통해 보인다.

122 임마누엘 칸트, 『속설에 대하여』, 오진석 옮김, 도서출판b, 2011, 24쪽.

들뢰즈가 마주치고 있는 비판도 가르베의 비판 방식과 다르지 않다. 들뢰즈의 잠재적인 차이는 이론적으로는 옳다고 말할 수 있을지 모르지만, 실천적으로는 아무런 쓸모가 없는 것이 아닐까? 잠재적인 차이는 현실화된 차원에서는 아무런 영향력을 끼칠 수 없는 것이 아닌가? 이에 답하기 위해서 우리는 다시 차이로서의 이념이 문제제기적이라는 것을 말해야 한다. 서문에서 이야기한 바 있듯이 들뢰즈는 '신은 존재하는가'와 같은 질문에는 답이 언제나 전제되어 있다고 말했다. 반면 들뢰즈가 차이를 문제제기적인 것으로서 사유할 때 그것은 답이 정해져 있는 문제를 제기하는 것이 아니다. 그것은 미리 주어진 전제들로부터 벗어나 이루어지는 질문이고, 그러한 전제들을 파괴하는 질문이다. 오직 긍정되는 것은 동일하고 유사한 것이 아니라 차이들이며, 시간의 텅 빈 형식으로서 영원회귀가 선별적이라는 것은 바로 그러한 차이들만을 긍정하는 체계를 가리켜 보이는 것이다.

> 반복은 동일성 자체를 파편화한다.(DR, 348/570)

들뢰즈가 잠재성을 이야기하는 것은 차이가 언제나 현실화를 전제로 하는 재현représentation에 포섭되지 않는 역량을 가지고 있기 때문이다. 그것은 현실화될 수 없는, 그래서 통제될 수 없는 역량을 가지는 것이다. 칸트는 문제성 있는 이념들에 대해서 그것이 자연 소질로서 주어져 있기 때문에 사유하지 않을 수 없다고 말했다. 그것이 '소질로서의 형이상학'이라는 말의 의미이다. 들뢰즈에게 문제로서의 이념 역시 마찬가지이다. 그것은 현실화되고 나면 소멸되는 것처럼 보이지만 언제나 항존하고 있으며, 그러한 항존하는 차이는 끊임없이 문제를 제기함으로써 사유하지 않을 수 없도록 만드는 것이다. 그리고 그러한 차이의 세계를 사유할 때 동일성의 질서는 파괴되고 그 자체를 파편화한다. 그러므로 우리는 들뢰즈가 오직 미리 주어진 전제들로부터 떠나 문제를 제기하는 것으로부터 사유를 시작하기만을 바란다고 말해야 한다. 이것이 칸트와 들뢰즈가 각각 '이론에서는 옳을지 모르지만 실천에는 쓸모없다'는 비판으로부터 자신의 철학을 구해내는 방법이다.

들뢰즈가 칸트의 철학으로부터 읽어내는 문제제기적인 이념은 이러한 점에서 그의 철학에서 핵심을 이룬다. 답이 정해져 있지 않은 질문을 던지는 것이 바로 철학이 해야 하는 일인 것이다. 그가 철학이 하는 일에 대하여 개념을 '창조'하는 것이라고 말하는 것은 단지 수사적인 표현에 머무는 것이 아니다. 그는 철학에 문제제기적인 개념을 창조하여 답이 정해지지 않은 질문을 던지기를 요구하고 있는 것이다.

들뢰즈는 그의 차이의 개념을 통해 그렇게 했으며, 그에게 있어서 칸트가 개념을 창조한 철학자 가운데 한 사람인 것도 바로 문제제기적인 이념 때문이다. 이러한 들뢰즈의 칸트 철학에 대한 태도로부터 그의 창조적 독해가 의미하는 바가 무엇인지 알 수 있다. 칸트 철학은 들뢰즈와 함께 더 이상 동일성의 철학이 아니라 차이의 철학이 되고, 그렇게 됨으로써 기존의 임의적인 전제들로부터 출발하는 사유의 역사 가운데 한 자리를 차지하는 것이 아니라 이 시대의 문제를 사유하는 철학이 될 수 있는 것이다. 그러므로 우리는 드디어 들뢰즈가 단지 일부분만 이해했거나 '잘못' 이해했기 때문에 칸트적이지 않은 방식으로 이야기하는 것이 아님을 알 수 있다. 칸트 철학은 들뢰즈와 함께 문제제기적인 사유가 되며, 들뢰즈 철학 또한 칸트와 함께 칸트에 대한 기존의 수많은 연구들에 대항하는 문제제기적 사유가 된다.

참고문헌

1. 칸트 저작

Kant, I., *Kants gesammelte Schriften*, Herausgegeben von der Königlich
    Preußischen Akademie der Wissenschaften, Berlin: Walter de Gruyter, 1900ff.
____, 『감성계와 지성계의 형식과 원리들』, 최소인 옮김, 이제이북스, 2007.
____, 『도덕형이상학』, 이충진·김수배 옮김, 한길사, 2018.
____, 「도덕형이상학 정초」, 『도덕형이상학 정초/실천이성비판』, 김석수·김종국 옮김, 한
    길사, 2019.
____, 『속설에 대하여』, 오진석 옮김, 도서출판b, 2011.
____, 『순수이성비판』, 백종현 옮김, 아카넷, 2006.
____, 『실천이성비판』, 백종현 옮김, 아카넷, 2009.
____, 『아름다움과 숭고함의 감정에 관한 고찰』, 이재준 옮김, 책세상, 2019.
____, 『판단력비판』, 백종현 옮김, 아카넷, 2009.
____, 『학문으로 등장할 수 있는 미래의 모든 형이상학을 위한 서설/자연과학의 형이상학
    적 기초원리』, 김재호 옮김, 한길사, 2018.
____, 『형이상학의 진보/발견』, 최소인 옮김, 이제이북스, 2009.

2. 들뢰즈 저작

Deleuze, G., *Cinéma II*: L'imagetemps, Paris: Éd. de Minuit, 1985; 『시네마Ⅱ: 시간-
    이미지』, 이정하 옮김, 시각과언어, 2005.

_____, "Cours vincennes: Synthèse et temps 14/03/1978", Les cours de Gilles Deleuze, www.webdeleuze.com.

_____, "Cours vincennes 21/03/1978", Les cours de Gilles Deleuze, www.webdeleuze.com.

_____, "Cours vincennes 28/03/1978", Les cours de Gilles Deleuze, www.webdeleuze.com.

_____, "Cours vincennes 04/04/1978", Les cours de Gilles Deleuze, www.webdeleuze.com.

_____, *Critique et clinique*, Paris: Éd. de Minuit, 1993; 『비평과 진단』, 김현수 옮김, 인간사랑, 2000.

_____, *Différence et Répétition*, Paris: P.U.F., 1968; 『차이와 반복』, 김상환 옮김, 민음사, 2004.

_____, *Empirisme et subjectivité: Essai sur la nature humaine selon Hume*, Paris: P.U.F., 1953; 『경험주의와 주체성: 흄에 따른 인간 본성에 관한 시론』, 한정헌·정유경 옮김, 난장, 2012.

_____, Francis bacon. Logique de la sensation, Paris: Éd. de la Différence, 1984; 『감각의 논리』, 하태환 옮김, 민음사, 2008.

&Guattari, F., *Kafka: Pour une littérature mineure*, Paris: Éd. de Minuit, 1975; 『카프카: 소수적인 문학을 위하여』, 이진경 옮김, 동문선, 2001.

&Parnet, C., *L'abécédaire de Gilles Deleuze*, 1996; 〈질 들뢰즈의 A to Z〉, 대윤미디어, 2014.

&Guattari, F., *L'Anti-Œdipe: Capitalisme et schizophrénie*, Paris: Éd. de Minuit, 1972; 『안티 오이디푸스』, 김재인 옮김, 민음사, 2014.

_____, "La méthode de dramatisation", *L'île déserte et autres textes: Textes et entretiens 1953-1974*, édition préparée par David Lapoujade, Paris: Éd. de Minuit, 2002; 「드라마화의 방법」, 『들뢰즈가 만든 철학사』, 박정태 옮김, 이학사, 2007.

_____, *La philosophie critique de Kant*, Paris: P.U.F., 1963; 『칸트의 비판철학』, 서동욱 옮김, 민음사, 2006.

_____, *Le Bergsonisme*, Pais: P.U.F., 1966; 『베르그송주의』, 김재인 옮김, 문학과지성사, 1996.

_____, *Le pli. Leibniz et le baroque*, Paris: Éd. de Minuit, 1988; 『주름, 라이프니츠와 바로크』, 이찬웅 옮김, 문학과지성사, 2004.

_____, *Logique du sens*, Paris: Éd. de Minuit, 1969; 『의미의 논리』, 이정우 옮김, 한길사, 1999.

_____, "L'idée de genèse dans l'esthétique de Kant", *L'île déserte et autres textes: Textes et entretiens 1953-1974*, édition préparée par David Lapoujade, Paris: Éd. de Minuit, 2002; 「칸트 미학에서의 발생의 이념」, 『들뢰즈가 만든 철학사』, 박정

태 옮김, 이학사, 2007.

_____, *Nietzsche et la philosophie*, Paris: P.U.F., 1962;『니체와 철학』, 이경신 옮김, 민음사, 2001.

_____, "On four poetic formulas which might summarize the Kantian philosophy", *Kant's critical philosophy*, London: The Athlone Press, 1984;「칸트 철학을 간추린 네 개의 시구」,『칸트의 비판철학』, 서동욱 옮김, 민음사, 2006.

_____, *Pourparlers: 19721990*, Paris: Éd. de Minuit, 1990;『대담 1972-1990』, 김종호 옮김, 솔, 1993.

_____, *Présentation de Sacher-Masoch, Le froid et le cruel*, Paris: Éd. de Minuit, 1967;『매저키즘』, 이강훈 옮김, 인간사랑, 2007.

_____, *Proust et les signes*, Paris: P.U.F., 1964;『프루스트와 기호들』, 서동욱·이충민 옮김, 민음사, 2004.

_____, *Qu'est-ce que fonder?*, Cours hypokhâgne, Lycée Louis le Grand 1956-1957, www.webdeleuze.com.

_____ &Guattari, F., *Qu'estce que la philosophie?*, Paris: Éd. de Minuit, 1991;『철학이란 무엇인가』, 이정임·윤정임 옮김, 현대미학사, 1995.

_____, *Spinoza et le problème de l'expression*, Paris, Les Éd. de Minuit, 1968;『스피노자와 표현의 문제』, 권순모·현영종 옮김, 그린비, 2019.

3. 그 외

Agamben, G.,『예외상태』, 김항 옮김, 새물결, 2009.

_____,『호모사케르』, 박진우 옮김, 새물결, 2008.

Allison, H. E., *Kant's theory of taste*, Cambridge: Cambridge University Press, 2001.

Aristoteles, *Physics: Books III and IV*, trans. E. Hussay, Oxford: Clarendon Press, 1983.

_____,『영혼에 관하여』, 오지은 옮김, 아카넷, 2018.

_____,『형이상학』, 조대호 옮김, 길, 2017.

Augustinus, A.,『성 어거스틴의 고백록』, 선한용 옮김, 대한기독교서회, 2003.

_____,『자유의지론』, 성염 옮김, 분도출판사, 1998.

Badiou, A., *Deleuze: La clameur de l'Être*, Paris: Ed. Hachette, 1997;『들뢰즈 — 존재의 함성』, 박정태 옮김, 이학사, 2001.

Bergson, H., *L'evolution creatrice*, Paris: P.U.F., 1907;『창조적 진화』, 황수영 옮김, 아카넷, 2005.

_____, *Essai sur les données immédiates de la conscience*, Paris: P.U.F., 1889;『의식에 직접 주어진 것들에 관한 시론』, 최화 옮김, 아카넷, 2001.

Berkeley, G., 『인간 지식의 원리론』, 문성화 옮김, 계명대학교 출판부, 2010.

Bougue, R., *Deleuze and Guattari*, London: Rputledge, 1989; 『들뢰즈와 가타리』, 이정우 옮김, 중원문화, 2012.

Carroll, L., *The complete works of Lewis Carroll*, London: Nonesuch Press, 1939.

_____, *The rectory umbrella and mischmasch*, London: Cassell& Company, 1932.

Cutrofello, A., *Discipline and critique: Kant, poststructuralism, and the problem of resistance*, New York: SUNY Press, 1994.

_____, "On the idea of a critique of pure practical reason in Kant, Lacan, and Deleuze", *Gilles Deleuze: The intensive reduction*, ed. C.V. Boundas, London: Continuum, 2009.

DeLanda, M., *Intensive science and virtual philosophy*, London: Continuum, 2002; 『강도의 과학과 잠재성의 철학』, 이정우 · 김영범 옮김, 그린비, 2009.

Descartes, R., 『성찰』, 이현복 옮김, 문예출판사, 1997.

_____, 『방법서설』, 이현복 옮김, 문예출판사, 2019.

_____, *The philosophical writings of Descartes*, Vol.3, trans. J. Cottingham (&other trans), Cambridge: Cambridge University Press, 1991.

Faulkner, K. W., *Deleuze and the three syntheses of time*, New York: Peter Lang Publishing, 2006; 『들뢰즈와 시간의 세 가지 종합』, 한정헌 옮김, 그린비, 2008.

Fichte, J. G., 『전체 지식론의 기초』, 한자경 옮김, 서광사, 1996.

Freud, S., 『문명 속의 불만』, 성해영 옮김, 서울대학교출판문화원, 2014.

_____, 「쾌락 원칙을 넘어서」, 『정신분석학의 근본 개념』, 윤희기 · 박찬부 옮김, 열린책들, 2003.

Gadamer, H.G., 『진리와 방법』, 1, 이길우 · 이선관 등 옮김, 문학동네, 2000.

Guyer, P., "Kant's ambition in the third Critique", *The Cambridge companion to Kant and modern philosophy*, Cambridge: Cambridge University Press, 2006.

Hardt, M., *Gilles Deleuze an apprenticeship in philosophy*, London: UCL, 1993; 『들뢰즈 사상의 진화』, 김상운 · 양창렬 옮김, 갈무리, 2004.

Hegel, G. W. F., 『정신현상학』, 임석진 옮김, 한길사, 2005.

Heidegger, M., 『칸트와 형이상학의 문제』, 이선일 옮김, 한길사, 2001.

Hughes, J., *Deleuze's Difference and Repetition*, London: Continuum, 2009; 『들뢰즈의 『차이와 반복』 입문』, 황혜령 옮김, 서광사, 2014.

Hume, D., *A treatise of human nature*, ed. D. F. Norton&M. J. Norton, Oxford: Oxford University Press, 2000; 『인간 본성에 관한 논고』, 이준호 옮김, 서광사, 1994~2008.

_____, "Of the standard of taste", *Essays Moral, Political and Literary*, ed. E.F. Miller, Indianapolis: Liberty Fund, 1985.

Kafka, F., "The Great Wall of China", *Selected short stories of Franz Kafka*, trans. W. Muir/E. Muir, New York: The Modern Lib., 1952.

_____, *The Metamorphosis and Other Stories*, Trans. J. Crick, Oxford: Oxford University Press, 2009.

_____, *The Trial*, Trans. M. Mitchell, New York: Oxford University Press, 2009.

Kaulbach, F., 『칸트 비판철학의 형성과정과 체계』, 백종현 옮김, 서광사, 1992.

Kerslake, C., *Immanence and the vertigo of philosophy*, Edinburgh: Edinburgh University Press, 2009.

Kulenkampff, J., "The objectivity of taste: Hume and Kant", *Noûs*, Vol.24, 1990.

Lacan, J., 『에크리』, 홍준기·이종영 등 옮김, 새물결, 2019.

Leibniz, G. W., 『변신론』, 이근세 옮김, 아카넷, 2014.

_____, 『라이프니츠와 클라크의 편지』, 배선복 옮김, 철학과 현실사, 2005.

_____, 『형이상학 논고』, 윤선구 옮김, 아카넷, 2010.

Lucretius Carus, T., 『사물의 본성에 관하여』, 강대진 옮김, 아카넷, 2012.

Lundy, C.&Voss, D.(eds.), *At the edges of thought: Deleuze and post-kantian philosophy*, Edinburgh: Edinburgh University Press, 2015.

Marx, K., 『루이 보나파르트의 브뤼메르의 18일』, 최형익 옮김, 비르투, 2012.

Nietzsche, F., *Friedrich Nietzsche: Nietzsche Source — Digitale Kritische Gesamtausgabe Werke und Briefe*(eKGWB), auf der Grundlage der *Kritischen Gesamtausgabe Werke*, herausgegeben von G. Colli&M. Montinari, Berlin/New York: Walter de Gruyter, 1967ff. und *Nietzsche Briefwechsel Kritische Gesamtausgabe*, Berlin/New York: Walter de Gruyter, 1975ff., herausgegeben von Paolo D'Iorio.

_____, 「안티크리스트」, 『바그너의 경우·우상의 황혼·안티크리스트·이 사람을 보라·디오니소스 송가·니체 대 바그너』, 백승영 옮김, 책세상, 2002.

_____, 『유고(1870년~1873년)』, 이진우 옮김, 책세상, 2001.

_____, 『유고(1882년 7월~1883/84년 가을)』, 박찬국 옮김, 책세상, 2001.

_____, 『유고(1888년 초~1889년 1월 초)』, 백승영 옮김, 책세상, 2005.

_____, 『즐거운 학문·메시나에서의 전원시·유고(1881년 봄~1882년 여름)』, 안성찬·홍사현 옮김, 책세상, 2005.

Pascal, B., 『팡세』, 김형길 옮김, 서울대학교출판부, 1996.

Paton, H.J., *Kant's metaphysic of experience*, London: George Allen&Unwin, 1936.

_____, 『칸트의 도덕철학』, 김성호 옮김, 서광사, 1988.

Platon, 『국가』, 천병희 옮김, 도서출판 숲, 2013.

_____, 『정치가/소피스트』, 천병희 옮김, 도서출판 숲, 2014.

_____, 『파이돈』, 전헌상 옮김, 이제이북스, 2013.

_____, 『프로타고라스』, 강성훈 옮김, 이제이북스, 2012.

Proust, M., *À la recherche du temps perdu*, Paris: Gallimard, Pléiade, 1954.

Sauvagnargues, A., *Deleuze. L'empirisme transcendantal*, Paris: P.U.F., 2010; 『들뢰즈, 초월론적 경험론』, 성기현 옮김, 그린비, 2016.

Smith, D.W., *Essays on Deleuze*, Edinburgh: Edinburgh University Press, 2012.

Smith, N.K., *A commentary to Kant's 'Critique of Pure Reason'*, London: Palgrave Macmillan, 2003.

Spinoza, B, 『스피노자 서간집』, 이근세 옮김, 아카넷, 2018.

_____, 『신과 인간과 인간의 행복에 대한 짧은 논문』, 강영계 옮김, 서광사, 2016.

_____, 『에티카』, 강영계 옮김, 서광사, 2007.

Voss, D., *Conditions of thought: Deleuze and transcendental ideas*, Edinburgh: Edinburgh University Press, 2013.

Wenzel, C.H., *An Introduction to Kant's Aesthetics: Core concepts and problems*, Malden: Blackwell Publishing, 2005; 『칸트 미학』, 박배형 옮김, 그린비, 2012.

Williams, J., *Gilles Deleuze's Difference and Repetition: A critical introduction and guide*, Edinburgh: Edinburgh University Press, 2003; 『들뢰즈의 차이와 반복: 해설과 비판』, 신지영 옮김, 라움, 2010.

Zourabichvili, F., *Deleuze. Une philosophie de l'événement*, Paris: P.U.F., 1994.

江川隆男, 『존재와 차이』, 이규원 옮김, 그린비, 2019.

강선형, 「푸코의 생명관리정치와 아감벤의 생명정치」, 『철학논총』, 제78집, 2014.

_____, 「메를로-퐁티와 들뢰즈에 있어서 비지성적 종합의 가능성」, 『철학과 현상학 연구』, 제69집, 2016.

_____, 「들뢰즈와 바디우의 영화론에서 '거짓'이 만들어 버리는 역량puissance 문제」, 『철학연구』, 제56집, 2017.

_____, 「들뢰즈와 아감벤의 법 개념」, 『철학연구』, 제68집, 2023.

강영안, 『칸트의 형이상학과 표상적 사유』, 서강대학교출판부, 2009.

_____, 「합목적성의 이념: 이론과 실천 사이」, 『칸트연구』, 제3권, 1997.

김광철, 「『순수이성비판』에서 「관념성의 오류추리 비판」과 「관념론 반박」 간의 정합적 해석」, 『철학논집』, 제21집, 2010.

김명주, 「'국가-법-폭력'에 대항하는 아이러니와 유머의 정치학」, 『시대와 철학』 제21권, 2010.

_____, 「질 들뢰즈의 '반복' 개념에 관한 한 연구」, 『대동철학』, 제29집, 2005.

김상봉, 『자기의식과 존재사유』, 한길사, 1998.

_____, 「어떤 의미에서 생각과 있음은 나 속에서 하나인가?: 칸트의 최후유고Opus postumum에서의 "자기정립"Selbstsetzung의 개념에 대하여」, 『현상과인식』, 제58호, 1993.

김상현, 「칸트 미학에 있어서 감정과 상상력의 관계」, 『칸트연구』, 제17집, 2006.

김석수, 「칸트철학과 물자체Ding an sich」, 『현대사상』, 제13호, 2014.

김수배, 「칸트의 『도덕 형이상학』과 형식주의」, 『칸트연구』, 제2권, 1996.

김은하, 「칸트의 열려있는 계기적 시간: 1770년 「교수취임논문」 시간론을 중심으로 한 시적 고찰」, 『철학과 현상학 연구』, 제73집, 2017.

김정주, 『칸트의 인식론』, 철학과 현실사, 2001.

_____, 「칸트의 『순수이성비판』에서의 내감과 자기 인식의 문제」, 『철학과 현상학 연구』, 제

18집, 2001.

_____, 「칸트의 『순수이성비판』에서의 통각 이론」, 『철학연구』, 제42집, 1998.

김재인, 「들뢰즈의 칸트 해석에서 시간이라는 문제」, 『철학사상』, 제53권, 2014.

김재호, 「칸트에 전해진 버클리의 유산」, 『철학연구』, 제70집, 2005.

_____, 「칸트 '초월적 관념론'Transzendentaler Idealismus의 과거와 현재, 그리고 미래」, 『철학사상』, 제39권, 2011.

김재희, 「들뢰즈의 표현적 유물론」, 『철학사상』, 제45권, 2012.

남기호, 「칸트의 사물 자체Ding an sich 개념과 실체 및 선험적 대상」, 『가톨릭철학』, 제28호, 2017.

류종우, 「들뢰즈의 칸트론에서 공통감각의 문제」, 『철학논총』, 제79집, 2015.

박경남, 「들뢰즈와 칸트에서 이념의 문제」, 서강대학교 문학석사학위논문, 2007.

박배형, 「칸트의 라이프니츠 비판」, 『인문논총』, 제56집, 2006.

박제철, 「라이프니츠 철학 체계 내에서의 식별 불가능자 동일성의 원리와 우연 속성의 개체성의 원리」, 『철학』, 제95집, 2008.

백종현, 「사물의 본질과 존재」, 『철학』, 제32집, 1989.

_____, 「칸트에서 자유의 이념과 도덕원리」, 『철학사상』, 제1권, 1991.

서동욱, 『들뢰즈의 철학』, 민음사, 2002.

_____, 『일상의 모험』, 민음사, 2005.

_____, 『차이와 타자』, 문학과지성사, 2000.

_____, 「감성에서의 수동적 종합으로서 회화」, 『범한철학』, 제70집, 2013.

_____, 「공명효과」, 『철학사상』, 제27권, 2008.

_____, 「들뢰즈와 레비나스에서 감성의 중요성」, 『철학과 현상학 연구』, 제20집, 2003.

_____, 「부정성을 너머 차이로」, 『철학과 현상학 연구』, 제34집, 2007.

_____, 「유한성의 극복: 푸코와 들뢰즈의 칸트론」, 『철학과 현상학 연구』, 제70집, 2016.

_____, 「일의성의 존재론」, 『스피노자의 귀환』, 서동욱·진태원 엮음, 민음사, 2017.

_____, 「칸트와 들뢰즈 ― 선험적 종합에서 경험적 종합으로」, 『포스트모던 칸트』, 문학과지성사, 2006.

오병남, 「칸트의 미학이론에 있어서 숭고의 개념」, 『대한민국학술원 논문집』, 제47집, 2008.

윤선구, 「순수이성비판 반성개념 장에서 칸트의 라이프니츠 비판에 관한 연구 (1)」, 『철학』, 제93집, 2007.

_____, 「순수이성비판 반성개념 장에서 칸트의 라이프니츠 비판에 관한 연구 (2)」, 『철학연구』, 제79집, 2007.

윤성우, 「포스트구조주의에서의 헤겔 변증법 비판: 질 들뢰즈를 중심으로」, 대동철학, 제24집, 2004.

이정우, 『시뮬라크르의 시대』, 거름, 1999.

임상진, 「칸트의 『최후유고』에 나타난 경험의 가능성 개념」, 『철학사상』, 제35권, 2010.

조현수, 「들뢰즈의 '차이의 존재론'과 '시간의 종합' 이론을 통한 그 입증」, 『철학』, 제115집, 2013.

최소인, 「미감적 이념과 공통감」, 『철학논총』, 제68집, 2012.

_____, 「칸트 『유작』에 나타난 절대 관념론의 맹아」, 『헤겔연구』 제8권, 1998.

홍우람, 「칸트의 『순수이성비판』에 나타난 '객관적 실재성' 개념의 충돌과 창조」, 『철학』, 제122집, 2015.

황수영, 「칸트와 베르그손의 인식론 비교」, 『철학사상』, 제21권, 2005.

찾아보기

들뢰즈와 칸트

초판 1쇄 발행 2024년 9월 12일

지은이   강선형
펴낸이   최윤영 외 1인
펴낸곳   에디스코
편집주간   박혜선
디자인   최성경

출판등록   2020년 7월 22일 제2021-000220호

전화   02-6353-1517
팩스   02-6353-1518
이메일   ediscobook@gmail.com
인스타그램   instagram.com/edisco_books
블로그   blog.naver.com/ediscobook

ISBN   979-11-983433-3-8 (93160)

—